管理会计实务

主　编　海丹凤　顾旭秋　杨雪纯

东北师范大学出版社
·长　春·

图书在版编目（CIP）数据

管理会计实务 / 海丹凤，顾旭秋，杨雪纯主编. ——
长春 ：东北师范大学出版社，2022.10
ISBN 978 - 7 - 5681 - 9721 - 2

Ⅰ.①管…　Ⅱ.①海…　②顾…　③杨…　Ⅲ.①管理会计－高等职业教育－教材　Ⅳ.①F234.3

中国版本图书馆 CIP 数据核字（2022）第 199569 号

□责任编辑：庞　凤　□封面设计：创智时代
□责任校对：徐　莹　□责任印制：许　冰

东北师范大学出版社出版发行
长春净月经济开发区金宝街 118 号（邮政编码：130117）
电话：010－82893125
传真：010－82896571
东北师范大学音像出版社制版
长春惠天印刷有限责任公司印装
长春市绿园区城西镇红民村桑家窝堡屯（邮政编码：130062）
2022 年 10 月第 1 版　2022 年 10 月第 1 版第 1 次印刷
幅面尺寸：185mm×260mm　印张：13　字数：312 千

定价：41.60 元

前 言

管理会计是一门将现代管理与会计理论相结合的新兴学科，与财务会计同属现代企业会计。管理会计有着自身独立的理论和方法体系。2021 年 3 月发布的《职业教育专业目录（2021 年）》，将原有的“会计”专业调整为“大数据与会计”，相应的专业教学标准也发生了变化，但管理会计仍然为主干专业课。新的专业教学标准对高职高专课程建设与改革、开发突出技能培养的教材提出了要求。为了适应新形势下会计转型发展的需要，全面落实《会计行业中长期人才发展规划（2010—2020 年）》《财政部关于全面推进管理会计体系建设的指导意见》《会计改革与发展“十四五”规划纲要》等文件的精神，我们从立德树人、专业升级和提升会计学习者能力与素质的角度出发，编写了此书。

本书依托《管理会计基本指引》和 34 项《管理会计应用指引》设计内容框架，体系完整、结构合理、层次清晰，适用于高等职业院校“管理会计实务”课程的教学。本书分为理论认知和技能实训两大模块，模块内容的编写注重理论与方法的实际应用。理论认知模块的项目末设有同步习题与知识记忆要点，帮助学生提炼重点，加深记忆；技能实训模块的项目以综合案例实训为主，重点考查读者对管理会计理论与方法的实际应用能力。全书按照“纸质教材＋数字课程”的一体化设计思路，将微课、拓展案例与项目习题答案通过二维码嵌入书中，打造出“融合式”的教学新模式。

本书由海丹凤负责教材内容体系的策划、修改和定稿，具体写作分工为：理论认知模块的项目一、项目四、项目五、项目七、项目九由海丹凤编写，项目二、项目六和项目八由顾旭秋编写，项目三由杨雪纯编写；技能实训模块的实训一、实训三、实训四、实训六由海丹凤编写，实训二、实训五由顾旭秋编写。在本书的编写过程中，我们力求完整、准确地构建适合高职高专学生掌握的知识体系，并借鉴和吸收了相关领域的最新研究成果，同时参考了教育部和各地组织编写的同类教材，在此深表感谢。

本书在编写过程中参阅了大量资料与文献，有些未能在参考文献中列出，在此谨向有关作者表示衷心的感谢。

由于编写时间仓促、编者精力和水平有限，书中难免存在疏漏与不足之处，敬请各位专家以及使用本书的教师、学生和广大读者批评指正，以使本书在教学实践中得到不断的完善。

编 者

2022 年 6 月

目 录

第一部分 理论认知模块

第二部分 技能实训模块

第一部分

理论认知模块

项目一　认知管理会计

知识目标

1. 理解管理会计的含义。
2. 了解管理会计的目标与内容。
3. 掌握管理会计的职能。
4. 掌握管理会计与财务会计的区别与联系。

技能目标

1. 能够确定企业管理会计的目标，实现管理会计的职能。
2. 能够基于管理会计理论，灵活运用管理会计的知识与方法。

【案例导入】

管理会计全面助推首创集团疫情下复工复产①

北京首创股份有限公司是环保水务行业的国有企业，产业链条囊括投资拓展、工程建设、运营管理、设备集成等水务行业产业链的各主要环节。新冠肺炎疫情的影响使得公司运营承压、资金链紧张。为此，公司内部积极采取应对措施，通过管理会计工具和方法的运用，加强了对现金流的管理，提升了公司的运营管理效率。

（一）积极融资保障现金流

疫情发生后，交易所、中国银行间市场交易商协会、银行等金融机构陆续推出鼓励政策，纾解疫情给实体经济带来的资金压力。公司积极把握市场机遇，与多家金融机构对接，了解相关政策实际执行的可行性及具体流程，积极争取相关专项资金，努力降低融资成本。同时，公司积极推动资产支持票据、债转股、供应链反向保理、融信等创新融资方式，合理配置债务融资规模，缓解公司资金压力。

（二）提前做好资金规划和风险分析

为避免资金的流动性风险，公司对未来的经营形势进行了预判，例如，建设期项目公司由于延迟复工导致项目建设逾期、超概，无法如期转运营；运营期项目公司受新冠肺炎疫情影响，导致收入承压，运营成本、管理费用上涨，水价调整受阻，水费回收延缓、滞后等，从而预测现金流缺口，并据此做出精准的融资决策。

① 财政部会计司．管理会计行业调研报告及案例：第五辑［EB/OL］．(2020-07-27)［2022-06-26］．http://kjs.mof.gov.cn/diaochayanjiu/202007/t20200724_3556272.htm.

（三）严格资金集中管理控制

新冠疫情发生后，个别项目公司受疫情影响，出现资金链紧张或断裂现象。然而，项目公司往往规模小、信用评级低，对外融资成本高、困难大。公司利用资金集中管理优势，依赖于（集团）总部 AAA 级信用评级优势，获取相对低成本的资金，然后通过内部借款形式为项目公司提供资金支持，缓解项目公司资金压力。

（四）实施“5C”全面战略预算管理

“5C”全面战略预算管理体系，包括产业链（Chains）、整合（Concordance）、成本监控（Cost）、便利（Convenience）、控制（Control）五个方面的内容，在整个公司的管理过程中发挥着非常重要的主线作用。疫情发生后，公司利用实时获取的数据，对全面预算进行了重新梳理和分析，找出疫情对公司运营结果造成的影响和偏差，有针对性地提出运营改善建议。

思考：（1）如果不运用管理会计工具，依靠财务会计能否达到同样的实践效果呢？

（2）在本案例中，财务会计起着怎样的作用？

识别管理会计

任务一　认知管理会计的形成与发展

会计是随着人类社会生产的发展和经济管理的需要而产生、发展并不断得到完善的。现代企业会计有两个重要的分支：一是财务会计，二是管理会计。管理会计是管理学与会计学相互融合、交叉渗透的一门学科。它从传统会计中派生出来，成为一门独立的新兴学科。

一、管理会计的概念与目标

（一）管理会计的概念

管理会计的萌芽可以追溯到 20 世纪初。第一次世界大战后，美国的许多企业推行泰勒的科学管理理论，借此来提高企业的生产效率与工作效率。为了配合科学管理理论，标准成本、差异分析和预算控制等方法开始被引入会计中，成为成本会计的组成部分。当时，有学者提出了“管理的会计”一词，并主张将管理的重心放在加强内部管理上。但直到 20 世纪中叶，西方学者才开始正视“管理的会计”这一说法。第二次世界大战以后，为了应对激烈的市场竞争，企业广泛实行职能管理与行为科学管理，以提高产品质量，降低产品成本，扩大企业利润。与此相适应，责任会计与“成本—业务量—利润”分析方法也应运而生，并加入了原有的会计方法体系。

1952 年，在伦敦举行的世界会计学会年会正式通过了“管理会计”这个名词，标志着管理会计的正式形成。于是，传统会计被称为“财务会计”，自此产生了现代企业会计的两大分支，即财务会计和管理会计。尽管管理会计的理论和实践最先起源于西方社会，但是西方社会至今尚未形成统一的管理会计概念。

美国管理会计师协会（The Institute of Management Accountants，简称 IMA）对管理会计的定义是：管理会计是一种深度参与管理决策、制订计划与绩效管理系统、提供财务报告与控制方面的专业知识，以及帮助管理者制定并实施组织战略的职业。

英国特许管理会计师公会（The Chartered Institute of Management Accountants，简称 CIMA）对管理会计的定义是：管理会计是为组织创造价值和保值而收集、分析、传递和使用与决策相关的财务与非财务信息的职业。

国际会计师联合会（International Federation of Accountants，简称 IFAC）对管理会计的定义是：管理会计是指在组织内部，对管理当局用于规划、评价和控制的财务与运营信息进行确认、计量、积累、分析、处理、解释和传输的过程，以确保其资源的利用并对它们承担经营责任。管理会计是管理活动的组成部分，关注在动态竞争环境中运用各种技术有效地利用资源来增加组织价值。

加拿大注册管理会计师协会（Certified Mangement Accountants of Canada，简称 CMA Canada）对管理会计的定义是：管理会计是会计专业的一个分支，是提供企业管理计划、指挥、决策所需要的信息，以及企业各个管理层级如何有效利用信息进行最有效决策的过程。

改革开放以来，特别是社会主义市场经济体制建立以来，我国会计工作紧紧围绕服务经济大局、支持财政工作进行，会计改革与发展取得了显著成绩。但是，我国管理会计的发展相对滞后，迫切需要继续深化会计改革，切实加强管理会计工作。2014 年 10 月印发的《财政部关于全面推进管理会计体系建设的指导意见》（以下简称《指导意见》），明确提出了全面推进管理会计体系建设的指导思想、基本原则、主要目标、主要任务和措施，以及工作要求。《指导意见》这样定义管理会计：管理会计是会计的重要分支，主要服务于单位（包括企业和行政事业单位）内部管理需要，是通过利用相关信息，有机融合财务与业务活动，在单位规划、决策、控制和评价等方面发挥重要作用的管理活动。

为全面贯彻落实党的十九大和十九届六中全会的精神，全面提升会计工作总体水平，推动经济更有效率、更加公平、更可持续发展，根据《中共中央关于制定国民经济和社会发展第十四个五年规划和二〇三五年远景目标的建议》《中华人民共和国国民经济和社会发展第十四个五年规划和 2035 年远景目标纲要》的有关要求，中华人民共和国财政部制定了《会计改革与发展“十四五”规划纲要》（以下简称《规划纲要》）。《规划纲要》指出，全面深化管理会计应用，是增强企业价值创造力，推动企业高质量发展的内在需要；企业管理会计的应用在加速完善中国特色现代企业制度、促进企业有效实施经营战略、提高管理水平和经济效益等方面有积极作用；会计管理大数据为提升国家治理体系和治理能力现代化提供着数据支撑。

综上，我们可以这样定义管理会计：管理会计是以现代企业经营活动及其价值表现为对象，通过对财务等信息的深加工和再利用，对经济过程进行预测、决策、规划、控制、责任考核与评价，以强化企业内部经营管理，实现最佳经济效益的信息管理系统。

（二）管理会计的目标

管理会计是适应企业加强内部经营管理、提高企业竞争力的需要而产生和发展起来的。因此，管理会计的最终目标是提高企业的经济效益。管理会计的目标具体为：

1. 为管理和决策提供信息

（1）为管理和决策提供与计划、评价和控制企业经营活动有关的各类信息，包括历史信息和未来信息。这些信息有利于各级管理者加强对企业经营过程的控制，实现最优化经营。

(2) 为管理和决策提供与维护企业资产安全、完整及资源有效利用有关的各类信息。

(3) 为管理和决策提供与股东、债权人及其他企业外部利益关系者的决策有关的信息，这些信息有利于投资、借贷及有关法规的实施。

2. 参与企业的经营管理

在现代管理理论的指导下，管理会计正在以各种积极的方式参与企业的经营管理。借助信息工具，会计核算变得更加智能化、自动化，会计的重心向会计管理转化。从实践角度来看，管理会计以制定各种战略、战术和经营决策，以及帮助协调、组织企业工作等方式参与管理，不仅有利于各项决策方案的落实，而且有利于企业在总体上兼顾长期、中期和短期利益的最优化运行。

2016 年 6 月，中华人民共和国财政部印发的《管理会计基本指引》(以下简称《基本指引》)，总结提炼了管理会计的目标、原则、要素等内容，以指导单位管理会计的实践。《基本指引》第一章第三条明确指出："管理会计的目标是通过运用管理会计工具方法，参与单位规划、决策、控制、评价活动并为之提供有用信息，推动单位实现战略规划。"

二、管理会计的产生与发展

(一) 管理会计的发展

随着社会经济环境、企业生产经营模式，以及管理科学和信息科技的不断发展，管理会计不断演进。管理会计的发展可以分为以下三个阶段。

1. 以控制会计为核心的阶段 (20 世纪初至 20 世纪 50 年代)

19 世纪的英国工业革命促进了企业生产规模的迅速扩大，合伙经营、股份公司等企业组织形式相继出现，企业的所有者逐渐将企业的经营权委托给专门的管理阶层(职业经理人)。为适应所有权与经营权的分离，满足各有关方面(如股东、债权人、经营者等)了解公司的财务状况和经营成果的需求，公司需要编制会计报表，于是就形成了近代会计。

20 世纪初，随着社会化大生产程度的提高，企业的生产规模日益扩大，竞争开始激烈起来。所有者和经营者都意识到，企业的生存和发展并不仅仅取决于产量的增长，更取决于成本的降低。因此，企业要在激烈的竞争中战胜对手，就必须加强内部管理，提高生产效率，以降低成本、费用，获取更多的利润。

在这一阶段，为适应经济社会发展的客观要求，经济理论有了很大的发展，以科学管理学说为代表的经济理论促使现代会计分化为财务会计和管理会计，现代会计的管理职能得以体现。在这个阶段，管理会计以成本控制为基本特征，以提高企业的生产效率和工作效率为目的。在实践中，管理会计的行为还停留在个别和分散的水平上，着眼点多在既定决策方案的落实和经营计划的执行上，其职能重心落在"控制"上。这个阶段的特征可以概括为：以控制会计为核心。

2. 以预测、决策为核心的管理会计阶段 (20 世纪 50—80 年代)

第二次世界大战以后，由于科学技术日新月异的发展，社会生产力得到了迅速的发展，企业的规模也不断扩大，跨国公司大量涌现。与此同时，市场竞争越来越激烈，企业的获利能力普遍下降。企业内部的生产经营活动也受到影响，发生了较大的变化：企业广泛推行职能管理，利用行为科学的最新研究成果来改善人际关系，调动职工的主观能动性，激励职工提高产品产量、降低产品成本，提高企业的盈利水平。产品的生产从重视单一品种的大批量生产转为按顾客要求进行多品种的小批量生产，以提高市场竞争力。企业开始重视对市场的调查研究，以加强对生产经营的预测和决策工作；同时，进一步强化了对生产经营的日常控制和考评工作。

在这个阶段，以标准成本制度为主要内容的管理控制继续得以强化并有了新的发展。责任会计将行为科学理论与管理控制理论结合起来，不仅进一步加强了对企业经营的全面控制，而且将责任者的责、权、利结合起来，考核、评价责任者的工作业绩，从而极大地激发了经营者的积极性和主动性。社会经济的发展和经济理论的丰富，使得管理会计的理论体系逐渐完善、内容更加丰富，逐步形成了包括预测、决策、预算、控制、考核和评价在内的管理会计体系。管理会计在强化控制职能的同时，开始行使预测、决策职能。管理的关键在于决策，决策的关键在于预测。随着各种决策、预测的理论和方法被广泛引入会计工作，以预测、决策为主要特征并与现代化管理要求相适应的行之有效的会计信息管理系统逐步形成。这个阶段的特征可以概括为：以预测决策会计为主，以规划控制会计和责任会计为辅。

3. 以战略导向为核心的管理会计阶段（20 世纪 80 年代至今）

随着经济全球化和知识经济的发展，世界各国间的经济联系和依赖性日益增强，企业之间的分工合作日趋频繁，准确把握市场定位、客户需求等变得尤为重要。在此背景下，管理会计越来越容易受到外部信息以及非财务信息对决策相关性的冲击，企业内部组织结构的变化也迫使管理会计在管理控制方面要有新的突破，需要从战略、经营决策、商业运营等各个层面掌握并有效利用所需的管理信息。为此，管理会计以战略导向为核心，发展了一系列新的决策工具和管理工具。一些国家也尝试将管理会计引入公共部门管理中，并随着新公共管理运动的兴起在全世界范围内推广。随着战略管理理论的发展和完善，著名管理学家西蒙于 1981 年首次提出了“战略管理会计”一词。之后，很多学者的研究成果也不断丰富和完善了战略管理会计理论，并形成了以价值链分析、SWOT 分析、战略成本管理、人力资源管理、战略性绩效评价等内容为主体的基本体系。

（二）管理会计的形成原因

1. 社会经济实践的发展是其形成与发展的内在动因

管理会计作为企业会计的一个组成部分或是一个子系统，是会计本身进化和发展的结果。因此，管理会计的产生和发展必然与会计的发展相联系。会计和管理都不是本来就有的，它们都是社会生产力发展到一定阶段的产物，并随着社会生产力的进步而不断发展。社会生产力的进步对经济管理不断提出新要求，社会经济的发展要求企业加强管理。会计作为企业管理的组成部分，必然要适应这种要求，不断完善与进步。因此，从本质上看，生产力的进步是管理会计产生与发展的根本原因。管理会计的产生与发展又必然与一定时期的社会历史条件密切相关。

2. 现代管理科学理论起到了积极的促进作用

作为管理会计实践的理论总结和知识体系，管理会计学的形成与现代管理科学的完善过程密切相关。现代管理科学不仅奠定了管理会计学的理论基础，而且不断为其提供着理论依据，从而使管理会计学逐步成为一门较为科学的学科，能够更好地指导管理会计实践。因此，管理科学的发展为管理会计的形成与发展创造了有利的外部条件。

3. 现代信息科学技术的进步加速了管理会计的完善与发展

在现代经济条件下，管理会计要进行企业内部价值管理，如果不借助电子计算机手段是根本无法想象的。现代科学技术的发展，尤其是现代信息技术（大数据、物联网、自动化机器人等）的进步，加速了管理会计的完善与发展。

三、管理会计指引体系

管理会计指引体系是在管理会计理论研究成果的基础上形成的可操作的系列标准。管理会计指引体系包括基本指引、应用指引和案例库，用以指导单位管理会计实践。在管理会计指引体系中，基本指引是对管理会计普遍规律的总结、提炼，解决对管理会计的基本认识问题。管理会计既有普遍规律，又具有差异化特点，需要考虑不同性质、特殊行业等的需求，因此，有必要形成应用指引，并依据基本指引，明确管理会计的多种工具方法，具体指导实务操作。管理会计为单位内部管理服务，制定案例标准，建立管理会计案例库，大量总结实践中好的经验、做法，并提炼为典型案例，可以更好地为单位提供具体示范。

（一）管理会计基本指引

1. 基本指引的定位和作用

管理会计基本指引在管理会计指引体系中起统领作用，是制定应用指引和建设案例库的基础。基本指引将管理会计普遍规律上升到标准，是对管理会计基本概念、基本原则、基本方法、基本目标等内容的总结、提炼。但是，不同于企业会计基本准则，管理会计基本指引只是对管理会计普遍规律和基本认识的总结，并不为应用指引中未做出描述的新问题提供处理依据。

2. 管理会计的应用原则和应用主体

单位在应用管理会计时应当遵循四个原则：战略导向原则、融合性原则、适应性原则、成本效益原则。管理会计的应用应以战略规划为导向，以持续创造价值为核心，促进单位的可持续发展。管理会计应嵌入单位相关领域、层次、环节，以业务流程为基础，利用管理会计工具方法，将财务和业务等有机融合。管理会计的应用应与单位应用环境和自身特征相适应。单位自身特征包括单位性质、规模、发展阶段、管理模式、治理水平等。管理会计的应用应权衡实施成本和预期效益，单位应合理、有效地推进管理会计的应用。

管理会计的应用主体应根据管理决策主体来确定，可以是单位整体，也可以是单位内部的责任中心。

3. 管理会计要素

单位应用管理会计，应包括应用环境、管理会计活动、工具方法、信息与报告四个管理会计要素。这四个体要素构成了管理会计应用的有机体系，单位应在分析管理会计应用环境的基础上，合理运用管理会计工具方法，全面开展管理会计活动，并提供有用信息，生成管理会计报告，支持单位决策，推动单位实现战略规划。具体如下：

（1）管理会计应用环境是单位应用管理会计的基础。单位应用管理会计首先应充分了解和分析其应用环境，包括外部环境和内部环境。外部环境主要包括国内外经济、市场、法律、行业等因素，内部环境主要包括与管理会计建设和实施相关的价值创造模式、组织架构、管理模式、资源保障、信息系统等因素。

（2）管理会计活动是单位管理会计工作的具体开展，是单位利用管理会计信息，运用管理会计工具方法，在规划、决策、控制、评价等方面服务于单位管理需要的相关活动。在了解和分析其应用环境的基础上，单位应将管理会计活动嵌入规划、决策、控制、考核与评价等环节，形成完整的管理会计活动闭环。

（3）管理会计工具方法是实现管理会计目标的具体手段，是单位应用管理会计时所采用的战略地图、滚动预算管理、作业成本管理、本量利分析、平衡计分卡等模型、技术、流程的统称。管理会计工具方法具有开放性，会随着实践发展不断丰富、完善。管理会计工具方法主要应用于以下领域：战略管理、预算管理、成本管理、营运管理、投融资管理、绩效管理、风险管理等。

（4）管理会计信息包括管理会计在应用过程中所使用和生成的财务信息和非财务信息，是管理会计报告的基本元素。单位应充分利用内外部的各种渠道，通过采集、转换等多种方式，获得相关、可靠的管理会计基础信息；单位应有效利用现代信息技术，对管理会计基础信息进行加工、整理、分析和传递，以满足管理会计的应用需要；单位生成的管理会计信息应相关、可靠、及时、可理解。管理会计报告是管理会计活动成果的重要表现形式，旨在为报告使用者提供满足管理需要的信息，是管理会计活动开展情况和效果的具体呈现。

（二）管理会计应用指引

在管理会计指引体系中，应用指引居主体地位，是对单位管理会计工作的具体指导。为切实提高科学性和可操作性，管理会计应用指引既要遵循基本指引，也要体现实践特点；既要形成一批普遍适用、具有广泛指导意义的基本工具方法，如经济增加值、本量利分析、平衡计分卡、作业成本法等，也要针对一些在管理会计方面可能存在独特要求的行业和部门，研究制定特殊行业的应用指引；在企业层面，还要兼顾不同行业、不同规模、不同发展阶段等特征，坚持广泛的代表性和适用性；既考虑企业的情况，也考虑行政事业单位的情况。

应用指引是开放性的，会随实践发展而不断发展完善。应用指引的实施更重视指导性，由各单位根据管理特点和实践需要选择相应的工具方法。财政部将在充分征求意见的基础上，科学总结我国先进企业的管理会计实务经验，充分借鉴市场经济发达国家或地区的有效做法，研究确定一系列应用指引，本着先急后缓、先一般业务后特殊业务、“成熟一批，发布一批”等原则，逐步发布系列管理会计应用指引，并使之随着实践的发展而不断丰富、完善。

（三）管理会计案例库

案例库是对国内外管理会计经验的总结、提炼，是对如何运用管理会计应用指引的实例示范。建立管理会计案例库，为单位提供直观的参考借鉴，是管理会计指引体系指导实践的重要内容和有效途径，也是管理会计体系建设区别于企业会计准则体系建设的鲜明特色。在国外，管理会计在发展的过程中，历来强调案例的重要示范作用。如，美国管理会计师协会发布的管理会计公告就包含了一系列案例，为企业应用该公告提供了借鉴。在我国，总结实践经验，形成典型案例，予以宣传推广，是推动管理会计应用的有效方式。将单位的成功经验归纳总结为案例并嵌入指引体系，能够帮助单位更好地理解和掌握应用指引，增强管理会计指引体系的应用效果，达到提升单位价值创造力的目标。

2014 年 10 月，《财政部关于全面推进管理会计体系建设的指导意见》发布以来，为引导我国管理会计的探索和发展，财政部会计司整理发布了《管理会计案例索引》（共十个项目），2019 年出版了《管理会计案例示范集》，2020 年整理发布了《管理会计行业调研报告及案例（第五辑）》，2022 年发布了《资金集中管理会计处理应用案例》，管理会计理论不断创新，管理会计实践日益丰富。

四、大数据与管理会计

随着云时代的来临，大数据也引起了越来越多的关注。大数据通常用来形容一个公司创造的大量非结构化数据和半结构化数据。这些数据在被下载到关系型数据库中用于分析时需要花费大量的时间和金钱。大数据技术的战略意义不在于收集、存储这些数据，而是通过“加工”实现数据的增值。随着科学技术的不断创新与发展，随着人们应用需求的不断变化与提高，生活中随处可以看到大数据的身影。

（一）大数据时代下管理会计的现状

在大数据技术的支撑下，企业在开展管理会计工作时，信息的搜集更加快速、全面，信息的处理水平也越来越高，企业的整体经营效率也得到了提高。管理会计借助大数据技术形成了许多优势。大数据技术能够充分提升企业决策的有效性，实现企业的战略发展规划。大数据技术能够使企业在最短的时间内对有价值的信息进行分析，并基于分析结果进行预测和决策，为企业在激烈的市场竞争中做出合理的判断提供有力的数据保障。利用大数据技术所搜集到的海量信息，经过加工处理后，具备了原本的财务数据所不具备的优势。管理会计借助这些信息可以从多角度对企业的经营管理提出建议，有效地帮助企业降低财务风险。大数据技术促进了企业内部信息的流通和传递，提升了企业资源共享的效率，使各职能部门之间的分工协作更加统一、融合。

管理会计想要与飞速发展的大数据技术融合、同步，仍存在许多需要解决的问题。首先，我国相对滞后的管理会计体系无法适应大数据和智能化时代提出的新要求。我国的管理会计理论研究起步较晚，管理会计案例库的建立也处于发展阶段，系统的、规范的管理会计方法体系尚未形成。其次，基于大数据和智能化的企业管理会计体系的搭建需要复合型管理人才。管理会计在企业中的应用对财务人员也提出了更高的要求，要求财务人员具备较强的会计核算能力，熟练运用管理软件，充分运用统计学和数学的知识，实现对企业各项管理活动的预测和分析。最后，基于财务软件的管理会计信息化建设不够成熟。虽然财务管理软件的发展已经相对成熟，但尚未完全满足企业经营决策、成本管控等方面的管理会计信息化要求。管理会计信息化的安全问题也是企业决策者最关注的问题，企业管理会计信息系统一旦受到计算机病毒的入侵，就会导致系统瘫痪或所涉及的商业机密被泄露，企业也将面临严重的生存危机。

（二）大数据时代下管理会计的发展格局

在大数据时代，充分利用物联网、云计算等先进的手段实施成本管理和全面预算管理能够帮助企业尽快适应瞬息万变的市场环境。在大数据背景下，更加精细化的企业绩效管理制度和全方位的信息资源共享平台，能够提升企业决策的有效性。

实现成本管理的智能化就在于通过科学、合理的方法降低信息的失真率，充分利用大数据技术对产品成本的组成部分和比例进行科学的分析，然后再生成成本信息的各类指标和比例，为企业的管理者提供决策依据，从而提升企业的核心竞争力。智能化的预算管理可以根据企业的相关数据，在最短的时间内生成预算报表，然后利用其他相关的软件在企业中进行应用。

企业的绩效管理需要对财务数据和非财务数据进行全面的比较和分析。这就需要企业充分利用大数据技术实现非财务数据的信息化，然后再通过智能化分析实现对企业各责任中心的经营业绩的综合评价。在社会经济发展的新常态下，企业也应该更加关注并满足利益相关者的需求，并将其融合到企业的整体绩效管理中来，以提升企业的可持续性竞争力。

在大数据和智能化时代，不论是资金的流动、企业的纳税申报，还是上级领导部门发布的政策、通知，都可以通过以云计算为核心的信息平台实现信息的快速共享。因此，企业可以充分利用这一时机，高效传输数据，实现企业信息利用效率和利用能力的最大化。在智能化和云计算技术的支撑下，企业能够在最短的时间内构建更为专业、更为全面的信息管理系统，从而实现对企业信息化系统的全面升级改造。

任务二　管理会计的基本理论

近年来，许多学者在对管理会计学基本理论进行规范性研究时，围绕“为什么提供信息”“为谁提供信息”“提供什么样的信息”和“怎样提供信息”等问题，参照财务会计基本概念的框架结构，提出了一系列管理会计的基本假设和基本原则。管理会计的假设与原则是实现管理会计目标，合理界定管理会计工作时空范围，统一管理会计操作方法和程序，组织管理会计工作不可缺少的前提条件。

一、管理会计的基本假设

（一）多层主体假设

多层主体假设规定了管理会计工作对象的基本活动空间。管理会计主要面向企业内部管理，而企业内部可划分为许多层次，因此管理会计假设其会计主体不仅包括企业整体，而且包括企业内部各个层次的所有责任单位。

（二）理性行为假设

理性行为假设包含两重意义：行为方法理性和目标理性。首先，管理会计在履行其职能时，往往需要在不同的程序或方法中进行选择，这就会使其工作结果在一定程度上受到人的主观意志的影响。因此，在管理会计假设中，管理会计师为实现管理会计工作总体目标，必须采取理性行为，自觉地按照科学的程序与方法办事。其次，假设每一项管理会计具体目标的提出，是完全出于理性或可操作性的考虑，并能够从客观实际出发，既没有将目标定得过高，也没有将目标定得过低，更不能含糊不清，无法操作。

（三）合理预期假设

合理预期假设也称灵活分期假设。该假设规定：为了满足管理会计面向未来决策的要求，可以根据实际需要和可能性，灵活地确定其工作的时间范围或进行会计分期，不必严格地受财务会计上的会计年度、季度或月份的约束；在时态上，管理会计可以跨越过去和现在，一直延伸到未来。

（四）充分占有信息假设

充分占有信息假设是从信息的搜集及处理的角度提出的。一方面，管理会计采用多种计量单位，不仅充分占有和处理相关企业内部、外部的价值量信息，而且占有和处理其他非价值量信息；另一方面，管理会计所占有的各种信息在总量上能够充分满足现代信息处理技术的要求。

二、管理会计的基本原则

管理会计的基本原则包括最优化原则、效益性原则、决策有用性原则、及时性原则、重要性原则和灵活性原则等。

（一）最优化原则

最优化原则是指管理会计必须根据企业不同管理目标的特殊性，按照优化设计的要求，认真组织数据的搜集、筛选、加工和处理工作，以提供能满足科学决策需要的最优信息。

（二）效益性原则

效益性原则包括两层含义：一是信息质量应有助于管理会计总体目标的实现，即管理会计提供的信息必须能够体现管理会计为提高企业总体经济效益服务的要求；二是坚持成本效益原则，即管理会计提供的信息所获得的收益必须大于为取得或处理该信息所花费的信息成本。

（三）决策有用性原则

现代管理会计的重要特征之一是面向未来决策。因此，是否有助于管理者进行正确决策是衡量管理会计信息质量高低的重要标志。决策有用性是指管理会计信息在质量上必须符合相关性和可信性要求。信息的相关性是指所提供的信息必须围绕特定决策目标，与决策内容或决策方案有直接联系，符合决策要求。信息的可信性包括可靠性和可理解性两个方面，前者是指所提供的未来信息估计误差不宜过大，必须控制在决策者可以接受的一定可信区间内；后者是指信息的透明度必须达到一定的标准，不至于使决策者产生误解。

（四）及时性原则

及时性原则要求规范管理会计信息的提供时间，讲求时效，在尽可能短的时间内完成数据收集、处理和信息传递，确保有用的信息能够在第一时间被充分利用。

（五）重要性原则

重要性原则强调在进行信息处理时，管理会计应当突出重点，抓住主要矛盾，对关键会计事项必须认真对待，重点处理，并分项单独进行说明；对次要事项可以简化处理，合并反映；对于无足轻重或不具有相关性的事项，甚至可以忽略不计。

（六）灵活性原则

尽管管理会计也十分讲求工作的程序化和方法的规范化，但灵活性原则要求管理会计必须增强适应能力，根据不同任务的特点，主动采取灵活多变的方法，提供不同的信息，以满足企业内部各方面的需要。

管理会计的职能和信息质量要求

三、管理会计的职能

管理会计活动是单位利用管理会计信息，运用管理会计工具方法，在规划、决策、控制、评价等方面服务于单位管理需要的相关活动。为实现管理会计的目标，管理会计应具有以下基本职能：

（一）预测经济前景

预测是指采用科学的方法预计、推测客观事物未来发展的必然性和可能性的行为。预测经济前景的职能要求管理会计为企业提供高质量的历史信息和未来信息，采用适当的方法，量化并说明未来经济活动对企业的影响。为此，管理会计人员必须参与计划体系的长远、可行目标的设计，适当地督促目标实现方式的选择等工作，为企业经营决策提供第一手资料。

（二）参与经济决策

决策是指在对未来经济活动进行计划的过程中，管理会计人员应提供预测、决策的备选方案及相关的信息，并准确判断历史信息和未来事项的影响程度，以便选择最优方案。在这一过程中，管理会计人员应对有关信息进行加工处理，去粗取精、去伪存真，以确保所选用的信息能够反映经济活动的未来趋势，揭示经济活动的内在比例关系。决策既是企业经营管理的核心，也是各层级管理人员的主要工作，决策工作贯串企业管理的各个方面和整个企业的生命周期。

（三）规划经营目标

规划是以预测、决策为基础，将经营决策确定的经营目标和选定的方案，借助于一定的形式（全面预算或计划）落实下来的活动。企业以此作为把握和考评未来经济活动的依据。管理会计规划经营目标的职能是通过编制各种计划和预算实现的。它要求在最终决策方案的基础上，将事先确定的有关经济目标分解落实到各有关预算中去，从而合理、有效地组织协调企业供、产、销及人、财、物之间的关系，并为控制和责任考评创造条件。

（四）控制经济过程

控制是对企业经济活动按规划要求进行的监督和调整，要求将经济过程的前馈控制与过程控制有机地结合起来。一方面，企业应监督规划的执行过程，确保经济活动按照规划的要求进行，从而为完成目标奠定基础；另一方面，企业也应对采取的行动及规划本身的质量进行反馈，以确定规划阶段对未来期间影响经济变动的各因素的估计是否充分、准确，从而调整规划或工作方式，以确保目标的实现。

（五）考核评价经营成果

管理会计履行考核评价经营业绩的职能，是通过建立责任会计制度来实现的。管理会计在确定各责任单位应负责任、赋予其相应权利的同时，必须对其责任履行情况进行考核，以确保企业有限资源的有效利用。管理目标以指标分解的形式将责任落实到企业内部的各个单位和工作环节。因此，建立健全责任计量、责任确认及责任考核的责任报告体系，将有助于资源的有效利用和资源经营管理责任的履行。报告即向有关管理层汇报管理工作的进行情况和结果，是信息反馈的重要内容，其目的是使管理者进行有效的控制。从目前来看，管理会计不局限于向企业内部各管理层提交报告，也包括向企业外部有关方面提供适当的管理会计报告。

【思维开拓】

为了实现管理会计的职能，管理会计人员应组织和完成七项管理会计工作，具体包括报告、解释、资源管理、管理信息系统的开发、完善管理技术、鉴定、管理。

任务三　区分管理会计与财务会计

会计作为经济管理的重要组成部分，经过漫长的演变和逐步发展，到目前为止，已经形成了两大分支：财务会计与管理会计。

财务会计是按照会计准则和会计制度的要求，对已发生的经济业务，通过记账、算账、定期编制财务会计报告等一系列专门的会计方法，向企业外部与企业有利害关系的团体和个人提供反映企业财务状况、经营成果、现金流量及其变动情况等会计信息的对外报告会计。

管理会计是根据企业管理当局的需要，利用财务会计提供的会计信息及其他经营活动中的有关资料，运用数学、统计等一系列方法，对企业内部各级责任单位现在和未来的经济活动进行预测、决策、预算、规划，用以指导和控制企业经营活动的对内报告会计。

管理会计是从会计体系中分离出来的一门新兴的边缘学科，从属于现代企业会计系统，其一方面与财务会计有着千丝万缕的必然联系，另一方面又与财务会计有着日益显著的区别。

一、管理会计与财务会计的联系

管理会计与财务会计同属现代企业会计的范畴，二者相互渗透、相互补充，联系密切。

（一）起源相同

管理会计与财务会计都是在传统会计中孕育、发展和分离出来的，作为会计管理的重要组成部分，标志着会计学的发展和完善。

（二）目标相同

同为现代企业会计分支的管理会计和财务会计，都是通过为企业提供经营管理的会计信息来满足企业内部和外部信息使用者的需要。两者分别从不同的角度、以不同的方式发挥自己的职能作用，但最终目标都是使企业获得最大利润，提高经济效益。

（三）信息来源相同

管理会计所使用的信息尽管广泛、多样，但所需要的许多资料都来自财务会计系统，有的是对财务会计资料的直接使用，有的则是对财务会计信息进行深加工和再利用，是对财务会计资料的调整和延伸，因此受到财务会计工作质量的约束。此外，部分管理会计信息有时也被列入对外公开发布的范围。如，现金流量表最初只是管理会计长期投资决策使用的一种内部报表，后来陆续被一些国家，包括我国列为财务会计对外报告的内容。

（四）财务会计改革助推管理会计的发展

目前，我国开展的会计改革的意义不仅在于在财务会计领域实现与国际惯例接轨，而且在于其能将广大财会人员从过去那种单纯反映过去、算“死账”的会计模式中解放出来，开阔他们的眼界，让他们可以用更多的时间和精力去考虑如何适应现代企业经营管理的新环境，解决面临的新问题，从而建立面向未来决策的、算“活账”的会计模式，开创管理会计工作的新局面。

二、管理会计与财务会计的区别

两者的区别主要表现为以下几个方面：

（一）侧重点不同

管理会计是规划未来的会计，其职能侧重于对组织未来财务状况的预测、决策和规划，对组织现在财务状况的控制、考核和评价，属于经营管理型会计；而财务会计是反映过去财务状况的会计，其职能侧重于核算和监督，属于报账型会计。

（二）服务对象不同

管理会计主要向企业内部各管理层提供有效经营和最优化决策所需要的管理信息，是对内报告会计；而财务会计主要向企业外部各利益相关者（如股东、潜在投资者、债权人、税务机关、证券监管机构等）提供信息，是对外报告会计。

（三）约束依据不同

管理会计不受会计准则、会计制度的制约，它所提供的数据、资料，包括各种管理会计报表，没有一定的格式，管理会计的处理方法可以根据企业管理的实际情况和需要确定，具有较大的灵活性；而财务会计进行会计核算、财务监督，必须受会计准则、会计制度及其他法规的制约，以保证会计信息的真实性。

（四）报告期间不同

管理会计面向未来进行预测、决策，因此其报告的编制不受会计期间（如月、季、年）的限制，而是根据管理需要，编制反映不同影响期间经济活动的各种报告；而财务会计面向过去进行核算和监督，反映一定期间的财务状况、经营成果和资金变动情况，应按规定的会计期间（如月、季、年）定期编制报告。

（五）工作主体不同

管理会计的工作主体可分为多个层次，既可以是整个企业，也可以是企业内部的各个责任中心；而财务会计的工作主体往往只有一个层次，即主要以整个企业为工作主体，提供集中、概括性财务成本信息，进行统一的会计核算，对企业整体的财务状况和经营成果做出综合的考核和评价。

（六）核算方法不同

管理会计可选择灵活多样的方法对不同的问题进行分析、处理，即使对相同的问题也可根据需要和可能采用不同的方法进行处理，在信息处理过程中大量运用现代数学方法，如微积分、线性规划、概率论等；而财务会计使用的方法比较稳定，核算时往往只需运用简单的数学方法，且前后各期采用的方法应保持一致，不允许随意变更。

（七）信息精确程度不同

管理会计的工作重点是面向未来的，未来期间影响经济活动的不确定因素比较多，加之管理会计对信息及时性的要求，决定了管理会计应该根据部分单位的需要，提供定性的、特定的、有选择的、不强求计算精确的以及不具有法律效用的信息。

财务会计主要向企业外部利益关系者提供以货币为计量单位的信息，并使这些信息满足全面性、系统性、连续性、综合性、真实性、准确性、合法性等原则和要求。财务会计反映已经发生或已经完成的经济活动，财务会计报告定期对外公布，承担法律责任。因此，财务会计提供的信息应力求准确，数字必须平衡。

【项目习题】

一、单项选择题

参考答案

1. 下列关于管理会计的说法不正确的是（　　）。

A. 管理会计的工作主体是现代企业

B. 管理会计的目标是确保企业实现最佳经济效益

C. 管理会计的对象是企业的经营活动

D. 管理会计的手段是对财务信息等进行深加工和再利用

2. 管理会计所需要的资料主要来源于（　　）

A. 统计　　B. 财务会计　　C. 销售部门　　D. 生产部门

3. 管理会计基本原则的内容不包括（　　）。

A. 最优化原则　　B. 重要性原则

C. 实质重于形式原则　　D. 灵活性原则

4. 管理会计的服务侧重于（　　）。

A. 股东　　B. 外部集团

C. 债权人　　D. 企业内部的经营管理

5. 下列说法正确的是（　　）。

A. 管理会计是经营管理型会计，财务会计是报账型会计

B. 管理会计是报账型会计，财务会计是经营管理型会计

C. 管理会计为对外报告会计

D. 财务会计为对内报告会计

二、多项选择题

1. 在以成本控制为基本特征的管理会计阶段，管理会计的主要内容包括（　　）。

A. 标准成本　　B. 预算控制

C. 差异分析　　D. 考核评价

2. 下列各项属于管理会计基本职能的是（　　）。

A. 预测经济前景　　B. 参与经济决策

C. 规划经营目标　　D. 控制经济过程

3. 管理会计与财务会计存在的联系有（　　）。

A. 信息来源相同　　B. 目标相同

C. 起源相同　　D. 服务对象相同

4. 下列项目中，属于管理会计要素的有（　　）。

A. 应用环境　　B. 管理会计活动　　C. 工具方法　　D. 信息与报告

5. 单位应将管理会计活动嵌入（　　）等环节，形成完整的管理会计闭环。

A. 规划　　B. 决策　　C. 控制　　D. 评价

三、判断题

（　　）1. 财务会计和管理会计都必须遵守企业会计准则。

（　　）2. 管理会计的工作主体分为多个层次，但主要以企业内部的责任单位为主体。

（　　）3. 管理会计所提供的信息一般要求绝对精确。

（　　）4. 管理会计是以提高经济效益为最终目的的会计信息处理系统。

（　　）5. 在以预测、决策为基本特征的管理会计阶段，逐步形成了包括预测、决策、预算、控制、考核和评价在内的管理会计体系。

点睛记忆

知识点	内容		记忆程度
管理会计的概念与目标	定义	管理会计是以现代企业经营活动及其价值表现为对象，通过对财务等信息的深加工和再利用，对经济过程进行预测、决策、规划、控制、责任考核与评价，以强化企业内部经营管理，实现最佳经济效益的信息管理系统	
	目标	为管理和决策提供信息； 参与企业的经营管理	
	指引体系	管理会计基本指引、管理会计应用指引、管理会计案例库	
管理会计的基本理论	基本假设	多层主体假设、理性行为假设、合理预期假设、充分占有信息假设	
	基本原则	最优化原则、效益性原则、决策有用性原则、及时性原则、重要性原则和灵活性原则	
	职能	预测经济前景、参与经济决策、规划经营目标、控制经济过程、考核评价经营成果	
管理会计与财务会计的关系	联系	起源、目标、信息来源相同，财务会计改革助推管理会计的发展	
	区别	侧重点、服务对象、约束依据、报告期间、工作主体、核算方法、信息精确程度不同	

项目二　成本性态与变动成本法

知识目标

1. 能够理解成本性态与相关范围。
2. 能够掌握成本性态分析的程序与方法。
3. 能够区分变动成本法与完全成本法。

技能目标

1. 能够采用一定的方法分解混合成本。
2. 能够采用完全成本法和变动成本法编制利润表。
3. 在不同成本法下，能够对营业利润进行差异调整。

【案例导入】

某成衣店为顾客小张制作服装，服装定价 500 元。成衣店制作服装需要购买布料、耗材，支付工人工资，支付店面租金、水电费等，生产服装的成本共计 300 元。同一笔交易，买方的成本是 500 元，卖方的成本是 300 元。在不考虑其他费用的情况下，二者的差额就是卖方的纳税前利润。在这个案例中，同一笔交易，买卖双方的成本是不同的，如图 1-2-1 所示。

小张的成本		某成衣店的成本	
服装售价	500元	原材料	150元
		工人工资	100元
		辅助生产成本	30元
		制造费用	20元
成本合计	500元	成本合计	300元

图 1-2-1　小张的成本与某成衣店的成本

思考：在这个案例中，同一笔交易，买卖双方的成本是不同的。那么，什么是成本？

成本性态的相关范围

任务一　成本性态与相关范围

一、产品成本的含义

产品成本是企业为了生产产品或提供劳务（快递、代理、运输、教育咨询）而耗用的各项耗费或支出。

对于成本的分类，我们应从两个角度进行考虑。从财务会计的角度考虑，成本可以分为直接成本与间接成本，重在对外核算；从管理会计的角度考虑，成本可以分为固定成本与变动成本，重在对内决策。这里我们主要是从管理会计的角度对成本进行性态分析。

二、成本性态分析的含义及分类

（一）含义

成本性态指成本习性，是成本总额随着业务活动的变化相应变化的习性。影响成本总额的业务活动称为“业务量”，又称为“成本动因”。根据具体业务性质的不同，业务量可以表现为实物量、价值量和时间量，如生产量、销售量、工人工作小时、机器工作小时、维修小时等。

（二）分类

按照成本对业务量的依存关系，我们通常将成本分为固定成本、变动成本和混合成本三类。混合成本又可以分解为固定成本和变动成本，因此从最终实质来看，成本可分为固定成本和变动成本两大类。

三、固定成本

（一）定义

固定成本是指成本总额在一定期间和一定业务量范围内，不受业务量变动的影响而保持固定不变的成本。

固定成本包括设备按年限平均法计算的折旧费、租赁费、广告费、研究开发费、高管薪酬、职工培训费、财产保险费、财产税等。固定成本在企业中大多体现为期间费用和制造费用。因此，固定成本又可细分为固定性销售费用、固定性管理费用、固定性财务费用、固定性制造费用。

（二）特点

在特定的相关范围（特定业务量范围、特定期间范围）内，固定成本总额不变，单位固定成本随业务量增加而降低。固定成本总额、单位固定成本总额与业务量之间的关系如图 1-2-2、图 1-2-3 所示。

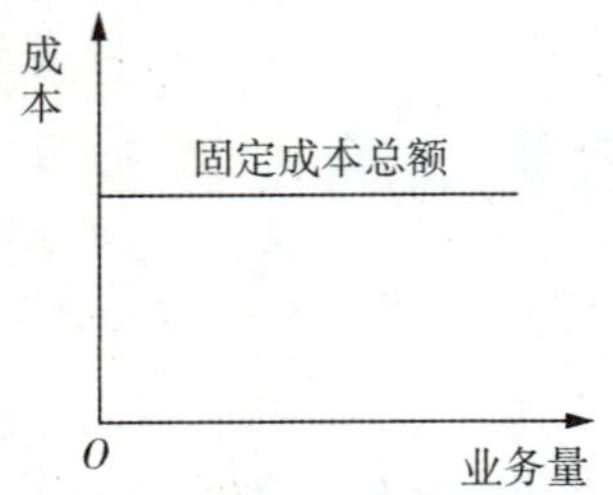

图 1-2-2　固定成本模型

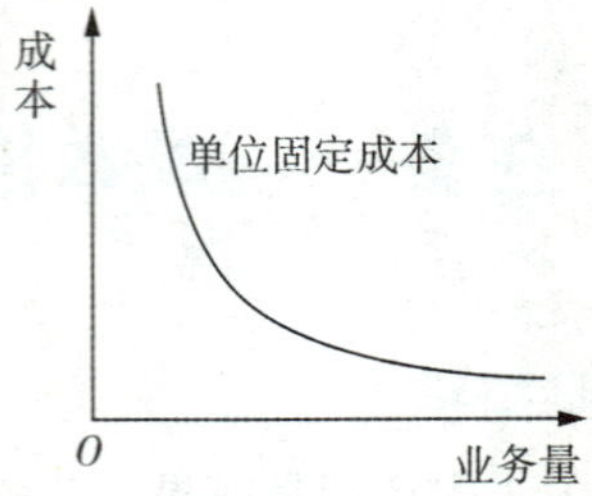

图 1-2-3　单位固定成本模型

固定成本的案例

（三）计算公式

单位固定成本的计算公式为：

$$单位固定成本=\frac{固定成本总额}{业务量}$$

单位固定成本的变化方向与业务量的变化方向相反，所以单位固定成本与业务量成反向变化关系。

（四）分类

根据支出数额是否受到企业管理层短期决策影响，固定成本可分为酌量性固定成本和约束性固定成本。

酌量性固定成本是指支出数额受管理层短期决策影响的固定成本，也就是管理层能酌情改变这部分固定成本总额。广告费、研究开发费、职工培训费、高管薪资等属于酌量性固定成本。在预算酌量性固定成本时，管理层会根据年度发展计划考虑成本预算，如计划加大广告宣传，管理层会相应增加广告预算；但如果资源有限，特别是企业资金陷入困难时，管理层会酌情缩减广告预算。

约束性固定成本是指支出数额不受管理层短期决策影响的固定成本，也就是管理层不能改变这部分固定成本总额。固定资产折旧费、财产保险费、财产税、房屋设备租赁费等属于约束性固定成本。约束性固定成本往往是由企业高层管理人员根据企业战略发展规划和长远目标做出的决策而决定的。例如，房屋、设备等资产一旦购入企业，即使生产中断，这些资产对应的折旧费、租赁费、财产税等仍会发生，企业管理人员在短期内不能改变其数额，对短期决策具有约束性。

（五）相关范围

固定成本与变动成本的区分并不是绝对的，而是有条件的，这个条件在管理会计中称为“相关范围”。

固定成本是在特定期间内的成本，如果超出了一定期间，固定成本也可能会发生变动。例如，随着时间的推移，企业的生产经营能力将会发生变化，其固定成本总额也会发生变化。所以，固定成本又被称为“期间成本”。例如，一年时间的租赁费是固定的，超过一年，租赁费总额也会增加。

固定成本是在特定期间内的成本，如果超出了一定业务量范围，固定成本也可能会发生变动。例如，一年生产 10 000 件产成品需要一台机器设备，如果产量提高到 10 100 件，就必须再购买一台新的设备，那么设备折旧费在产量 10 000 件之内是固定的，超出 10 000

件这个业务量范围，折旧费总额需要成倍增加。

四、变动成本

（一）定义

变动成本是指在一定条件下，成本总额随着业务量的变化而成正向变化的成本。

变动成本在企业中一般包括直接材料、直接人工，它们随着产量的增加而成正比例增加。

变动成本在制造费用和期间费用中也有体现。因此，变动成本又可细分为变动性制造费用、变动性销售费用。随着业务量成正比例变化的机物料消耗，按销售额提取的提成或佣金、运费，以及按工作量法计提的设备折旧费等，都属于变动成本。

管理费用和财务费用一般很少存在变动成本，全部按固定成本对待。

（二）特点

在特定的相关范围（特定业务量范围、特定期间范围）内，变动成本总额随业务量的增加而正比例增加，单位变动成本不变。变动成本模型如图 1-2-4 所示，单位变动成本模型如图 1-2-5 所示。

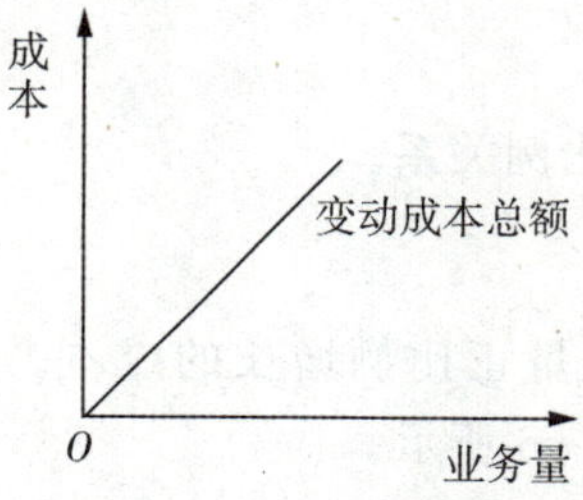

图 1-2-4 变动成本模型

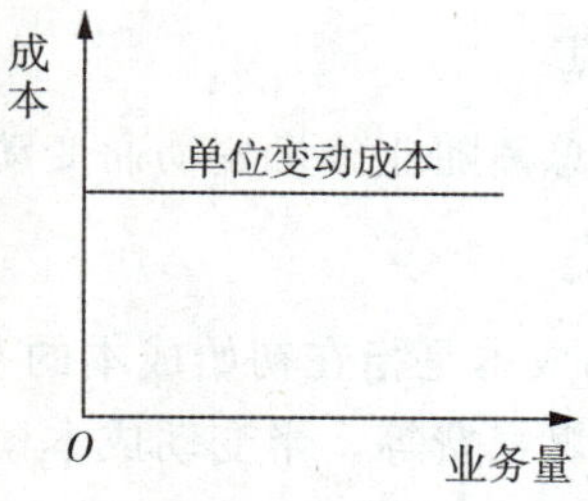

图 1-2-5 单位变动成本模型

（三）计算公式

假设 x 为业务量、b 为单位变动成本，则变动成本总额的计算公式为：

变动成本总额 $= bx$

（四）分类

变动成本按是否受管理层决策的影响，可进一步分为技术性变动成本和酌量性变动成本。

技术性变动成本是由企业技术部门设计的产品构成及工艺所决定的，只要不改变产品构成结构及工艺，成本构成就不会改变。企业只要生产，就必然会发生技术性变动成本。例如，生产一部手机要用到一块主板、一块屏幕、一个摄像头。如果企业期望大幅度降低手机的生产成本，考虑降低成本的主要方向应是大力支持创新工艺、技术及产品材料等构成设计。

酌量性变动成本是受企业管理层决策影响的成本。例如，在不影响质量和消耗水平的情况下，企业可以决定从不同地区或不同供应商处采购材料，这是由采购部门决策确定的。当技术性变动成本无法改变时，考虑降低成本的主要方向应是降低酌量性变动成本。

（五）相关范围

变动成本相关范围表现为变动成本与产量之间成正比例变动的关系（即完全的线性联系），通常也只有在一定产量范围内存在。超过这一产量范围，两者之间就表现为非线性关系。例如，在产品投产初期，单位产品的材料消耗和人工成本可能比较高。随着生产量的增加，用料和利用工时可以更为经济合理，单位产品的材料消耗和工时消耗也将逐渐下降，并相对趋于稳定。在这一阶段，有关指标可能趋于平稳，使成本与产量之间呈现完全的线性联系，变动成本的相关范围就是针对这一阶段而言的。当产量的增长超过一定的限度时，可能会出现生产疲劳、废品增多，或因需要加班加点生产而提高计件工资的计件单价等情况，致使单位产品的变动成本趋于上升。

五、混合成本

（一）定义

混合成本是指在一定时期和一定业务量范围内，介于固定成本和变动成本之间，既随业务量变动但又不成正比例的那部分成本。例如，企业的电话费、机器设备的维护保养费等，每月都会发生变动，可是并不成正比例变动，因此就属于混合成本。

（二）特点

混合成本总额随业务量变动而变动，但不成正比例关系。

（三）分类

1. 半变动成本是指在初始成本的基础上随业务量正比例增长的成本。例如，固定电话费、水费、煤气费等。半变动成本模型如图 1-2-6 所示。

2. 阶梯式成本是指总额随业务量呈阶梯式增长的成本，也称为“步增成本”或“半固定成本”。企业的管理员、运货员、检验员的工资等成本项目就属于这一类。阶梯式成本模型如图 1-2-7 所示。

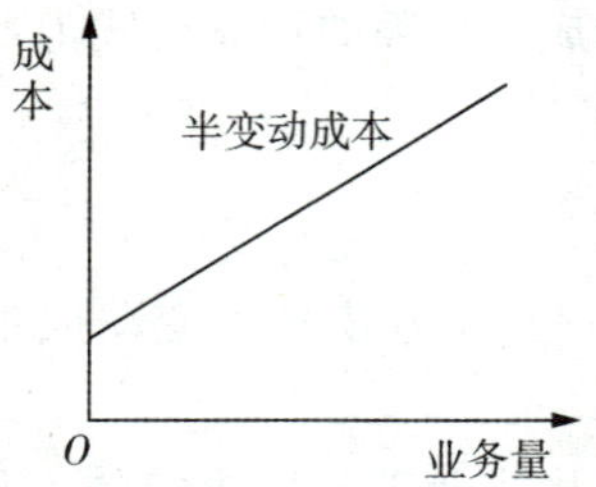

图 1-2-6　半变动成本模型

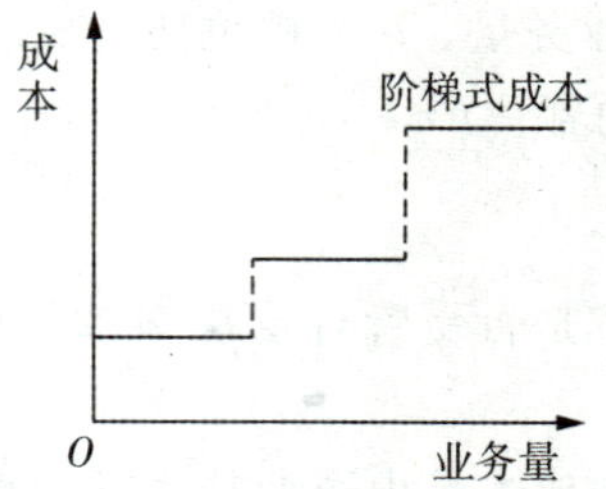

图 1-2-7　阶梯式成本模型

3. 延期变动成本指在一定业务量范围内总额保持稳定，超过特定业务量则开始随业务量同比例增长的成本。例如，职工的工资＝职工的基本工资＋工作时间超出正常标准支付的加班薪金。延期变动成本模型如图 1-2-8 所示。

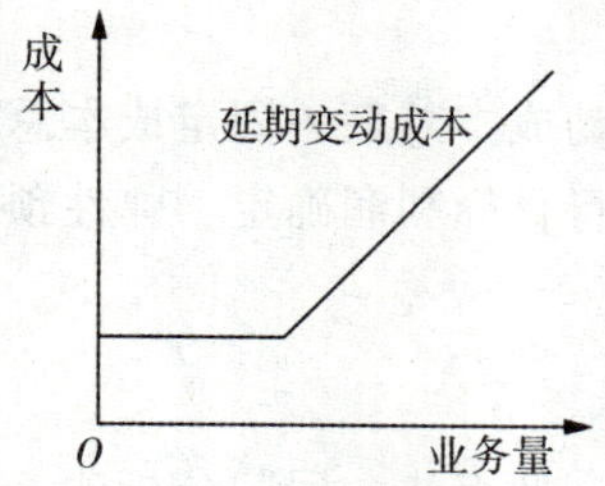

图 1 - 2 - 8　延期变动成本模型

4. 非线性成本包括变化率递减的成本和变化率递增的成本。递增曲线成本如累进计件工资、违约金等，递减曲线成本如有价格折扣或优惠条件下的水、电消费成本、“费用封顶”的通信服务费等。递增型混合成本模型如图 1 - 2 - 9 所示，递减型混合成本模型如图1 - 2 - 10所示。

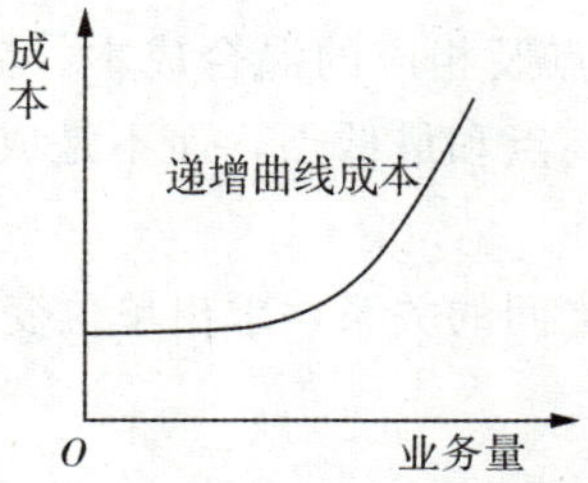

图 1 - 2 - 9　递增型混合成本模型

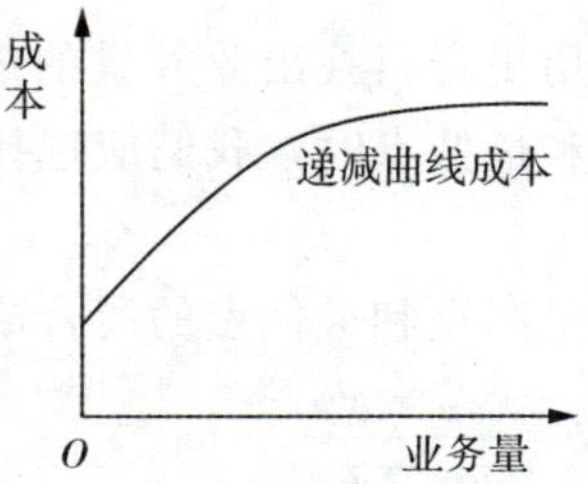

图 1 - 2 - 10　递减型混合成本模型

成本性态分析的程序与方法

任务二　成本性态分析的程序与方法

成本性态分析是管理会计的一项基本工作。通过成本性态分析，我们可以从定性和定量两个方面掌握成本的各个组成部分与业务量之间的依存关系和变动规律，从而为应用变动成本法进行本量利分析奠定基础。成本性态分析的程序是指完成成本性态分析所经过的步骤，分为单步骤分析程序和多步骤分析程序两种。成本性态分析的方法主要有定性分析法和定量分析法两种。在管理会计实践中，单步骤分析程序和定量分析法运用得最为广泛。

一、成本性态分析的程序

（一）单步骤分析程序

单步骤分析程序是指在进行成本性态分析时，将总成本一次性直接分解为固定成本和变动成本，从而建立成本模型。

（二）多步骤分析程序

多步骤分析程序是指企业在进行成本核算的过程当中，需要先将总成本划分为固定成本、变动成本和混合成本，然后通过一定的方法将混合成本分解成固定成本和变动成本。最终，总成本还是被分解成两大类，一类是固定成本，另一类是变动成本。

计算公式如下：

总成本＝固定成本总额＋变动成本总额＝固定成本总额＋单位变动成本×业务量

此公式即总成本模型，在进行目标利润确定、弹性预算编制、杠杆系数计算、产品定价、信用政策决策等时均有应用。

二、混合成本的分解方法

混合成本的分解方法主要有高低点法、回归分析法、账户分析法、技术测定法、合同认定法。

（一）高低点法

高低点法指根据历史资料找出业务量的最高点和最低点，分别求出固定成本和单位变动成本，最后建立成本性态模型的方法。

基本步骤：

（1）根据历史资料找出业务量的最高点和最低点及相应的混合成本。需要注意的是，在选择最高点和最低点时，我们应选择业务量的最高点和最低点，而不是成本的最高点和最低点。

（2）通过最高点和最低点的混合成本与业务量之间的关系，求出单位变动成本 b。

公式为：$b=\frac{y_{高}-y_{低}}{x_{高}-x_{低}}$

（3）通过公式 $y=a+bx$，将最高点（$x_{高}$，$y_{高}$）或者最低点（$x_{低}$，$y_{低}$）带入求出固定成本 a。

公式为：$y_{高}=a+bx_{高}$ 或 $y_{低}=a+bx_{低}$

（4）建立 $y=a+bx$ 成本性态模型。

该方法的优点是简单明了，易于理解。该方法的缺点是仅用最高点和最低点来代表某一历史时期的成本情况，具有一定的片面性。

该方法的适用范围是成本变动趋势比较稳定的企业。

【例 2-1】某品牌服装厂生产的毛衣，由于设计独特，销量稳步提升。企业 2016—2022 年产销量与混合成本的历史资料如表 1-2-1 所示。

表 1-2-1　企业 2016—2022 年的产销量与混合成本

年份	产销量/万件	混合成本/万元
2016	100	7 000
2017	130	8 500
2018	120	8 100
2019	150	9 600
2020	140	9 100
2021	160	10 600
2022	170	10 500

要求：请根据上述资料建立成本性态模型。

步骤 1：根据历史资料找出业务量的最高点和最低点及相应的混合成本。本题选择 2016 年（产销量 100 万件，混合成本 7 000 万元）的数据作为最低点；选择 2022 年（产销量 170 万件，混合成本 10 500 万元）的数据作为最高点。

步骤 2：将最高点和最低点的混合成本与业务量代入公式，求出 b。

$$b=\frac{y_{高}-y_{低}}{x_{高}-x_{低}}=\frac{10\ 500-7\ 000}{170-100}=50$$

步骤 3：通过公式 $y=a+bx$，将最高点或者最低点带入，求出固定成本 a。

$10\ 500=a+50\times170$ 或 $7\ 000=a+50\times100$

求出 $a=2\ 000$。

步骤 4：建立 $y=a+bx$ 成本性态模型。

模型为：$y=2\ 000+50x$。

（二）回归分析法

回归分析法是根据过去一定期间的业务量和混合成本的历史资料，应用最小二乘法原理，更加准确地算出业务量与混合成本关系的回归直线，借以确定混合成本中固定成本和变动成本的方法。

基本步骤：设共有 n 期业务量 x 和成本 y 的资料，每期资料的 x、y 之间的关系可以用直线方程 $y=a+bx$ 表示。根据资料求得 a、b 的值。

计算公式如下：

$$b=\frac{n\sum xy-\sum x\sum y}{n\sum x^2-(\sum x)^2}$$

$$a=\frac{\sum y-b\sum x}{n}$$

值得注意的是：只有 x、y 呈现显著相关时，这种回归分析才有意义。

【例 2-2】某企业 2017 年至 2022 年历年的产销量和资金变化情况如表 1-2-2 所示。2023 年的预计销售量为 1 500 万件，需要预测 2023 年的资金需要量，如表 1-2-3 所示。

表 1-2-2　企业 2017—2022 年的产销量与资金变化情况

年度	产销量（x：万件）	资金占用（y：万元）
2017	1 200	1 000
2018	1 100	950
2019	1 000	900
2020	1 200	1 000
2021	1 300	1 050
2022	1 400	1 100

表 1-2-3　企业 2023 年的资金需要量预测表（按总额预测）

年度	产销量（x）/万件	资金占用（y）/万元	xy	x^2
2017	1 200	1 000	1 200 000	1 440 000
2018	1 100	950	1 045 000	1 210 000
2019	1 000	900	900 000	1 000 000
2020	1 200	1 000	1 200 000	1 440 000
2021	1 300	1 050	1 365 000	1 690 000
2022	1 400	1 100	1 540 000	1 960 000
求和	7 200	6 000	7 250 000	8 740 000

通过计算得到 $b=0.5$，$a=400$。

最终得到 $y=400+0.5x$

把 2023 年的预计销售量 1 500 万件代入上式，得出 2023 年的资金需要量为：

$400+0.5\times1\,500=1\,150$（万元）

优点：回归分析法运用了科学分析与精确计算，因此该方法较为准确。

缺点：由于需要建立回归方程组，因此该方法的工作量较大。目前，使用计算机数据处理技术即可克服此问题。

（三）账户分析法

账户分析法又称会计分析法，是根据有关成本账户及其明细账的内容，结合成本账户与产量的依存关系，判断其比较接近哪一类成本，就视其为哪一类成本。

账户分析法的优点是简便易行，缺点是比较粗糙且带有主观判断。

（四）技术测定法

技术测定法又称工业工程法，是工程技术人员根据生产过程中各种材料和人工成本消耗量与产出量之间的数量关系估算出固定成本和变动成本的方法。

优点：该方法的测定结果比较准确。

缺点：该方法的工作量较大，适用于投入成本与产出数量之间有规律的情况。

（五）合同认定法

合同认定法是根据企业与供应单位之间签订的各种合同、契约，以及企业内部既定的各种管理和核算制度所明确规定的计费方法，分别确认哪些费用属于固定成本，哪些费用属于变动成本。需要注意的是合同分析法需要配合账户分析法使用。

合同认定法的优点是比较准确；缺点是应用范围小，具有局限性。

【思维开拓】

某企业根据过去一段时间内的业务量和混合成本材料，应用最小二乘法原理，寻求最能代表二者关系的函数表达式，据以对混合成本进行分解，则该企业所采用的混合成本分解方法是回归分析法。原因是回归分析法是根据过去一定期间的业务量和混合成本的历史资料，应用最小二乘法原理，算出最能代表业务量与混合成本关系的回归直线，借以确定混合成本中固定成本和变动成本的方法。

任务三　变动成本法与完全成本法

变动成本法
与完全成本法

一、完全成本法与变动成本法概述

（一）完全成本法的定义

完全成本法是指在计算存货成本时，需计算全部的生产成本，包括直接材料、直接人工、变动制造费用和固定制造费用，而只将期间费用作为当期费用予以扣除。

有一些企业适合完全成本法，但是完全成本法不适合所有的企业。完全成本法不利于成本管理，原因有四个。一是，完全成本法将固定性制造费用计入产品成本，固定性制造费用需要分配，因此增加了成本计算的工作量。二是，变动性制造费用、固定性制造费用混为一谈，给成本分析带来一定的难度。三是，不利于企业的短期决策。企业产品的利润应随着销售量的变化而变化，但在完全成本法下，销售量和利润没有相应的比例关系，没有办法进行企业销售量的预测与利润分析。四是，完全成本法不能反映当期的准确利润。根据完全成本法的特点，如果企业希望增加当期利润，那么企业不需要多销售产品，只需要多生产产品就能达到目的，这样就会导致虚假利润。原因是固定性制造费用计入产品成本后，产品的产量越大，分摊到单位产品上的固定性制造费用就越少，单位产品的成本降低，使得利润增加。为了解决上述问题，变动成本法逐渐受到人们的重视。

（二）变动成本法的定义

变动成本法指在计算存货成本时，只计算变动性生产成本，包括直接材料、直接人工、变动性制造费用，而将固定性制造费用（固定性生产成本）和非生产成本（期间费用）一起作为期间费用，冲减当期损益。

完全成本法和变动成本法的共同点为成本都分为两部分。第一部分是产品成本，第二部分是期间费用。在完全成本法中，产品成本包括直接材料、直接人工、变动性制造费用、固定性制造费用。而在变动成本法中，产品成本包括直接材料、直接人工、变动性制造费用。需要注意的是，这里的固定性制造费用划分为期间费用。可以理解为，一间办公室有四个人在办公，对完全成本法来说，办公室一共是四个人。而对变动成本法来说，办公室中的一个人搬出去了，在其他地点办公。例如，存货采用变动成本法进行核算。找出存货的直接材料、直接人工和变动性制造费用加起来即为存货成本。成本划分关系如图1－2－11所示：

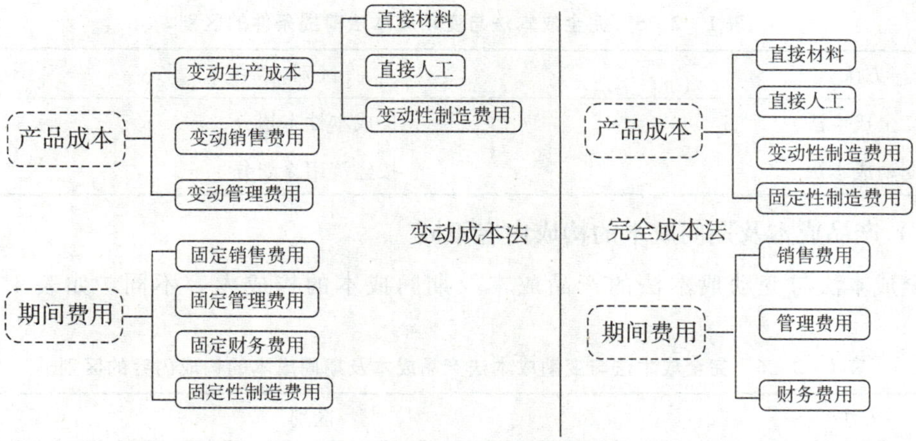

图1－2－11　成本划分关系图

产品成本反映在资产负债表中，而资产负债表反映的是企业某一时点的财务状况。直接材料、直接人工、变动性制造费用通过存货反映在资产负债表中，并不作为费用去抵扣，因此不影响利润。但是，期间费用却截然不同。期间费用是反映在利润表中的，利润表是反映某一时段的经营成果的。因此，期间费用应当期发生，当期扣除。

变动成本法和完全成本法的区别就在于产品成本和期间费用的认定方法不同。

【思维开拓】

变动成本法在计算产品成本时，与产品产销量无关的固定性制造费用与其他固定成本被作为期间费用在发生的当期全部计入当期损益。

二、变动成本法与完全成本法的区别

【例 2-3】海达企业产品已知条件如表 1-2-4 所示。

表 1-2-4　产品成本计算表

项目	金额/数量
单位产品的直接材料	6 元
单位产品的直接人工	4 元
单位产品的变动性制造费用	2 元
单位变动管理及销售费用	2 元
全月固定性制造费用	20 000 元
全月固定性管理成本	7 000 元
产量	10 000 件
销量	8 500 件
单位产品售价	30 元

（一）应用的前提条件不同

完全成本法与变动成本法应用的前提条件不同，如表 1-2-5 所示。

表 1-2-5　完全成本法与变动成本法前提条件的区别

方法	区别
完全成本法	按成本性态划分
变动成本法	按经济用途划分

（二）产品成本及期间成本的构成内容不同

完全成本法与变动成本法的产品成本及期间成本的构成内容不同，如表 1-2-6 所示。

表 1-2-6　完全成本法与变动成本法产品成本及期间成本的构成内容的区别

方法	区别
完全成本法	产品成本＝直接材料＋直接人工＋变动性制造费用＋固定性制造费用； 期间成本＝销售费用＋管理费用＋财务费用
变动成本法	产品成本＝直接材料＋直接人工＋变动性制造费用； 期间成本＝销售费用＋管理费用＋财务费用＋固定性制造费用

（三）销货成本及存货成本的水平不同

完全成本法与变动成本法的销货成本及存货成本的水平不同，如表 1-2-7 所示。

表 1-2-7　完全成本法与变动成本法销货成本及存货成本的水平的区别　　单位：元

完全成本法				变动成本法			
成本项目	单价	生产成本	期末存货成本	成本项目	单价	生产成本	期末存货成本
直接材料	6	60 000	9 000	直接材料	6	60 000	9 000
直接人工	4	40 000	6 000	直接人工	4	40 000	6 000
变动性制造费用	2	20 000	3 000	变动性制造费用	2	20 000	3 000
固定性制造费用	2	20 000	3 000	固定性制造费用	0	0	0
成本合计	14	140 000	21 000	成本合计	12	120 000	18 000

根据表 1-2-7 中的已知条件，我们可计算出生产成本和存货成本。采用完全成本法算出的生产成本为 140 000 元，而采用变动成本法算出的生产成本为 120 000 元，成本计算结果显然不同。采用完全成本法算出的期末存货成本为 21 000 元，而采用变动成本法算出的期末存货成本为 18 000 元，期末存货计算结果也不同。在变动成本法下，固定性制造费用20 000元作为期间费用处理，直接计入当期利润表，不会计入销货成本和存货成本。在完全成本法下，固定性制造费用 20 000 元计入了产品成本，在期末存货和销货之间进行分配，使3 000元的固定性制造费用被计入期末存货成本递延至下期，17 000 元的固定生产成本作为销货成本计入当期利润表。

（四）销货成本的计算公式不完全相同

1. 销货成本的计算公式为：

销货成本＝期初存货成本＋本期生产成本－期末存货成本

＝期初存量×单位成本＋本期产量×单位成本－期末存量×单位成本

2. 变动成本法下销货成本的计算公式为：

销货成本＝单位成本×（期初存量＋本期产量－期末存量）＝单位成本×本期销量

3. 完全成本法下销货成本的计算公式为：

销货成本＝期初存量×单位成本＋本期产量×单位成本－期末存量×单位成本

＝期初存量×（单位变动成本＋单位固定成本）＋本期产量×（单位变动成本＋单位固定成本）－期末存量×（单位变动成本＋单位固定成本）

＝本期销量×单位变动成本 ＋（期初存货中的固定成本＋本期固定成本－期末存货中的固定成本）

＝变动销货成本＋固定销货成本

4. 两种成本法下销货成本计算公式的差别小结：

（1）变动成本法

销货成本＝本期销售量×单位变动生产成本

（2）完全成本法

销货成本＝期初存货成本＋本期发生的产品成本－期末存货成本

（五）损益确定程序不同

（1）完全成本法下税前利润的计算公式为：

营业收入－营业成本＝营业毛利

营业毛利－营业费用＝营业利润

其中：

营业成本＝本期销货成本（完全生产成本）＝期初存货成本＋本期发生的生产成本－期末存货成本

营业费用＝非生产成本＝销售费用＋管理费用＋财务费用

(2) 变动成本法下税前利润的计算公式为：

营业收入－变动成本＝边际贡献

边际贡献－固定成本＝营业利润

其中：

变动成本＝本期销货成本（销货中的变动生产成本）＋变动非生产成本

＝单位变动成本×本期销售量＋单位变动非生产成本×本期销售量

固定成本＝固定生产成本＋固定非生产成本

＝固定性制造费用＋固定性销售费用＋固定性管理费用＋固定性财务费用

（六）二者利润表的格式完全不同

变动成本法使用贡献式利润表，完全成本法使用传统式（职能式）利润表。两种利润表格式的对比如表 1-2-8 所示。

表 1-2-8　贡献式利润表与传统式利润表格式对比

贡献式利润表	传统式利润表
营业收入	营业收入
减：变动成本	减：营业成本
变动生产成本	期初存货成本
变动销售费用	本期生产成本
变动管理费用	可供销售的商品生产成本
变动成本合计	期末存货成本
贡献边际	营业成本合计
减：固定成本	营业毛利
固定性制造费用	减：营业费用
固定销售费用	销售费用
固定管理费用	管理费用
固定财务费用	财务费用
固定成本合计	营业费用合计
营业利润	营业利润

（七）所提供的信息的用途不同

变动成本法中变动成本、利润与销售量之间有一定的规律性联系，可将其分解、落实到有关责任单位，便于开展业绩考核评价，调动各有关单位降低成本的积极性。变动成本法主要适用于管理会计系统，用来编制企业的内部管理报表，为内部管理提供有用的信息。

完全成本法中变动成本、利润与销售量之间的联系缺乏规律性。但它能提供外界公认的成本与产品之间的归属关系。完全成本法有助于促进企业扩大生产，能刺激企业增产的积极性。完全成本法主要适用于财务会计系统，用来编制对外的财务报表。

三、变动成本法与完全成本法的优缺点

（一）变动成本法的优点

1. 可以简化部分成本核算的步骤。企业采用变动成本法将固定的生产费用计入期间费用，简化了单位变动成本的计算步骤，减少了工作人员的工作量以及分摊固定性制造费用的步骤，使成本核算工作中的分摊标准达到了统一。

2. 促使管理者重视市场销售，防止盲目扩大生产。采用变动成本法算出的利润与销售量增减一致，可促使企业重视市场销售，根据销售量确定生产目标，防止盲目增产。

3. 便于分清各部门的责任，有利于进行成本控制与业绩评价。变动成本是生产车间和供应部门的可控成本，企业可以通过制定标准成本和弹性预算对其进行日常控制。

4. 便于进行短期经营决策。变动成本法提供的信息有利于管理者做出短期经营决策。

（二）变动成本法的缺点

1. 不符合财务会计产品成本的传统观念以及对外报告的要求。在传统成本观念中，生产成本是产品生产过程中发生的全部损耗，包括变动成本和固定成本。

2. 不能适应长期决策的需要。变动成本法是以成本性态分析为前提的，存在应用范围限制。长期决策是在较长时间范围内解决增加或减少生产能力、扩大或缩小经营规模的问题，可能会超过变动成本法的应用范围。

3. 使用变动成本法可能会引起所得税方面的问题。使用变动成本法，一般会降低期末存货估价、营业利润额，在某种程度上会暂时降低所得税和股利。

（三）完全成本法的优点

1. 能够激发企业增加产品产量的积极性。在完全成本法下，单位产品分担的固定成本随产量的增加而减少，单位产品成本的降低能带来企业的收益增长，进而激发企业增加产品产量的积极性。

2. 易于理解，能满足企业对外发布财务报告的要求。企业对外发布的财务报告应满足使用者以长期的观点来衡量企业的需要。因此，财务报告应提供产品在生产过程中发生的全部成本资料，并完整地反映产品的生产耗费情况，易于报告使用者理解。

（四）完全成本法的缺点

1. 不能反映企业真实的部门工作业绩。完全成本法计算的产品单位生产成本随产量的增减而降低或升高，不能全面、真实地反映企业的部门工作业绩。

2. 会使企业盲目追求利润而扩大生产。在完全成本法下，单位产品分担的固定成本随产量的增加而减少，可能会出现企业为追求利润，减少单位产品固定成本，盲目扩大生产的情况。

3. 固定性制造费用的分摊工作量大，分摊结果不准确。完全成本法中固定性制造费用的分摊工作量大，且分摊时有主观随意性，易导致分摊结果不准确。

4. 不利于企业短期经营决策。完全成本法主要用于对外编制财务报表，无法体现出企业成本、业务、利润的数量关系，不能优化企业管理，不能满足企业短期经营决策的需要。

【项目习题】

参考答案

一、单项选择题

1. 企业生产产品所耗用的直接材料成本属于（　　）。

A. 酌量性变动成本

B. 酌量性固定成本

C. 技术性变动成本

D. 约束性固定成本

2. 电信运营商推出“手机 25 元不限流量，可免费通话 800 分钟，超出部分主叫国内通话每分钟 0.1 元”套餐，若选用该套餐，则消费者每月手机费属于（　　）。

A. 固定成本　　B. 阶梯式成本　　C. 延期变动成本　　D. 半变动成本

3. 某公司电梯维修合同规定，当每年上门维修不超过 3 次时，维修费用为 5 万元，当超过 3 次时，则在此基础上按每次 2 万元付费。根据成本性态分析，该项维修费用属于（　　）。

A. 半变动成本　　B. 半固定成本　　C. 延期变动成本　　D. 曲线变动成本

4. 固定生产成本的实质就是（　　）。

A. 固定性制造费用　　B. 期间费用　　C. 产品成本　　D. 制造费用

5. 完全成本法下计算的营业利润比变动成本法下计算的营业利润（　　）。

A. 高　　B. 低　　C. 相等　　D. 不一定

二、多项选择题

1. 下列各项中，一般属于酌量性固定成本的有（　　）。

A. 新产品研发费　　B. 广告费　　C. 职工培训费　　D. 设备折旧费

2. 在一定期间及特定的业务量范围内，关于成本与业务量的关系，下列说法正确的有（　　）。

A. 变动成本总额随业务量的增加而增加　B. 单位固定成本随业务量的增加而降低

C. 固定成本总额随业务量的增加而增加　D. 单位变动成本随业务量的增加而降低

3. 关于混合成本的分解方法，下列说法中正确的有（　　）。

A. 高低点法计算较简单，但代表性较差

B. 回归分析法是一种较为精确的方法，但要与账户分析法配合使用

C. 账户分析法简便易行，但比较粗糙且带有主观判断

D. 技术测定法通常只适用于投入成本与产出数量之间有规律性联系的成本分解

4. 变动成本法与完全成本法的区别表现在（　　）。

A. 产品成本的构成内容不同　　B. 计算出的营业利润不同

C. 利润表格式不同　　D. 期末存货成本的水平不同

5. 变动成本法所提供的信息对强化企业管理有相当大的积极作用，如可以（　　）。

A. 加强成本管理　　B. 促进以销定产

C. 调动企业增产的积极性　　D. 简化成本核算

三、计算分析题

1. 千诚公司是一家销售大型机器设备的企业。该公司的甲产品 1—6 月份的产量及总成本资料见表 1 - 2 - 9：

表 1 - 2 - 9　甲产品 1—6 月份的产量及总成本资料

月份	1	2	3	4	5	6
产量/件	140	100	80	120	170	180
总成本/万元	2 600	2 100	2 000	2 400	2 550	2 500

要求：分别采用高低点法和回归分析法建立成本性态模型，并说明两者结果不同的原因。

2. 某企业生产一种产品，有关数据如下：期初存货量 0 件，本年投产完工量 1 200 件，本年销售量 900 件，单位售价 50 元，直接材料和直接人工 8 000 元，变动制造费用 5 000元，固定制造费用 8 000 元，变动销售及管理费用 2 000 元，固定销售及管理费用 3 000元。

要求：(1) 按完全成本法计算单位产品成本。

(2) 按变动成本法计算单位产品成本。

(3) 分别求出变动成本法和完全成本法下的营业利润。

点睛记忆

<table>
<tr><th>知识点</th><th colspan="3">内容</th><th>记忆程度</th></tr>
<tr><td rowspan="2">成本性态与相关范围</td><td>成本性态分析</td><td colspan="2">成本性态指成本习性，是成本总额随着业务活动的变化而发生相应变化的习性</td><td rowspan="2"></td></tr>
<tr><td>成本分类</td><td colspan="2">固定成本、变动成本和混合成本</td></tr>
<tr><td rowspan="6">成本性态分析的程序与方法</td><td>成本性态分析的程序</td><td colspan="2">单步骤分析程序；
多步骤分析程序</td><td></td></tr>
<tr><td rowspan="5">混合成本分解的方法</td><td>高低点法</td><td>简单明了，易于理解，但具有一定的片面性</td><td rowspan="5"></td></tr>
<tr><td>回归分析法</td><td>较为准确，但工作量较大</td></tr>
<tr><td>账户分析法</td><td>简便易行，但比较粗糙且带有主观判断</td></tr>
<tr><td>技术测定法</td><td>比较准确，但工作量大。适用于投入成本与产出数量之间有规律的情况</td></tr>
<tr><td>合同认定法</td><td>比较准确，但应用范围小，具有局限性。需配合账户分析法使用</td></tr>
<tr><td>变动成本法与完全成本法</td><td>区别</td><td colspan="2">1. 应用的前提条件不同
2. 产品成本及期间成本的构成内容不同
3. 销货成本及存货成本的水平不同
4. 销货成本的计算公式不完全相同
5. 损益确定程序不同
6. 所提供的信息的用途不同</td><td></td></tr>
</table>

项目三　熟知和运用本量利分析法

知识目标

1. 掌握本量利分析的基本公式、概念与关系。
2. 理解盈亏平衡分析的基本概念。
3. 了解本量利分析法的扩展内容。

技能目标

1. 掌握达到盈亏平衡点的销售量或实现目标利润的销售量、销售额的确定方法。
2. 能利用影响利润的相关因素开展敏感性分析。

【案例导入】

云南建投混凝土股份有限公司2019年扭亏为盈分析

2019年，云南建投混凝土股份有限公司实现销售收入36.08亿元，同比增长7.50%，实现净利润2.15亿元，同比增长20.19%，增速由负转正，利润扭亏为盈。2019年，公司主营业务商品混凝土及其他业务的毛利率较2018年有明显的增加。

公司核心业务以预拌混凝土生产为主，核心业务收入占总收入的98.17%。2019年，公司预拌混凝土毛利率略增，达10.90%，较2018年略微增加0. 4个百分点。虽然其他业务收入占比很小，不过毛利率也都显著增加。其中，质量和技术管理服务、砂石料和聚羟酸外加剂的毛利率分别较2018年大幅增加了16.1个百分点、14.7个百分点和1.1个百分点。

2019年，公司营业收入平稳增长，一方面是因为销量上升，2019年公司的主营业务预拌混凝土销量达到970.22万方，同比增长6.62%。因云南打响脱贫攻坚战，其中住房建设被积极推进，房地产项目众多，拉动了商品混凝土的需求。2019年，云南房地产施工面积增加了20.70%，较2018年增加了17.30个百分点。此外，2019年1月至11月，云南公路运输业投资增速较2018年同期增加了1个百分点。

另一方面，公司商品混凝土年均售价与成本略有上涨，但成本上涨幅度较小，公司成本管理稳定。2019年，公司预拌混凝土平均售价和平均单位成本同比分别小幅上涨0.85%和0.41%。具体情况如表1-3-1所示。

表 1-3-1　预拌混凝土销量、售价、成本运行情况

项目	2018 年	2019 年	同比/%
预拌混凝土销量/万方	910.00	970.22	6.62
预拌混凝土售价/（元/方）	362.01	365.07	0.85
预拌混凝土单位成本/（元/方）	324.07	325.39	0.41

思考：（1）云南建投混凝土股份有限公司 2019 年扭亏为盈的原因是什么？主要原因是什么？

（2）如何进一步提高云南建投混凝土股份有限公司的盈利能力？

本量利分析概述

任务一　认知本量利分析

在管理会计中，本量利涉及的内容应用范围较广，为企业做出的决策、控制措施与计划等提供了重要方法。本量利研究的内容主要是利润、成本、价格、销售数量间的各种关系。

一、本量利分析的基本概念

本量利分析是成本、产量或者销售量、利润依存关系分析的简称，英文全称为 Cost-Volume-Profit Analysis，简称 CVP。此种方法基于变动成本计算模式，选择图文和数字会计模型，呈现出利润、单价、成本销售额等之间的关系，再利用得到的关系数据，为企业进行决策和后续运营提供必要的财务信息支持。

本量利分析中的“量”，指的是销售数量。在销售价格不变的条件下，这个量就是销售收入。本量利分析的核心是分析收入和成本的对比关系（产量变化会影响固定成本与变动成本）。

（一）基本公式

变动成本法和成本性态分析是本量利分析的基础，所以本量利分析的基本公式是变动成本法下对利润进行计算的公式。在公式中，我们能够看到利润、价格、业务、成本间的关系。具体公式如下：

营业利润＝销售收入－总成本＝销售价格×销售量－（变动成本＋固定成本）

＝销售单价×销售量－单位变动成本×销售量－固定成本

即 $P=px-bx-a=(p-b)x-a$

其中，营业利润用 P 表示，固定成本用 a 表示，单位变动成本、销售量、销售单价等，分别用 b、x、p 表示。这一公式是整个本量利分析的基本公式，意味着与本量利相关的其他研究都是在此公式的基础上进行的。

（二）基本概念

1. 贡献毛益

产品的销售收入扣除变动成本之后所得到的金额为贡献毛益，其反映的是这一产品为企业发展做出的贡献情况。贡献毛益是衡量产品盈利能力的重要指标，也被称为“创利额”“边际贡献”和“边际收益”。

贡献毛益的表示形式比较多样，如贡献毛益率、贡献毛益总额以及单位贡献毛益。

（1）贡献毛益总额（Total Contribution Margin，简称 TCM）

贡献毛益总额是指产品销售收入总额与变动成本总额之间的差额。贡献毛益总额用公式表示为：

贡献毛益总额＝销售收入总额－变动成本总额

即 TCM＝$px-bx$

因为营业利润＝销售收入总额－变动成本总额－固定成本＝贡献毛益总额－固定成本，可以写成 P＝TCM－a。

所以，贡献毛益总额＝营业利润＋固定成本，即 TCM＝$P+a$。

（2）单位贡献毛益（Unit Contribution Margin，简称 UCM）

单位贡献毛益是指单位产品售价与单位变动成本的差额。单位贡献毛益用公式表示为：

单位贡献毛益＝销售单价－单位变动成本

即 UCM＝$p-b$

该指标反映了每销售一件产品所带来的贡献毛益。

（3）贡献毛益率（Contribution Margin Rate，简称 CMR）

贡献毛益率是指贡献毛益总额占销售收入总额的百分比，用公式表示为：

$$贡献毛益率=\frac{贡献毛益总额}{销售收入总额}\times 100\%=\frac{单位贡献毛益}{销售单价}\times 100\%$$

贡献毛益率是对每百元销售收入创造的贡献毛益进行反映，变动成本率与该指标密切相关。

2. 变动成本率

变动成本率是指变动成本额在销售收入总额中所占的百分比，或者单位变动成本在单价中所占的比重。

其用公式表示为：

$$变动成本率=\frac{变动成本总额}{销售收入总额}\times 100\%=\frac{单位变动成本}{单价}\times 100\%$$

将变动成本率与贡献毛益率两个指标联系起来，可以得出：

贡献毛益率＋变动成本率＝1

由此，我们可以推出：

贡献毛益率＝1－变动成本率

或变动成本率＝1－贡献毛益率

结合上述内容我们可以发现，贡献毛益率与变动成本间存在着一定的互补性，变动成本率与贡献毛益率之间为负相关关系。如果我们想要获得更高的贡献毛益率，那么就需要更低的变动成本率。

【例 3-1】某公司生产电动自行车，每辆电动自行车耗用的材料、人工等变动成本共 1 800元，年固定成本总额为 600 万元，共生产销售了 10 000 辆电动自行车，每辆电动自行车的售价为3 000元。

要求：分析计算该公司的贡献毛益、贡献毛益率、变动成本率和税前利润等指标。

解：单位贡献毛益＝3 000－1 800＝1 200（元/辆）

贡献毛益＝1 200×10 000＝1 200（万元）

$$贡献毛益率＝\frac{1\ 200}{3\ 000}×100\%＝40\%$$

$$变动成本率＝\frac{1\ 800}{3\ 000}×100\%＝60\%$$

变动成本率＋贡献毛益率＝60%＋40%＝1

营业利润＝贡献毛益－固定成本＝1 200－600＝600（万元）

【例 3-2】大众制衣公司生产的T恤衫单价 p 为100元/件，单位变动成本 b 为65元/件，固定成本 a 为60 000元。今年的预计销售量为2 000件。

要求：（1）计算单位贡献毛益、贡献毛益总额、贡献毛益率。

（2）计算营业利润。

（3）计算变动成本率。

（4）验证贡献毛益率与变动成本率的关系。

解：（1）全部贡献边际指标如下：

单位贡献毛益＝100－65＝35（元/件）

贡献毛益总额＝35×2 000＝70 000（元）

$$贡献毛益率＝\frac{35}{100}×100\%＝\frac{70\ 000}{200\ 000}×100\%＝35\%$$

（2）营业利润＝2 000×35－60 000＝10 000（元）

$$（3）变动成本率＝\frac{65}{100}×100\%＝65\%$$

（4）贡献毛益率与变动成本率的关系验证如下：

贡献毛益率＋变动成本率＝35%＋65%＝1

二、本量利分析的基本关系

1. 总成本＝变动成本＋固定成本
2. 贡献毛益＝总收入－变动成本
3. 利润＝总收入－总成本

营业利润＝销售收入－变动成本总额－固定成本

　　　　＝销售量×（单价－单位变动成本）－固定成本

　　　　＝销售量×单位贡献毛益－固定成本

　　　　＝贡献毛益总额－固定成本

　　　　＝销售收入×贡献毛益率－固定成本

　　　　＝销售收入×（1－变动成本率）－固定成本

任务二　单一品种本量利分析

一、盈亏平衡点销售量的确定

盈亏平衡分析是研究企业恰好处于平衡状态时的本量利关系的一种定量分析方法。盈亏平衡点（Break Even Point，简称 BEP）指的是企业达到平衡状态，即企业处于不亏也不盈利状态的业务量的总称。此时，企业销售带来的贡献毛益总额，刚好等于固定成本总额。也就是说，企业总的销售收入刚好等于成本总额，此时利润为零。盈亏平衡点有两种表现形式：一是盈亏平衡点销售量，简称保本量；二是盈亏平衡点销售额，简称保本额。假定在产品的销售单价、固定成本总额、单位变动成本、品种结构等都已知的情况下，销售收入和利润密切相关：只有销售水平超过盈亏平衡点，企业才能够盈利。本量利分析正是以上述假定为基础，着重研究销售量（额）和利润之间的关系。盈亏平衡点的计算，也就成了本量利分析中的重要内容。

例如，在本项目的案例导入中，云南建投混凝土股份有限公司要想扭亏为盈，必须关心销售量的变化对收入、成本、利润的影响，并通过提高公司的销售量或降低盈亏平衡点的销售量来实现这一目标。那么，很自然地，我们先要确定盈亏平衡点销售量（额）。盈亏平衡点指总收入与总成本相等的状态。在盈亏平衡点上，收入、成本和利润的关系如图 1-3-1 所示。

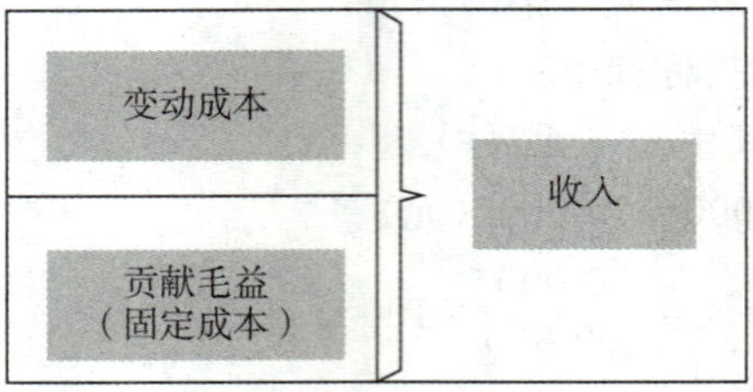

图 1-3-1　收入、变动成本、固定成本和贡献毛益的关系

根据图 1-3-1，我们可知：

营业利润＝销售收入－（固定成本＋变动成本）

＝单价×销售量－单位变动成本×销售量－固定成本

＝（单价－单位变动成本）×销售量－固定成本

$$盈亏平衡点销售量=\frac{固定成本}{单价-单位变动成本}$$

【例 3-3】 惠康公司生产简易割草机，其相关资料见表 1-3-2。

表 1-3-2　惠康公司相关资料　　　　　　**单位：元**

项目	金额
单价	4 000
单位变动成本	3 250
固定成本	450 000

要求：计算惠康公司盈亏平衡点的销售量。

$$解：盈亏平衡点的销售量=\frac{固定成本}{单价-单位变动成本}=\frac{450\ 000}{40\ 00-3\ 250}=600（台）$$

因此，惠康公司必须销售 600 台割草机才能补偿全部的固定成本和变动成本。我们可以编制销售量为 600 台的利润表来进行验证（表 1-3-3）。

表 1-3-3　惠康公司销售 600 台割草机的利润表　　单元：元

项目	金额
销售收入	2 400 000
减：变动成本	1 950 000
贡献毛益	450 000
减：固定成本	450 000
营业利润	0

从表 1-3-3 我们可以看出，当销售量为 600 台时，营业利润的确为零。

贡献毛益是销售收入扣除变动成本之后的剩余部分。当企业处于盈亏平衡状态时，贡献毛益补偿固定成本后为零，即固定成本等于贡献毛益。计算公式为：

$$\text{盈亏平衡点的销售量}=\frac{\text{固定成本}}{\text{单价}-\text{单位变动成本}}=\frac{\text{贡献毛益}}{\text{单位贡献毛益}}$$

【思维开拓】

当固定成本等于贡献毛益时，企业处于盈亏平衡状态。

二、盈亏平衡点销售额的确定

在某些情况下进行本量利分析时，我们可以用销售收入代替销售量来衡量销售水平。我们要把销售量转化为销售收入，只需用单价乘以销售量即可。例如，惠康公司盈亏平衡点的销售量为 600 台，每台割草机的价格是 4 000 元，那么盈亏平衡点的销售收入为 2 400 000元（4 000×600）。

任何用销售量来表示的结果都很容易转化成用销售收入表示的结果。但这一结果可以用单独的销售收入公式更直接地计算得出。公式如下：

$$\text{盈亏平衡点的销售收入}=\frac{\text{固定成本}}{\text{单位贡献毛益}\div\text{单价}}=\frac{\text{固定成本}}{\text{贡献毛益率}}=\frac{\text{固定成本}}{1-\text{变动成本率}}$$

变动成本率是指每单位销售收入中可用来补偿变动成本的比例。当然，补偿变动成本后剩余的销售百分比则是贡献毛益率。贡献毛益率是指每单位销售收入中可用来补偿固定成本并提供利润的比例。

【例 3-4】继续例 3-3 中的要求：编制惠康公司销售 1 000 台割草机的利润表。

解：惠康公司销售 1 000 台割草机的利润表见表 1-3-4。

表 1-3-4　销售量 1 000 台割草机的利润表　　单位：元

项目	金额	销售收入百分比
销售收入	4 000 000	100%
减：变动成本	3 250 000	81.25%
贡献毛益	750 000	18.75%
减：固定成本	450 000	—
营业利润	300 000	—

由表 1-3-4 我们可以得知，割草机的变动成本率为 81.25%，贡献毛益率是

18.75%。根据上述计算过程，我们可以得出：

$$变动成本率=\frac{变动成本}{销售收入}\times100\%=\frac{单位变动成本}{单价}\times100\%$$

$$贡献毛益率=\frac{销售收入-变动成本}{销售收入}\times100\%=\frac{贡献毛益}{销售收入}\times100\%$$

$$或者贡献毛益率=\frac{单价-单位变动成本}{单价}\times100\%=\frac{单位贡献毛益}{单价}\times100\%$$

变动成本率＋贡献毛益率＝1

惠康公司盈亏平衡点的销售收入可以选择更加直接的计算方法，计算如下：

$$盈亏平衡点的销售收入=\frac{固定成本}{贡献毛益率}=\frac{450\ 000}{18.75\%}=2\ 400\ 000（元）$$

当然，在盈亏平衡点上，企业的贡献毛益刚好与固定成本相等。

三、目标利润下销售量的确定

如上所述，企业要想实现扭亏为盈，必须达到盈亏平衡点的销售量。盈亏平衡点是企业赖以生存的根本。但是，大多数企业都希望实现一定的目标利润，以使企业不断地发展壮大。在目标利润条件下，企业收入、成本和利润的关系如下：

目标利润＝销售收入－销售成本＝销售收入－（固定成本＋变动成本）

＝单价×销售量－单位变动成本×销售量－固定成本

＝（单价－单位变动成本）×销售量－固定成本

$$目标利润下的销售量=\frac{固定成本+目标利润}{单价-单位变动成本}=\frac{贡献毛益}{单位贡献毛益}$$

注：这里的目标利润是营业利润（下同）。

【例 3-5】接例 3-3，假设惠康公司明年的预算是实现目标利润 600 000 元。

要求：计算惠康公司割草机目标利润下的销售量。

$$解：目标利润下的销售量=\frac{固定成本+目标利润}{单价-单位变动成本}=\frac{450\ 000+600\ 000}{4\ 000-3\ 250}=1\ 400（台）$$

因此，惠康公司要想达到目标利润，必须销售 1 400 台割草机。我们可以用利润表来进行验证，见表 1-3-5。

表 1-3-5　销售 1 400 台割草机的利润表　　　　单位：元

项目	金额
销售收入	5 600 000
减：变动成本	4 550 000
贡献毛益	1 050 000
减：固定成本	450 000
营业利润	600 000

盈亏平衡点是对销售量进行验证的另一种方法。如前所述，惠康公司必须要销售 1 400台割草机，即超过盈亏平衡点销量 800 台，才能达到目标利润。每台割草机的贡献毛益为 750 元，乘以 800 台刚好为 600 000 元。公式为：目标利润＝单位贡献毛益×（目标利润下的销售量－盈亏平衡点销售量）。

固定成本能够将盈亏平衡点产品销售量实现的贡献毛益抵消掉，销售量提供的贡献毛益只有比盈亏平衡点更高，企业才可以获得利润。我们一般用安全边际来表示目标利润下的销售量超过盈亏平衡点销售量的安全边际，来对企业的经营安全情况进行评价。在实际应用当中，与安全边际相关的指标有边际率、边际量和边际额。相关计算公式如下：

安全边际量＝目标利润下的销售量－盈亏平衡点的销售量

安全边际额＝目标利润下的销售额－盈亏平衡点的销售额

$$安全边际率=\frac{安全边际量}{目标利润下的销售量}\times100\%=\frac{安全边际额}{目标利润下的销售额}\times100\%$$

安全边际额＝安全边际量×单价

企业经营安全性评价标准见表 1－3－6。

表 1－3－6　企业经营安全性评价标准

安全边际率	低于 10%	10%～20%	20%～30%	30%～40%	大于 40%
安全程度	危险	值得注意	较安全	安全	很安全

【思维开拓】

安全边际率越高，目标利润下的销售量超过盈亏平衡点的销售量就越多。

四、目标利润下的销售额确定

【例 3-6】接例 3－5，惠康公司想要获得目标利润 600 000 元。要求：计算目标利润下的销售额。

解：我们要想计算目标利润下的销售额，只需要计算目标利润下的销售量 1 400 台与单价 4 000 元的乘积即可。

目标利润的销售额＝1 400×4 000＝5 600 000（元）

目标利润下的销售额的计算，可以选择更加直接的公式，如下：

$$目标利润下的销售额=\frac{固定成本+目标利润}{贡献毛益率}=\frac{固定成本+目标利润}{1-变动成本率}$$

【例 3-7】接例 3－6，要求：计算目标利润下的销售额。

$$解：目标利润下的销售额=\frac{450\ 000+600\ 000}{0.187\ 5}=5\ 600\ 000（元）$$

由此我们可以得知，惠康公司的销售额必须达到 5 600 000 元，才能够实现目标利润 600 000 元。因为盈亏平衡点的销售额为 2 400 000 元，所以超过盈亏平衡点销售额的销售收入，即安全边际额等于 3 200 000 元（5 600 000－2 400 000）。

注意，贡献毛益率乘以安全边际额等于目标利润 600 000 元（0.187 5%×3 200 000），公式如下：

目标利润＝贡献毛益率×安全边际额

两边同时除以目标利润下销售额，可以得出：

销售利润率＝贡献毛益率×安全边际率

因为超过盈亏平衡点的贡献毛益率等于销售利润率，所以它表示每 1 元销售额可以提供的利润的比例。

在例 3－7 中，超过盈亏平衡点的销售收入每增加 1 元，利润会增加 0.187 5 元。

思考：如果销售额是5 400 000元，而非5 600 000元，那么利润会受多大影响？销售额降低200 000元，将使利润降低37 500元（200 000×0.187 5）。

【思维开拓】

公式销售利润率＝贡献毛益率×安全边际率，说明产品销售利润率不仅与产品的科技含量有关，而且和产品的市场占有率有关。

【例3-8】海达公司的财务主管编制的预计利润表如下所示。

表1-3-7　海达公司预计利润表　　　　单位：元

项目	金额
销售收入（2 000台，25元/台）	50 000
减：变动成本	30 000
贡献毛益	20 000
减：固定成本	18 000
营业利润	2 000

要求：（1）计算海达公司盈亏平衡点的销售量。

（2）计算海达公司实现利润15 000元时的销售量。

（3）计算海达公司实现利润15 000元时的安全边际率。

解：（1）盈亏平衡点的销售量

$$盈亏平衡点的销售量=\frac{固定成本}{单价-单位变动成本}=\frac{18\ 000}{25-15}=1\ 800（台）$$

（2）实现利润15 000元时的销售量

$$目标利润下的销售量=\frac{目标利润+固定成本}{单价-单位变动成本}=\frac{15\ 000+18\ 000}{25-15}=3\ 300（台）$$

（3）安全边际率

$$安全边际率=\frac{3\ 300-1\ 800}{3\ 300}\times100\%=45.45\%$$

任务三　多品种本量利分析

在多品种条件下，本量利分析方法有多种形式，具体包括加权平均法、联合单位法、分别计算法、顺序法和主要品种法等。本节主要介绍加权平均法和联合单位法的应用。

一、加权平均法

所谓加权平均法，就是根据各种产品的单价、单位变动成本和销售量，计算出一个加权平均的贡献毛益率，再根据计算出的加权平均贡献毛益率和固定成本总额计算出盈亏平衡点的销售额。这种方法实际上是将全部产品的贡献毛益作为补偿企业全部固定成本及利润的来源。加权平均法是计算多种产品盈亏平衡点销售额的最常用的方法。

采用加权平均法计算多品种盈亏平衡点销售额的关键，是根据各种产品的销售单价、单位变动成本和销售量计算出加权平均的贡献毛益率，然后再根据固定成本总额和加权平均的贡献毛益率计算出盈亏平衡点的销售额。其计算公式如下：

$$加权平均贡献毛益率=\sum\frac{各种产品的贡献毛益}{销售总额}\times100\%=\sum各种产品贡献毛益率\times各种产品的销售比重$$

$$综合盈亏平衡点的销售额=\frac{固定成本总额}{加权平均贡献毛益率}$$

各种产品盈亏平衡点的销售额＝综合盈亏平衡点销售额×各种产品的销售比重

【例 3-9】科龙电器厂多种产品的本量利分析。

资料：科龙电器厂现主要生产甲、乙、丙三种电器产品。2009 年，全厂固定成本总额为 2 400 元。其他有关资料如表 1－3－8 所示。

表 1－3－8 科龙电器厂产品基本信息

项目	产品甲	产品乙	产品丙
销售量/件	40	64	80
单位售价/元	200	250	100
单位变动成本/元	172	220	90
单位贡献毛益/元	28	30	10

要求：用加权平均法计算公司的销售额、加权平均贡献毛益率、综合盈亏平衡点的销售额及各产品盈亏平衡点的销售额。

解：(1) 计算各种产品的销售额、销售收入总额、各产品的销售比重

甲产品的销售额＝200×40＝8 000（元）

乙产品的销售额＝250×64＝16 000（元）

丙产品的销售额＝100×80＝8 000（元）

销售收入总额＝8 000＋16 000＋8 000＝32 000（元）

$$甲产品的销售比重=\frac{8\ 000}{32\ 000}\times100\%=25\%$$

$$乙产品的销售比重=\frac{16\ 000}{32\ 000}\times100\%=50\%$$

$$丙产品的销售比重=\frac{8\ 000}{32\ 000}\times100\%=25\%$$

(2) 计算加权平均贡献毛益率

$$甲产品的贡献毛益率=\frac{200-172}{200}\times100\%=14\%$$

$$乙产品的贡献毛益率=\frac{250-220}{250}\times100\%=12\%$$

$$丙产品的贡献毛益率=\frac{100-90}{100}\times100\%=10\%$$

加权平均贡献毛益率＝14％×25％＋12％×50％＋10％×25％＝12％

(3) 计算综合盈亏平衡点的销售额

$$综合盈亏平衡点的销售额=\frac{2\ 400}{12\%}=20\ 000（元）$$

(4) 计算各种产品盈亏平衡点的销售额

甲产品盈亏平衡点的销售额=20 000×25%=5 000(元)

甲产品盈亏平衡点的销售量$=\frac{5\ 000}{200}=25$(件)

乙产品盈亏平衡点的销售额=20 000×50%=10 000(元)

乙产品盈亏平衡点的销售量$=\frac{10\ 000}{250}=40$(件)

丙产品盈亏平衡点的销售额=20 000×25%=5 000(元)

丙产品盈亏平衡点的销售量$=\frac{5\ 000}{100}=50$(件)

二、联合单位法

如果企业的产品结构保持不变，那么多种产品条件下的盈亏平衡点的计算问题还可以采用联合单位法解决。所谓联合单位法，实际上是将由固定实物比例构成的一组产品的盈亏平衡点的计算问题转换成单一产品盈亏平衡点的计算问题，通过用每一个联合单位的贡献毛益取代单一产品盈亏平衡点计算公式中的单位贡献毛益，得出盈亏平衡点的销售量(以联合单位度量)，并以此为基础，计算出各种产品在企业盈亏平衡点的销售额与销售量。其计算公式为：

$$联合保本量=\frac{固定成本总额}{联合单价-联合单位变动成本}$$

在这一公式当中，联合单价等于一个联合单位的所有收入，联合单位变动成本等于一个联合单位所有的变动成本。在此基础上，我们可以计算出每种产品的保本量，相关计算公式为：

某产品的保本量=联合保本量×一个联合单位包含的该产品的数量

采用联合单位法计算某产品在企业盈亏平衡点的销售量的步骤如下：

(1) 确定用销售量表示的销售组合。

(2) 计算联合单位的贡献毛益，公式为：

联合单位的贡献毛益=∑(每联合单位包含某产品数量×该产品单位贡献毛益)

(3) 计算盈亏平衡点的联合单位数，计算公式为：

$$盈亏平衡点的联合单位数=\frac{固定成本}{联合单位的贡献毛益}$$

(4) 计算各种产品在盈亏平衡点的销售量。计算公式为：

某产品盈亏平衡点的销售量=盈亏平衡点联合单位数×联合单位包含的该产品的数量

【例 3-10】 假设销售两种产品 A 和 B，销售组合比例为 5∶8，A 产品的 P 为 12 元，b 为 6 元，B 产品的 P 为 5 元，b 为 3 元，固定成本总额为 57 500 元，用联合单位法计算各产品在盈亏平衡点的销售量。

解：(1) 1 联合单位的贡献毛益=5×(12−6)+8×(5−3)=46(元)

(2) 盈亏平衡点的联合单位数$=\frac{57\ 500}{46}=1\ 250$(件)

(3) 各产品盈亏平衡点的销售量为：

A 产品盈亏平衡点的销售量=1 250×5=6 250(件)

B产品盈亏平衡点的销售量＝1 250×8＝10 000（件）

【例3-11】 某公司生产销售A、B、C三种产品，销售单价分别为20元、30元、40元，销售量分别为30 000件、20 000件、10 000件，预计各产品的单位变动成本分别为24元、28元，预计固定成本总额为180 000元。相关数据资料见表1－3－9。

要求：按照加权平均法、联合单位法进行多种产品的保本点分析。

表1－3－9　数据资料表

项目	销售量/件	单价/元	单位变动/元	销售收入/元	各产品销售比重/%	边际贡献/元	边际贡献率/%
A产品	30 000	20	12	600 000	37.5	240 000	40
B产品	20 000	30	24	600 000	37.5	120 000	20
C产品	10 000	40	28	600 000	25	120 000	30
合计	—	—	—	1 600 000	100	480 000	30

解：(1) 按加权平均法进行多种产品的保本点分析

综合边际贡献率＝40%×37.5%＋20%×37.5%＋30%×25%＝30%

综合保本销售额＝$\frac{180\ 000}{30\%}$＝600 000（元）

A产品的保本销售额＝600 000×37.5%＝225 000（元）

B产品的保本销售额＝600 000×37.5%＝225 000（元）

C产品的保本销售额＝600 000×25%＝150 000（元）

A产品的保本销售量＝$\frac{225\ 000}{20}$＝11 250（件）

B产品的保本销售量＝$\frac{225\ 000}{30}$＝7 500（件）

C产品的保本销售量＝$\frac{150\ 000}{40}$＝3 750（件）

(2) 按联合单位法进行多种产品的保本点分析

产品销售比＝A∶B∶C＝30 000∶20 000∶10 000＝3∶2∶1

联合单价＝20×3＋30×2＋40×1＝160（元）

联合单位变动成本＝12×3＋24×2＋28×1＝112（元）

联合保本量＝$\frac{180\ 000}{160-112}$＝3 750（件）

各种产品的保本销售量计算如下：

A产品的保本销售量＝3 750×3＝11 250（件）

B产品的保本销售量＝3 750×2＝7 500（件）

C产品的保本销售量＝3 750×1＝3 750（件）

任务四　本量利关系中的敏感性分析

一、敏感性分析的原理

（一）敏感性分析的含义

所谓敏感性分析就是研究与某一变量相关的因素发生变动时对该变量的影响程度，也称为“如果……就怎么……”分析。敏感性分析研究的问题是：在求得某个模型的最优解后，模型中的一个或几个参数允许发生多大的变化，仍能使原来求得的最优解不变；或者当某个参数的变化超出允许范围，使原来的最优解已不是最优时，又如何用最简便的方法重新求得模型最优解。

（二）敏感性分析的类型

敏感性分析有两类，分别是单因素敏感分析和多因素敏感分析。

单因素敏感分析是指每次只有一个因素发生变动，其他因素保持不变；多因素敏感分析是指假设在其他因素不发生改变的条件下，两种及两种以上因素发生改变，分析这些因素的变动对于对象所产生的影响。

（三）敏感性分析的内容

1. 对因素变动后能够导致目标出现质变的因素变化界限开展分析。
2. 研究不同因素变动后对于指标影响的敏感性。
3. 具体分析每个因素改变后，怎样实现既定目标。

（四）利润的敏感性分析

1. 目标值与参数值

目标值：利润。

参数值：销售量、单价、单位变动成本、固定成本。

2. 内容

（1）利润由盈利转为亏损时有关因素的临界值。

（2）敏感性系数的计算。

（3）有关因素变化时，目标利润实现的分析。

3. 计算各变量的临界值

临界值就是在利润不出现亏损时，销售量、单价、变动成本、固定成本的最大或最小值，即利润为零时各因素的数值。

各变量临界值的确定有助于管理人员了解有关指标的变化极限，从而确定控制标准。

（1）销售量的临界值即销售量的最小值，等于盈亏平衡点的销售量，计算公式为：

$$销售量的最小值=\frac{固定成本}{单位贡献毛益}$$

（2）单价的临界值，即单价的最小值，计算公式为：

$$单价的最小值=\frac{固定成本+变动成本总额}{目标销售量}$$

（3）单位变动成本临界值，即单位变动成本的最大值，计算公式为：

$$单位变动成本的最大值=\frac{目标销售收入-固定成本}{目标销售量}$$

（4）固定成本的临界值，即固定成本的最大值，计算公式为：

固定成本的最大值=目标销售收入－变动成本总额

=目标销售量×（单价－单位变动成本）

【例 3-12】设某企业生产一种产品，单价为 10 元，单位变动成本为 6 元，全年固定成本预计为 200 000 元，销售量计划为 500 000 件。

求：目标利润和各相关变量的临界值。

解：利润=（10－6）×500 000－200 000=1 800 000（元）

$$销售量的最小值=\frac{200\ 000}{10-6}=50\ 000（件）$$

$$单价的最小值=\frac{200\ 000+(6\times 500\ 000)}{500\ 000}=6.4（元）$$

$$单位变动成本的最大值=\frac{500\ 000\times 10-200\ 000}{500\ 000}=9.6（元）$$

固定成本的最大值=500 000×（10－6）=2 000 000（元）

4. 计算各变量的敏感系数

$$敏感系数=\frac{目标值变动百分比}{参量值变动百分比}$$

它反映了参数值变动对目标值的影响程度。

$$销售量对利润的敏感系数=\frac{利润变动百分比}{销售量变动百分比}$$

$$单价对利润的敏感系数=\frac{利润变动百分比}{单价变动百分比}$$

$$单位变动成本对利润的敏感系数=\frac{利润变动百分比}{单位变动成本变动百分比}$$

$$固定成本对利润的敏感系数=\frac{利润变动百分比}{固定成本变动百分比}$$

【例 3-13】设某企业生产一种产品，单价为 10 元，单位变动成本为 6 元，全年固定成本预计为 200 000 元，销售量计划为 500 000 件。假设销售量、单价、单位变动成本和固定成本在原定的基础上各增加 25%，试计算有关变量的敏感系数。

解：（1）销售量的敏感性系数

当销售量从 500 000 上升 25%时：销售量=500 000×（1+25%）=625 000（件）

此时的利润=625 000×（10－6）－200 000=2 300 000（元）

$$原来的利润为 1\ 800\ 000 元，则利润的变化率=\frac{2\ 300\ 000-1\ 800\ 000}{1\ 800\ 000}=27.78\%$$

$$销售量的敏感系数=\frac{27.78\%}{25\%}=1.11$$

这就是说，当销售量变动 1%时，利润会同向变动 1.11%，利润变动率是销售量变动率的 1.11 倍。

（2）单价的敏感性系数

当单价从 10 上升 25%时：单价=10×（1+25%）=12.5（元）

此时的利润=500 000×（12.5－6）－200 000=3 050 000（元）

原来的利润为 1800000 元，则利润的变化率$=\dfrac{3\ 050\ 000-1\ 800\ 000}{1\ 800\ 000}=69.44\%$

单价的敏感系数$=\dfrac{69.44\%}{25\%}=2.78$

这就是说，当单价变动 1%时，利润会同向变动 2.78%，利润变动率是单价变动率的 2.78 倍。

(3) 单位变动成本的敏感性系数

当单位变动成本从 6 上升 25%时：

单位变动成本＝6×（1＋25%）＝7.5（元）

此时的利润＝500 000×（10－7.5）－200 000＝1 050 000（元）

原来的利润为 1 800 000 元，则利润的变化率$=\dfrac{1\ 050\ 000-1\ 800\ 000}{1\ 800\ 000}=-41.67\%$

单位变动成本的敏感系数$=-\dfrac{41.67\%}{25\%}=-1.67$

这就是说，当单位变动成本变动 1%时，利润会反向变动 1.67 %，利润变动率是单位变动成本变动率的 1.67 倍。

(4) 固定成本的敏感性系数

当固定成本从 200 000 上升 25%时：

固定成本＝200 000×（1＋25%）＝250 000（元）

此时的利润＝500 000×（10－6）－250 000＝1 750 000（元）

原来的利润为 1 800 000 元，则利润的变化率$=\dfrac{1\ 750\ 000-1\ 800\ 000}{1\ 800\ 000}=-2.78\%$

固定成本的敏感系数$=-\dfrac{2.78\%}{25\%}=-0.11$

这就是说，当固定成本变动 1%时，利润会反向变动 0.11%，利润变动率是固定成本变动率的 0.11 倍。

【项目习题】

一、单项选择题

参考答案

1. 当单价为 100 元，单位变动成本为 60 元时，贡献毛益率等于（　　）。

A. 60%　　B. 40%　　C. 30%　　D. 20%

2. 当收入为 100 000 元，贡献毛益率为 50%，固定成本为 20 000 元时，利润等于（　　）元。

A. 50 000　　B. 20 000　　C. 30 000　　D. 10 000

3. 根据本量利分析原理，只能提高安全边际而不会降低盈亏临界点的措施是（　　）。

A. 提高单价　　B. 增加产量

C. 降低单位变动成本　　D. 压缩固定成本

4. 生产多品种产品的企业，如果成本水平和各产品单位售价不变，在各产品单位贡献毛益一致的情况下，改变品种结构，则盈亏临界点的销售额（　　）。

A. 下降　　B. 上升　　C. 不变　　D. 不确定

5. 假设某企业生产甲、乙、丙三种产品，各产品的贡献毛益率分别为 10%、15%和 30%，销售比重分别为 30%、30%和 40%，则该企业的综合加权贡献毛益率为（　　）。

A. 55%　　B. 19.5%　　C. 15%　　D. 30%

二、多项选择题

1. 当（　　）时，贡献毛益率总是减少。

A. 保本量增加　　B. 保本量减少

C. 变动成本率增加　　D. 变动成本率减少

2. 以下各种计算方式中，与贡献毛益率相等的选项是（　　）。

A. 1－安全边际率　　B. 1－变动成本率

C. $\frac{单位贡献毛益}{单价}\times 100\%$　　D. $\frac{贡献毛益总额}{销售收入总额}\times 100\%$

3. 在其他因素不变的情况下，单价变动会引起下列各项变动的是（　　）

A. 边际贡献　　B. 盈亏平衡点　　C. 目标利润　　D. 安全边际

4. 下列公式中正确的是（　　）。

A. 销售利润率＝贡献毛益率×安全边际率

B. 盈亏平衡点的销售量$=\frac{固定成本}{单价-单位变动成本}$

C. 变动成本率$=\frac{销售收入-变动成本}{销售收入}$

D. 安全边际销售量＝目标利润下的销售量－盈亏平衡点的销售量

5. 下列表述中，正确的是（　　）。

A. 盈亏平衡点不变，销售量越大，实现的利润越多

B. 销售量不变，盈亏平衡点越低，实现的利润越少

C. 在销售收入一定的条件下，盈亏平衡点的高低取决于固定成本总额和单位变动成本的多少

D. 固定成本总额越高，或单位变动成本越高，盈亏平衡点也越高

三、判断题

（　　）1. 在多品种分析中计算各产品的盈亏平衡点时，可以将多品种产品作为一个组合，以销售比率为权重计算组合的单位贡献毛益。

（　　）2. 产品组合本量利分析的关键在于权重的取舍。

（　　）3. 当贡献毛益等于固定成本时，企业处于盈亏平衡状态。

（　　）4. 贡献毛益小于零的企业，必然是亏损企业。

（　　）5. 成本性态分析是本量利分析法的重要基础。

四、计算分析题

1. 海达公司生产360度全景安防设备，每台设备耗用的材料、人工等变动成本共5 400元，固定成本共1 800万元，共生产销售了1万台，每台设备的售价为9 000元。

要求：计算单位贡献毛益、贡献毛益、贡献毛益率、变动成本率。

2. 中成公司今年的预计利润见表1-3-10。

表1-3-10　中成公司今年的预计利润表　　　　金额单位：元

项目	总金额	每台金额
销售收入	200 000	20
减：变动费用	120 000	12
贡献毛益	80 000	8
减：固定费用	64 000	—
净利润	16 000	—

要求：(1) 计算盈亏平衡点的销售量。

(2) 计算实现目标利润 30 000 元时的销售量。

(3) 计算贡献毛益率，使用该比率计算中成公司的销售收入比预计多 25 000 元时可以多实现的利润。

(4) 假设中成公司要实现的营业收益为销售收入的 20%，计算销售量并且编制利润表来验证结果。

(5) 计算预计销售水平的安全边际。

点睛记忆

知识点	内容		记忆程度
单一品种本量利分析	盈亏平衡点的销售量和销售额	$盈亏平衡点的销售量=\frac{固定成本}{单价-单位变动成本}$	
		$盈亏平衡点的销售额=\frac{固定成本}{贡献毛益率}=\frac{固定成本}{1-变动成本率}$	
	目标利润下的销售量和销售额	$目标利润下的销售量=\frac{固定成本+目标利润}{单价-单位变动成本}$ $目标利润下的销售额=\frac{固定成本+目标利润}{贡献毛益率}$	
	安全边际量（额）	安全边际量＝目标利润下的销售量－盈亏平衡点的销售量 安全边际额＝目标利润下的销售额－盈亏平衡点的销售额	
	安全边际率	$安全边际率=\frac{安全边际量（额）}{销售量（额）}$	
	贡献毛益率	$贡献毛益率=\frac{单位贡献毛益}{单价}\times 100\%$	
	变动成本率	变动成本率＝1－贡献毛益率	
	销售利润率	销售利润率＝安全边际率×贡献毛益率	
多品种本量利分析	转化问题	多品种问题转化成单一品种问题的关键是确定各种产品的销售量组合	
		$单位组合盈亏平衡点的销售量=\frac{固定成本}{单位组合贡献毛益}$	
本量利关系中的敏感性分析	敏感性分析原理	$敏感系数=\frac{目标值变动百分比}{参量值变动百分比}$ 利润的敏感性分析的因素有：销售量、单价、单位变动成本、固定成本	

项目四 开展预测分析

开展预测分析

知识目标

1. 了解预测分析的概念和预测分析的步骤。
2. 掌握销售预测的各种方法的特点和适用范围。
3. 掌握成本预测的方法。
4. 掌握利润预测的敏感性分析方法。
5. 掌握资金需要量预测的方法。

技能目标

1. 能运用定量分析法和定性分析法进行销售预测和成本预测。
2. 能运用目标利润预测法进行利润预测。
3. 能运用销售百分比法进行资金预测。

【案例导入】

新款纸产品的销售预测

李琦是某类产品分部的销售经理。她应分部经理的要求对公司的新款纸产品进行销售预测。分部经理正在收集有关数据，以对两种不同的生产工序进行选择。第一种生产工序每箱产品的变动成本为8元，固定成本为80 000元；第二种生产工序每箱产品的变动成本为5元，固定成本为160 000元。每箱产品的价格为30元。李琦已经完成了销售分析，预计年度销售量为30 000箱。

李琦不愿向分部经理报告该预测结果。她认为第一种生产工序为劳动密集型生产系统；而第二种生产工序为自动化生产系统，只需少数工人，无须现场管理人员。如果选择第一种生产工序，她的好朋友娜娜就会被任命为生产主管；而如果选择第二种生产工序，车间组长陈浩和生产线的工人都会被解雇。李琦决定把预计销售量下调至22 000箱，她认为下调是合理的。这种做法将使分部经理选择手工系统，因此密切关系到是否要保留目前的员工的问题。而她担心，分部经理很可能不太关注这一问题。因为分部经理太过专注于决策上的定量因素，而忽略定性因素。

思考：(1) 两种生产工序实现相同利润时的销售量一样吗？请确定手工比自动化系统盈利更多的范围，并确定自动化系统比手工系统盈利更多的范围。部门经理为什么要进行销售预测？

(2) 你赞同李琦改变销售预测的决定吗？她的行为符合道德准则吗？管理人员在进行

决策时必须考虑对雇员的影响吗？不考虑决策对雇员的影响的行为是不道德的吗？

任务一　认知经营预测

企业要想在竞争中立于不败之地，就必须对整个市场的发展趋势做出准确的预计和推测。企业必须在做出准确经营预测的基础上进行决策和规划。

预测是根据过去和现在预计未来，根据已知推测未知，着重于提供在一定条件下生产经营各个方面在未来一定时期内可能实现的目标。预测的范围很广，有自然现象的预测、经济发展的预测等。经济发展的预测又包括宏观经济预测和微观经济预测等类型。其中，微观经济预测是从现代企业的立场出发，以企业经营活动为对象展开的预测。

一、经营预测的概念

经营预测是指企业根据现有的经济条件和掌握的历史资料以及客观事物的内在联系，对生产经营活动的未来发展趋势和状况进行的预计和测算。管理会计中的预测分析一般指的就是按照一定原则和程序，运用专门的方法进行经营预测的过程。

经营预测的内容包括销售预测、利润预测、成本预测和资金预测等几个方面。

二、经营预测的步骤

经营预测是一项复杂且要求比较高的工作，一般可按以下步骤进行。

（一）确定预测目标

确定预测目标就是确定对什么进行预测，并达到什么目标，即确定预测分析的内容、范围、目的和要求，进而有针对性地做好各阶段的预测工作。我们要预测企业的销售量还是预测企业的利润，是根据企业经营的总体目标来设计和选择的。确定预测目标是做好经营预测的前提，是制订预测分析计划、确定信息资料来源、选择预测方法及组织预测人员的依据。

（二）收集、整理资料

预测目标确定后，预测人员应尽可能多地收集有关经济的、技术的、市场的计划资料和实际资料。这是开展经营预测的前提条件。在收集资料的过程中，预测人员要尽量保证资料的完整性、全面性，在掌握大量资料的基础上，对资料进行加工、整理、归集、鉴别，去伪存真、去粗取精，找出各因素与预测对象之间相互依存、相互制约的关系，从中发现事物发展的规律，并作为预测的依据。

（三）选择预测方法

针对不同的预测对象和内容，预测人员要选择不同的预测方法。不同的预测方法能达到不同的目的，所以对于不同的对象和内容应采用不同的预测方法，不能一成不变。对于那些资料齐全、可以建立数学模型的预测对象，预测人员应在定量预测方法中选择合适的方法；对于那些缺乏定量资料的预测对象，预测人员应当结合以往的经验选择最佳的定性预测方法。

（四）预测实际结果

预测人员要根据预测模型及掌握的未来信息，进行定性、定量的预测分析和判断，揭示事物的变化趋势，估算并分析出企业需要的、符合实际的预测结果，为企业的经营管理提供信息。

（五）验证预测结果

经过一段时间的实际经营后，预测人员需要对上一阶段的预测结果进行验证、分析和评价，将本期实际发生额与前期预测的实际结果进行比较，检查预测的结果是否准确，并找出误差原因，以便及时对原选择的预测方法加以修正。这是一个反复进行信息数据处理和选择判断的过程，也是多次进行反馈的过程，目的是保证经营预测的正确性。

（六）修正预测结果

用定量方法进行的预测，其预测的精度常常由于某些因素的数据不充分或无法定量而受到影响。此时，预测人员就需要用定性方法来考虑这些因素，并修正定量预测的结果。用定性方法预测的结果往往也可以通过定量方法加以修正和补充，以使预测结果更接近实际。总之，这个过程是定性和定量方法相结合的过程。

（七）报告预测结论

最后，预测人员需遵照企业的报告程序，将修正、补充过的预测结论以一定形式向企业的有关领导报告，并留存记录。

三、经营预测的方法

经济规律的客观性及其可认识性是预测分析方法论的基础。系统、准确的会计信息及其他有关资料，是开展预测分析工作的必要条件。因分析对象和预测期限的不同，我们在进行预测分析时所选用的方法也各有所长。但开展经营预测的基本方法大体上可归纳为定量分析法和定性分析法两大类。

（一）定量分析法

定量分析法又称“数量分析法”。它主要应用现代数学方法和各种现代化计算工具，对与预测对象有关的各种经济信息进行科学的加工处理，并建立预测分析的数学模型，充分揭示各有关变量之间的规律性联系，最终对计算结果做出结论。按照具体做法不同，定量分析法又可分为趋势预测分析法和因果预测分析法两种类型。

1. 趋势预测分析法

趋势预测分析法是根据预测对象过去的、按时间顺序排列的一系列数据，运用一定的数学方法进行加工、计算，借以预测其未来发展趋势的分析方法，又称“时间序列分析法”或“外推分析法”。算术平均法、移动加权平均法、指数平滑法、回归分析法等都属于这类分析法。

2. 因果预测分析法

因果预测分析法是根据预测对象与其他相关指标之间相互依存、相互制约的规律性联系，来建立相应的因果数学模型所进行的预测分析方法。本量利分析法、投入产出分析法、经济计量法等都属于这类分析法。

（二）定性分析法

定性分析法又称“非数量分析法”，主要依靠预测人员的丰富实践经验及主观判断和分析能力，是一种直观性的预测方法。定性分析法在不用或少量应用计算的情况下，就能推断事物的性质和发展趋势。当然，这种方法的预测结果不够准确，一般是在企业缺乏完备、准确的历史资料的情况下，首先邀请熟悉该行业经济业务和市场情况的专家，根据他们过去所积累的经验进行分析判断，提出预测的初步意见；然后通过召开调查会或座谈会的方式，对上述初步意见进行修正、补充，并作为提出预测结论的依据。

（三）定性分析法和定量分析法的关系

定性分析法和定量分析法在实际应用中并不是相互排斥的，而是相互补充、相辅相成的。定量分析法虽然较精确，但该方法在使用时许多非计量因素无法考虑，如经济政策的临时变动、市场上突然出现的强大竞争对手等，这就需要通过定性分析法将一些非计量因素考虑进去。定性分析法常受主观因素的影响。因此，在实际工作中，我们常常将两类方法有机地结合起来应用，相互取长补短，以提高预测分析结果的准确性和可参照性。

任务二　销售预测

销售预测是指对未来特定时间内，全部产品或特定产品的销售数量与销售金额的估计。销售预测是其他各项预测的前提，有广义和狭义之分。广义的销售预测包括市场调查和销售量预测；狭义的销售预测专指销售量预测。销售量预测又叫“产品需求量预测”，是根据市场调查所得到的有关资料，通过对有关因素的分析研究，预计和测算特定产品在一定时期内的市场销售量水平及变化趋势，进而预测本企业产品未来销售量的过程。

销售计划的中心任务之一就是销售预测，无论企业的规模大小、销售人员数量的多少，销售预测都会影响包括计划、预算和销售额确定在内的销售管理的各方面工作。销售预测是指在充分考虑未来各种影响因素的基础上，结合本企业以往的销售实绩和潜在的销售市场，运用定性预测和定量预测相结合的办法，为企业提出切实可行的销售目标。

一、销售预测的影响因素

尽管销售预测十分重要，但进行高质量的销售预测却并非易事。预测人员在进行预测和选择最合适的预测方法之前，了解对销售预测产生影响的各种因素是非常重要的。

一般来讲，预测人员在进行销售预测时应考虑外部和内部两大类因素。

（一）外部因素

1. 需求动因

需求是外部（外界）因素之中最重要的一项，如流行趋势、爱好变化、生活形态变化、人口流动等，均可成为产品（或服务）需求的质与量方面的影响因素。因此，企业必须对其加以分析与预测。企业应尽量收集有关对象的市场资料、市场调查机构资料、购买动机调查等资料，以掌握市场的需求动向。

2. 经济变动

销售收入往往会受到社会经济变动的影响，经济因素是影响商品销售的重要因素。为了提高销售预测的准确性，企业应特别关注商品市场中的供给和需求情况。近年来，科技、信息的快速发展，更带来无法预测的影响因素，使得企业销售收入发生波动。因此，为了正确预测，企业需特别注意资源问题的未来发展、政府发布的各项经济政策和方案措施，以及基础工业、加工业生产、经济增长率等指标的变动情况，尤其要关注突发事件（战争、自然灾害、传染病等）对经济的影响。

3. 同业竞争动向

销售额不可避免地会受到同业竞争者的影响，古人云“知己知彼，百战不殆”。为了生存，企业必须尽可能地掌握对手在市场上的所有活动，如竞争对手的目标市场、产品价格、促销方式与售后服务措施等。

4. 消费者群体的需求变化

现阶段，社会经济的飞速发展、科学技术的不断创新，给消费者的消费观念和消费方式带来了深层次的影响，并使消费需求的结构、内容和形式都发生了显著的变化。因此，企业需要重视消费者团体所提出的各种要求，如感性消费趋向、环保消费趋向、共感共生型消费趋向。

（二）内部因素

1. 营销策略

营销策略是为了实现市场目标而制订的经营活动方案，需要考虑市场定位、产品政策、价格政策、渠道政策、广告及促销政策等的变更对销售额所产生的影响。

2. 销售政策

销售政策是一系列引导性、销售性销售措施，能够规范市场上的销售行为，需要考虑变更管理内容、交易条件或付款条件、销售方法等对销售额所产生的影响。

3. 销售人员

销售活动是一种以人为核心的活动，所以人为因素对于销售额的实现具有相当深远的影响力，销售人员的配置是否充足也直接影响着营销目标能否达成，因此不能忽略。

4. 生产供应状况

企业的生产供应状况直接影响销售计划，货源是否充足，产品的运输、储存情况都要考虑能否保证销售需要等。

二、销售预测的方法

常用的销售预测方法有很多，一般可分为定性预测和定量预测两类。

（一）定性预测

一般来说，在销售预测中常用的定性预测方法有四种：高级经理意见法、销售人员意见法、购买者期望法和专家意见法。

1. 高级经理意见法

高级经理意见法是根据销售经理（经营者与销售管理者为中心）或其他高级经理的经验与直觉，通过一个人或所有参与者的平均意见求出销售预测值的方法。

2. 销售人员意见法

销售人员意见法是利用销售人员对未来销售进行的预测。该方法有时是由每个销售人员单独做出的预测，有时则是销售人员与销售经理共同讨论而做出的预测。预测结果以地区或行政区划汇总，一级一级汇总、上报，最后得出企业的销售预测结果。

3. 购买者期望法

购买期望法是通过征询顾客或客户的潜在需求或未来购买商品计划的情况，了解顾客购买商品的活动、变化及特征等，然后在收集消费者意见的基础上分析市场变化，预测未来市场需求。企业经常关注新顾客、老顾客和潜在顾客未来的购买意向情况，如果存在少数重要的顾客占据企业大部分销售量这种情况，那么购买者期望法就十分实用。

4. 专家意见法

专家意见法也叫“德尔菲法”，是指以不记名方式根据专家意见做出销售预测的方法，本质上是一种反馈匿名函询法。专家意见法通常会先召开由一组专家参加的会议，第一阶段得到的结果总结出来可作为第二阶段预测的基础，通过组中所有专家的判断、观察和期望来进行评价，最后得到具有更少偏差的预测结果。

【例 4-1】海达公司聘请了 7 位专家，采用专家意见法对该企业某种商品 5 月份的销售量进行预测，专家预测汇总结果见表 1-4-1。

表 1-4-1　专家意见汇总表　　　单位：件

专家编号	第一次判断情况			第二次判断情况			第三次判断情况		
	最高	最可能	最低	最高	最可能	最低	最高	最可能	最低
1	650	620	570	650	620	580	670	630	560
2	680	610	580	700	610	590	660	610	580
3	700	630	600	690	630	600	720	640	600
4	620	590	560	620	590	570	620	600	570
5	630	610	560	630	600	550	640	610	560
6	660	620	590	660	620	580	650	620	580
7	710	640	600	690	640	600	700	640	600
平均值	664	617	580	663	616	581	666	621	579

要求：假设最高、最可能和最低预测销售量的权重分别为 0.2、0.6 和 0.2，预测 5 月份该商品的销售量。

解：专家意见法的操作步骤通常是将前一阶段的预测结果作为下一阶段预测分析的基础。因此，在三次预测结果中，最具有参考价值的应该是最后一次预测结果，根据已知权重确定最终的预测值为 621 件（666×0.2＋621×0.6＋579×0.2）。

（二）定量预测

用来进行销售预测的定量预测方法可以分成两大类：一类是时间序列分析法，另一类是回归和相关分析法。

1. 时间序列分析法

时间序列分析法是利用变量与时间存在的相关关系，通过对以前数据的分析来预测将来的数据。在分析销售收入时，大家都懂得将销售收入按照年或月的次序排列下来，以观察其变化趋势。时间序列分析法现已成为销售预测中具有代表性的方法。例如，算术平均法、移动加权平均法、指数平滑法等都属于这类分析法。

2. 回归和相关分析法

各种事物之间都存在直接或间接的因果关系。同样的，销售量也会随着某种变量的变化而变化。当销售与时间之外的其他事物存在相关性时，就可运用回归和相关分析法进行销售预测。例如，回归分析法、二次曲线法等都属于这类分析法。

【例 4-2】 海达公司 2022 年 1—9 月份产品的销售量情况如表 1 - 4 - 2 所示。

表 1 - 4 - 2　销售量资料　　　　**单位：千克**

月份	1 月	2 月	3 月	4 月	5 月	6 月	7 月	8 月	9 月
销售量	550	560	540	570	600	580	620	610	630

要求：用移动平均法预测该公司 10 月份的销售量。

任务分析： 移动平均法是从 n 期的时间序列中选取一组 m 期（$m<\frac{n}{2}$）的数据作为观测数据，计算其平均值，以最接近预测期时间的一组平均数作为预测值的一种分析方法。为了使预测值更加准确，可以用最后一组预测数据与前一组预测数据之差作为修正值，修正预测结果。移动平均法计算过程简单，但由于选取的数据比较集中，因此代表性较差，适用于对销售量略有波动的产品进行预测。

解：设观测期 m＝3

最后一组预测值$=\frac{620+610+630}{3}=620$（千克）

倒数第二组预测值$=\frac{580+620+610}{3}=603.33$（千克）

10 月份的销售预测数＝620＋（620－603.33）＝636.67（千克）

任务三　成本预测

成本预测分析

成本预测是指根据企业的未来发展目标和有关资料，运用专门方法预计企业未来成本水平及发展趋势的过程。通过成本预测，经营管理者可以掌握企业未来的成本水平及其变动趋势，易于选择最优方案，有助于减少决策的盲目性。

成本预测的内容主要包括全部成本预测、单项成本预测、设计成本预测、生产成本预测、决策成本预测、成本变动趋势预测等。成本预测的方法可以分为目标成本预测和历史成本预测。

一、目标成本预测法

目标成本是指在确保目标利润的前提下，企业在成本方面应达到的目标。企业进行目标成本预测是为了控制企业生产经营过程中的物质消耗或劳动消耗，降低产品成本，保证目标利润的实现。企业可以选择某一先进成本作为目标成本，该目标成本可以是国内外同种产品的先进成本，也可以是本企业历史最好的成本水平，还可以是按平均先进水平制定的定额成本或标准成本。

目标成本的预测一般可采用倒扣测算法和比率测算法。

（一）倒扣测算法

倒扣测算法是在事先确定的目标利润的基础上，首先预计产品的售价，并根据预计销售量计算销售收入，然后扣除价内税和目标利润，余额即目标成本的一种预测方法。此方法既可以预测单一产品生产条件下的产品目标成本，还可以预测多产品生产条件下的全部产品的目标成本。当企业生产新产品时，也可以采用这种方法进行预测，此时，新产品目标成本的预测与单一产品目标成本的预测相同。相关计算公式如下：

单一产品条件下的产品目标成本＝预计销售收入－应缴税费－目标利润

目标利润＝销售利润率×预计销售收入

＝资产利润率×预计资产平均占用额

＝成本利润率×预计成本总额

上式中的销售收入必须结合市场销售预测及客户的订单等予以确定。应缴税费必须是按照国家的有关规定予以缴纳的税金。由于增值税是价外税，因此这里的应缴税费不包括增值税。目标利润通常可采用同行业或企业历史较好水平的销售利润率乘以预计的销售收入，或采用同行业或企业历史较好水平的资产利润率乘以预计的资产平均占用额，或采用成本利润率乘以预计的成本总额来确定。这种方法以确保目标利润的实现为前提条件，坚持以销定产原则，能将目标成本的确定与销售收入的预计紧密结合起来。

【例 4-3】海达公司生产甲、乙两种产品，且产销平衡。预计甲产品的销售量为 6 000 件，单价为 500 元，增值税税率为 13%，另外还需缴纳 10%的消费税。该企业甲产品购进货物成本占甲产品销售额的预计比重为 40%，该企业所在地区的城市维护建设税税率为 7%，教育费附加税税率为 3%，地方教育附加税税率为 2%。预计乙产品的销售量为 4 000件，单价为 300 元，不用缴纳消费税，乙产品购进货物成本占乙产品销售额的预计比重为 50%。同行业先进的销售利润率为 20%。要求：预测该企业的总体目标成本。

解：(1) 计算总体目标利润

总体目标利润＝预计销售收入×销售利润率＝（6 000×500＋4 000×300）×20%＝4 200 000×20%＝840 000（元）

(2) 分别计算甲、乙产品的应缴税费

甲产品应交税金＝6 000×500×10%＋［6 000×500×10%＋6 000×500×（1－40%）×13%］×（7%＋3%＋2%）＝364 080（元）

乙产品应交税金＝4 000×300×（1－50%）×13%×（7%＋3%＋2%）＝9 360（元）

(3) 确定总体的目标成本

总体目标成本＝4 200 000－（364 080＋9 360）－840 000＝2 986 560（元）

（二）比率测算法

比率测算法实际上是倒扣测算法的延伸。它是依据成本利润率来测算单位产品目标成本的一种预测方法。这种方法要求事先确定先进的成本利润率，并以此推算目标成本。这种方法常常用于新产品目标成本的预测。其计算公式为：

$$单位产品目标成本=\frac{产品预计价格\times(1-税率)}{1+成本利润率}$$

这种方法建立在上年预计成本水平的基础上，并从实际出发，充分考虑降低产品成本的内部潜力，因此仅适用于可比产品目标成本的预测。

二、历史成本预测法

历史成本预测法是根据已有的相关资料，将成本按成本习性进行划分，运用数理统计方法来估计、推测成本发展趋势的一种方法。

成本的发展趋势用总成本模型表示，即 $y=a+bx$。在这个直线方程式中，我们只要求出固定成本总额 a 和单位变动成本 b 的值，就能预测出任何产量 x 的总成本 y。预测成本变动趋势的方法有很多，最常用的有高低点法、加权平均法和直线回归分析法。高低点法和直线回归分析法在成本性态分析中已经介绍过，这里介绍一下加权平均法。

成本中的加权平均法是根据若干期固定成本总额和单位变动成本的历史资料，按照事先确定的权数（假设用 ω 表示）进行加权，以计算加权平均的成本水平，从而确定成本预测模型的一种预测分析方法。计算公式如下：

$$y=a+bx=\frac{\sum\omega a}{\sum\omega}+\frac{\sum\omega b}{\sum\omega}x$$

加权平均法适用于对具有详细固定成本与变动成本历史资料的产品进行成本预测，计算结果比按总成本时间序列法计算的结果误差相对要小一些。

【例 4-4】海达公司生产一种产品，最近三年的成本资料见下表，第四年的预测产量为 1 000 件。要求：用加权平均法预测第四年的总成本和单位成本。

表 1-4-3　成本资料　　　　**单位：元**

项目	第一年	第二年	第三年
固定成本 a	20 000	23 000	30 000
单位变动成本 b	50	44	32

解：假设各期的权重系数 ω 分别为 1、2、3，则有

$$y=\frac{20\ 000\times1+23\ 000\times2+30\ 000\times3}{1+2+3}+\frac{50\times1+44\times2+32\times3}{1+2+3}\times1\ 000=65\ 000\text{（元）}$$

所以，第四年的总成本预计为 65 000 元，单位成本预计为 65 元。

利润预测分析

任务四　利润预测

产品的价格、产品的单位变动成本、产品的销售量和产品的固定成本若发生变化都会对营业利润造成影响，并且影响的程度各有不同。对公司未来某一时期可实现的利润进行预测分析是提高企业经济效益的重要手段，是加强企业利润管理的重要措施，是实现企业经营目标的重要环节。

一、目标利润概述

目标利润是指企业在未来一段时间内，经过努力应该达到的最优化利润控制目标，是企业未来经营期间所追求的直接目标。企业预测目标利润一般是在已经确定了的保本销售量的基础上进行的。在预测出相关范围内的固定成本总额，以及单位产品的变动成本之

后，企业应对自身过去、现在和未来的经营情况以及国内外市场的经济动态等有关信息，做出各方面的定量预测分析，再结合企业管理人员多年的实践经验，充分预测未来可能发生的各种变化做出有一定根据的定性分析，最后确定企业经营期内的目标利润数额。

目标利润的基本公式为：

目标利润＝总收入－目标成本

目标利润不同于财务会计核算后反映的利润成果。目标利润是一种事前利润，具有以下几个特点：

(1) 管理会计是以事前确定的目标利润为理财核心的，通过事前确定的目标利润来确定收入和成本水平，可以为实现目标利润提供保证条件。

(2) 预测目标利润提高了会计对经济效益的主动规划与控制作用。企业可以采用“成本—业务量—利润”等计算分析方法对成本进行计算，对利润进行事先确定，从而达到把利润从单纯的事后反映转移为事前确定和事中管理的目的。这样做有利于实现企业在经营管理上的改革，有助于发挥管理会计的职能。

(3) 目标利润是一项综合性很强的指标，把它列为主要目标，可以协调公司的各项工作，促进各项经营管理工作向着目标利润的方向不断完善。

二、目标利润预测分析

利润预测是对企业未来一定时期内利润的实现情况预先进行的一种科学估计和科学推测，是编制利润预算表、分解落实利润指标的前提。利润预测一般包括确定目标利润、预测计划年度利润和试算平衡等步骤。目标利润是未来一定时期内从事生产经营活动最优化的利润奋斗目标，是在销售预测的基础上，根据现有生产经营条件和未来经济发展所确定的必须达到的利润水平。

在进行目标利润的预测分析时，我们可按以下步骤进行。

(一) 确定适当的利润率

利润率指标不是唯一的，根据计算依据的不同而不同。确定适合的利润率应注意以下三个方面：

1. 确定利润率的计算口径

从可供选择的利润率的计算口径来看，利润率通常主要有销售收入利润率、销售成本利润率、产值利润率和资金利润率等。

2. 确定利润率指标的时间特征

从可供选择的利润率指标的时间特征来看，利润率主要有近期平均利润率、历史最高水平的利润率和上级管理层指令性（目标责任）的利润率等。

3. 确定利润率的空间特征

从可供选择的利润率指标的空间特征来看，利润率主要有国际的、全国的、同行业的、本地区的和本企业的利润率等。

(二) 计算目标利润的基数

目标利润的基数可以通过比率预测法和本量利分析法确定。

1. 比率预测法

(1) 根据销售利润率预测

销售利润总额＝预计销售收入×销售收入利润率

（2）根据销售成本利润率预测

销售利润总额＝预计产品销售成本×销售成本利润率

（3）根据产值利润率预测

销售利润总额＝预计产品总产值×产值利润率

（4）根据资金利润率预测

销售利润总额＝预计资金平均占用额×资金利润率

2. 本量利分析预测法

本量利分析预测法是利用本量利分析的基本公式来预测目标利润的。其计算公式为：

$M=px-bx-a=(p-b)x-a$

其中，M 为利润总额，p 为产品销售单价，b 为单位变动成本，x 为销售量，a 为固定成本。

【例 4-5】 海达公司计划年销售甲产品 3 000 件，每件产品售价为 80 元，产品单位变动成本为 50 元，全年固定成本总额为 40 000 元。运用本量利分析预测法计算海达公司预计实现的目标利润。

解：预计目标利润＝80×3 000－50×3 000－40 000＝（80－50）×3 000－40 000＝50 000（元）

【思维开拓】

假若海达公司想要实现预计目标利润 80 000 元，甲产品的目标销售数量是多少？预计目标销售量可以基于本量利分析等式得出：$x=\frac{a+M}{p-b}$，代入题中已知数据后，我们通过计算可知达成目标利润的预计销售数量为 4 000 件。

（三）修正目标利润

目标利润是企业计划期要求达到的利润，是企业经营的直接目标，所以企业在修正目标利润时要综合考虑各方面的影响因素。目标利润修正值是对目标利润基数偏差的调整值，一般可按以下程序确定。

（1）预测人员根据事先预计的销售量、成本、价格水平测算可望实现的利润额，并将其与目标利润基数进行比较。

（2）预测人员按本量利分析的原理逐步分项测算为实现目标利润基数而应采取的各项措施，即分别计算各因素的期望值，并分析达到期望的可能性。

（3）若期望与可能实现的数据之间相差较大，预测人员应确定目标利润修正值，来适当修改目标利润。

（四）确定最终目标利润

最终目标利润是在计算得到的目标利润基数上，加上目标利润修正值而得到的，目标利润的修正值可以是正数，也可以是负数。最终的目标利润一旦确定，企业就应立刻将其纳入预算，层层分解目标、落实责任，并以此作为企业所采取的方案的依据。

【例 4-6】 海达公司生产一种产品，经初步测算：产品的单位售价为 100 元，单位变动成本为 60 元，固定成本总额为 120 000 元，2022 年已实现的销售量为 10 000 件，利润为 280 000元。同行业平均的资金利润率为 20%，预计企业资金平均占用额为 1 700 000 元。

要求：运用比率预测法预测企业2023年的目标利润。

解：（1）2023年的目标利润基数＝1 700 000×20%＝340 000（元）

（2）分析实现目标利润时的各因素条件（在分析某一因素时，假定其他因素不变）：

①实现目标利润的销售量＝$\frac{固定成本总额+目标利润}{单价-单位变动成本}=\frac{120\ 000+340\ 000}{100-60}$＝11 500（件）

公司要实现目标利润，则该产品的销售量需要增加1 500件。

销售量增长率＝$\frac{1\ 500}{10\ 000}\times100\%=15\%$

目标销售利润率＝$\frac{340\ 000}{11\ 500\times100}\times100\%=29.56\%$

②实现目标利润的单位变动成本＝单价－$\frac{固定成本总额+目标利润}{销售量}$＝100－$\frac{120\ 000+340\ 000}{10\ 000}$＝54（元/件）

公司要实现目标利润，则该产品的单位变动成本需降低60－54＝6元。

单位变动成本降低率＝$\frac{6}{60}\times100\%=10\%$

③实现目标利润的固定成本＝（单价－单位变动成本）×销售量－目标利润

＝（100－60）×10 000－340 000＝60 000（元）

公司要实现目标利润，该产品的固定成本需降低120 000－60 000＝60 000元。

固定成本降低率＝$\frac{60\ 000}{120\ 000}\times100\%=50\%$

④实现目标利润的单价＝$\frac{固定成本总额+目标利润}{销售量}$＋单位变动成本

＝$\frac{120\ 000+340\ 000}{10\ 000}$＋60＝106（元/件）

公司要实现目标利润，该产品的单价需提高：106－10＝6元。

单价增长率＝$\frac{6}{100}\times100\%=6\%$

（3）在上述各单项措施中，公司只要能够实现其中的某一项，就可以完成测算的目标利润。但由于在实践中有各种影响因素，假定该企业无法实现上述任何一项措施。那么，企业还必须考虑采取综合措施。

【思维开拓】

在本例中，假设管理人员提出以下三种综合措施，并进行分析计算，如下所示：

①为提高产品质量，企业如追加3%的单位变动成本投入，可使售价提高4%。那么，此时该产品的销售量应为多少？

实现目标利润的销售量期望值＝$\frac{120\ 000+340\ 000}{100\times(1+4\%)-60\times(1+3\%)}$＝10 901（件）

公司要实现目标利润，则该产品的销售量需增加10 901－10 000＝901件。

销售量增长率＝$\frac{901}{10\ 000}\times100\%=9.01\%$

②假定该产品价格弹性较大，如企业将该产品的价格降低 8%，可使市场空间增长 15%，且企业的生产能力尚有剩余，完全可以满足市场需要。那么，此时该产品的销售量应为多少？

$$\text{实现目标利润销售量期望值}=\frac{120\ 000+340\ 000}{100\times(1-8\%)-60}=14\ 375\text{（件）}$$

公司要实现目标利润，则该产品的销售量需增加 14 375－10 000＝4 375 件。

$$\text{销售量增长率}=\frac{4\ 375}{10\ 000}\times100\%=43.75\%$$

③在市场空间维持不变的情况下，公司如果追加 20 000 元固定资产（专用设备）的投入，可以提高自动化水平，提高人工效率，降低材料消耗。那么，在实现目标利润时，该产品的单位变动成本应为多少？

$$\text{实现目标利润的单位变动成本期望值}=100-\frac{(120\ 000+20\ 000)+340\ 000}{10\ 000}=52\text{（元/件）}$$

公司要实现目标利润，则该产品的单位变动成本需降低 60－52＝8 元。

$$\text{单位变动成本降低率}=\frac{8}{60}\times100\%=13.33\%$$

部分管理人员对上述三种综合措施进行分析后，认为公司难以满足上述综合措施的要求。这些管理人员进一步分析指出：在市场空间维持不变的情况下，企业确定的目标利润基数与可能实现的利润的测算数之间有一段差距，假定差异为 50 000 元。由于原来得到的利润目标太高，难以实现，建议公司可将目标利润修正值定为 50 000 元。此时，确定的目标利润预测值为 340 000－50 000＝290 000 元。

公司董事会最终分析研究认为，2023 年是本公司的发展水平更上一层楼的关键阶段，在资金利润率为 20%的水平时，公司的发展速度太慢。董事会要求该公司的资金利润率超过同行业平均水平 5 个百分点，即达到 25%的目标要求。因此，该公司的目标利润应定为 425 000 元（即 1 700 000×25%）。至此，调整方案确定后，预测人员可以重复上述过程，测算各因素在方案实施过程中的具体变化情况。

任务五　资金需要量预测

资金预测分析

资金预测是指在销售预测、利润预测和成本预测的基础上，根据企业未来经营发展目标并考虑影响资金的各项因素，运用一定的方法预计、推测企业未来一定时期内或一定项目所需要的资金数额、来源渠道、运用方向及其效果的过程。企业在筹资之前，应当采用一定的方法预测资金的需要数量。只有这样，才能使筹集来的资金既能满足生产经营的需要，又不会产生太多的闲置。预测资金需要量的方法包括定性预测法和定量预测法两类。这里我们将重点介绍定量预测法中的比率预测法与资金习性预测法。

一、定性预测法

定性预测法是指利用直观的资料，依靠个人经验、主观分析及判断能力，预测企业未来的资金需要量的方法。这种方法通常在企业缺乏完备、准确的历史资料的情况下采用。

二、定量预测法

（一）比率预测法

销售百分比法是最常见的比率预测法。

销售百分比法是以资金与销售额的比率为基础，预测企业未来资金需要量的一种方法。其原理是假设某些资产与销售额存在稳定的百分比关系，预测人员可根据销售额与资产的比例关系预计资产额，并根据资产额预计相应的负债和所有者权益，进而确定资金需求量。

根据资产负债表中资金占用与销售收入变动关系的不同，资产负债项目可以分为两类：一是，随销售额的变动同比例变动的项目；二是，不随销售额的变动而变动的项目。

销售百分比法的具体步骤如下：

（1）确定随销售额变动而变动的资产和负债项目

资产负债表中的资产负债项目可划分为变动项目和不变项目。所谓变动项目是指随销售额的变动而同步变动的项目，主要包括货币资金、应收账款、存货等流动资产项目和应付账款、应付票据、应交税费等流动负债项目，但短期借款一般不作为变动项目。与变动项目相对应的是不变项目，如固定资产、长期投资、短期借款、长期负债和实收资本等，它们在短期内都不会随销售规模的扩大而发生改变。

（2）确定有关项目与销售额的稳定比例关系

各变动项目的销售百分比计算公式为：

$$某变动项目的销售百分比=\frac{该项目金额}{销售额}\times 100\%$$

$$资产的销售百分比=各资产类变动项目销售百分比之和$$
$$=\frac{资产类变动项目总金额}{销售额}\times 100\%$$

$$负债的销售百分比=各负债类变动项目销售百分比之和$$
$$=\frac{负债类变动项目总金额}{销售额}\times 100\%$$

（3）确定需要增加的资金量

$$需要增加的资金量=外部融资需求量-增加的留存收益$$
$$=增加的敏感性资产-增加的敏感性负债$$
$$=\frac{基期敏感性资产}{基期销售额}\times 销售增加额-\frac{基期敏感性负债}{基期销售定员}\times 销售增加额$$

（4）计算外部融资需求量

外部融资需求量＝需要增加的资金量－增加的留存收益

增加的留存收益＝预期销售额×销售净利率×利润留存率

【例 4-7】 海达公司的敏感性资产和敏感性负债占销售额的比重分别为 50％和 10％，并保持稳定不变。该公司 2022 年的销售额为 1 000 万元，预计 2023 年的销售额将增长 20％，销售净利率为 10％，利润留存率为 30％。要求：不考虑其他因素，根据销售百分比法，计算 2023 年该公司的外部融资需求量。

解：外部融资需求量＝增加的敏感性资产－增加的敏感性负债－增加的留存收益

＝1 000×20％×（50％－10％）－1 000×（1＋20％）×10％×30％＝44（万元）

【思维开拓】

（1）敏感性资产与敏感性负债的差额通常与销售额保持稳定的比例关系。这里的敏感性资产项目一般包括现金、应收账款、存货等。而敏感性负债项目一般包括应付票据、应付账款等，不包括短期借款、短期融资券、长期负债等筹资性负债。（2）如果企业现有的生产能力已经饱和，则固定资产也是敏感性资产，可按照销售额的增长比例增加固定资产投资。如果已知固定资产增加的具体数额，我们可直接在对外筹资需要量的公式中将其加上。

（二）资金习性预测法

资金习性是指资金的变动同产销量变动之间的依存关系。按照资金同产销量之间的依存关系的不同，资金可分为不变资金、变动资金和半变动资金三种。

不变资金指在一定的产销量范围内保持不变的那部分资金，如企业为维持营业而占用的最低数额的现金、固定资产和原材料的保险储备。

变动资金指随产销量的变动而同比例变动的那部分资金，如最低储备以外的现金、存货、应收账款等。

半变动资金指虽然受产销量变动的影响，但不成同比例变动的资金，如一些辅助材料占用的资金。半变动资金也可以进一步划分为不变资金和变动资金。

不变资金、变动资金、半变动资金的特点和举例说明见表 1-4-4。

表 1-4-4　资金的分类

分类	特点	举例
不变资金	在一定范围内与产销量无关 $y=a$	企业为维持营业而占用的最低数额的现金，原材料的保险储备，必要的成品储备，厂房、机器设备等固定资产占用的资金
变动资金	在一定范围内与产销量成同比例变动：$y=bx$	直接构成产品实体的原材料，外购件等占用的资金，最低储备以外的现金、存货、应收账款，等等
半变动资金	随产销量变动而变动，但不成同比例变动：$y=a+bx$	一些辅助材料占用的资金

资金习性预测法就是根据历史上企业资金的占用总额与产销量之间的关系，把资金划分为不变资金和变动资金两部分，然后结合预计的销售量来预测资金需要量的一种方法。

资金习性预测法的基本预测模型为：$y=a+bx$。

其中，y 为预期资金需要量，x 为产销量，a、b 分别为不变资金和单位产销量所需的变动资金。预测人员可通过将历史数据代入模型，用高低点法或回归分析法得出 a、b 的值后，再将预计销售量 x 代入已知模型，即可计算出预计资金需要量。高低点法和回归分析法的具体计算步骤如下。

1. 高低点法

高低点法是在相关范围内，根据资金量的最高点和产销量的最高点之间的线性关系，以及资金量的最低点与产销量的最低点之间的线性关系，推算出资金中不变资金 a 和单位产销量所需变动资金 b 的数值，进而计算出预测期的资金需要量。

根据资金习性预测法可列出高点（x_H，y_H）、低点（x_L，y_L）的基本预测模型可知：

$y_H = a + bx_H$

$y_L = a + bx_L$

根据以上两式解得：

$b=\frac{\Delta y}{\Delta x}$，$a=y_H-bx_H$ 或 y_L-bx_L。

预测期资金需要量$=a+b\times$预测期销售量

【例 4-8】 某企业 2018—2022 年资金占用与销售收入之间的关系见表 1-4-5。

表 1-4-5　企业销售收入与资金占用表　　　　**单位：元**

年度	销售收入	资金占用
2018	120 000	80 000
2019	140 000	90 000
2020	136 000	88 000
2021	160 000	100 000
2022	158 000	110 000

要求：(1) 采用高低点法计算不变资金和单位变动资金。

(2) 当 2023 年的销售收入为 190 000 元时，预测其需要占用的资金数额。

任务分析： 采用高低点法时，选择高低点的标准是自变量的高低，本题中的自变量为销售收入。

解：(1) 采用高低点法计算不变资金和单位变动资金的计算步骤如下：

根据高低点的选取原则，我们应选择 2018 年和 2021 年作为低点（120 000，80 000）和高点（160 000，100 000）。

$$b=\frac{100\ 000-80\ 000}{160\ 000-120\ 000}=0.5$$

$a=80\ 000-120\ 000\times0.5=20\ 000$（元）

$y=20\ 000+0.5x$

(2) 预测 2023 年需要占用的资金数额，可将 $x=190\ 000$ 代入其中，计算公式如下：

$y=20\ 000+0.5\times190\ 000=115\ 000$（元）

2. 回归分析法

回归分析法是根据有关历史资料，运用数学的最小平方法原理，计算能代表平均资金水平的直线截距和斜率，建立回归直线方程，并利用其预测资金需要量的方法。

回归直线方程截距和斜率的计算公式为：

$$y=\frac{\sum x^2\sum y-\sum x\sum xy}{n\sum x^2-(\sum x)^2}+\frac{n\sum xy-\sum x\sum y}{n\sum x^2-(\sum x)^2}-x$$

【例 4-9】 海达公司 2018—2022 年的产销量和资金占用量见表 1 - 4 - 6。

表 1 - 4 - 6　产销量与资金占用量

年度	产销量（x）/万件	资金占用（y）/万元	xy	x^2
2018	8	650	5 200	64
2019	7. 5	640	4 800	56. 25
2020	7	630	4 410	49
2021	8. 5	680	5 780	72. 25
2022	9	700	6 300	81
合计	40. 0	3 300	26 490	322. 5

要求：请预测 2023 年的资金需要量。

解：将表中的数据代入回归直线方程，可以得到：

$$a=\frac{322.5\times 3\,300-40\times 26\,490}{5\times 322.5-4^2}=372\text{（元）}\qquad b=\frac{5\times 26\,490-40\times 3\,300}{5\times 322.5-40^2}=36\text{（元）}$$

$$y=372+36x$$

【思维开拓】

高低点法与回归分析法都属于资金习性预测法，两者有相同的形式。

【项目习题】

参考答案

一、单项选择题

1. 在企业的预测中，处于先导地位的是（　　）。

A. 利润预测　　B. 资金预测

C. 销售预测　　D. 成本预测

2. 下列各项属于定性分析方法的是（　　）。

A. 趋势分析法　　B. 移动加权平均法　　C. 指数平滑法　　D. 专家意见法

3. 在资金需要量的预测中，可作为内部周转资金来源的项目是（　　）。

A. 应收账款　　B. 存货　　C. 折旧、摊销额　　D. 周转的货币资金

4. 某公司 4 个年度的销售收入和资金占用的历史数据分别为（800，18）、（760，19）、（900，20）、（1 000，22）、（1 100，21），单位为万元。运用高低点法分离资金占用中的不变资金和变动资金时，应采用的两组数据是（　　）。

A.（760，19）、（1 000，22）　　B.（800，18）、（1 100，21）

C.（760，19）、（1 100，21）　　D.（800，18）、（1 000，22）

5. 某公司 2022 年的预计营业收入为 50 万元，预计营业净利率为 10%，股利支付率为 60%。据此可以测算出该公司 2022 年内部资金来源的金额为（　　）。

A. 2 万元　　B. 3 万元　　C. 5 万元　　D. 8 万元

二、多项选择题

1. 下列各项中，适用于利润预测的有（　　）。

A. 本量利分析法　　B. 盈亏临界点分析法

C. 销售百分比法　　D. 比率法

2. 选择目标成本预测法的目标成本可以是（　　）。

A. 国内外同种产品的先进成本　　B. 本企业历史最好的成本水平

C. 定额成本　　D. 标准成本

3. 下列各项中，影响利润的因素有（　　）。

A. 销售单价　　B. 单位变动成本　　C. 销售量　　D. 固定成本

4. 下列项目中，属于变动项目的有（　　）。

A. 货币资金　　B. 应收账款　　C. 长期投资　　D. 固定资产

5. 下列项目中，属于不变项目的有（　　）。

A. 货币资金　　B. 应收账款　　C. 长期投资　　D. 固定资产

三、判断题

（　　）1. 不同的预测方法能达到不同的目的，所以对于不同的对象和内容应采用不同的预测方法，不能一成不变。

（　　）2. 市场定位、产品政策、价格政策、渠道政策、广告及促销政策等的变更会对销售额产生影响，所以销售政策是影响销售预测的外界因素。

（　　）3. 目标利润就是预计销售收入扣除目标成本所得。

（　　）4. 在其他条件不变的情况下，企业要想提高利润，可以通过提高单价或销量，降低单位变动成本或固定成本等单一方式来实现。

（　　）5. 在资金需要量的预测中，存货是可作为内部周转资金来源的项目。

四、计算分析题

1. 盛辉公司销售笔记本电脑，2023 年预计实现目标利润 600 000 元，笔记本电脑的销售单价为 4 000 元，预计销售量为 1 400 台，固定成本为 450 000 元。

要求：计算盛辉公司 2023 年的预计变动成本和单位变动成本。

2. 千诚公司生产 A、B、C 三种产品，产品共同的固定成本为 2 000 元，产品相关资料见表 1-4-7。

表 1-4-7　千诚公司产品相关资料　　　　金额单位：元

项目	单价	单位变动成本	单位贡献毛益	分摊的固定成本	销售量/件
产品 A	10	8	2	400	100
产品 B	9	6	3	600	300
产品 C	8	4	4	1 000	500

要求：

（1）计算销售 A、B、C 三种产品的利润。

（2）你认为要不要停止生产 A 产品，为什么？

（3）假设目前市场上这三种产品的竞争异常激烈，你认为企业要想继续生存和发展应采取哪些有效措施？

（4）假设 C 产品的单价和单位变动成本的敏感性系数分别为 3 和－2，在其他条件不变的情况下，分别计算单价提高 10%或单位变动成本提高 10%时 C 产品的利润。

点睛记忆

知识点	内容		记忆程度
经营预测	经营预测的概念	经营预测是指企业根据现有的经济条件和掌握的历史资料以及客观事物的内在联系，对生产经营活动的未来发展趋势和状况进行的预计和测算	
	经营预测的步骤	确定预测目标； 收集、整理资料； 选择预测方法； 预测实际结果； 验证预测结果； 修正预测结果； 报告预测结论	
	经营预测的方法	定量分析法：趋势预测分析法（算术平均法、移动加权平均法、指数平滑法、回归分析法等）和因果预测分析法（本量利分析法、投入产出分析法、经济计量法等）； 定性分析法	
销售预测	销售预测的影响因素	外部因素（需求动因、经济变动、同业竞争动向、消费者群体的需求变化）和内部因素（营销策略、销售政策、销售人员、生产供应状况）	
	销售预测的方法	定性预测：高级经理意见法、销售人员意见法、购买者期望法、专家意见法； 定量预测：时间序列分析法（算术平均法、移动加权平均法、指数平滑法）、回归分析法、二次曲线法	
成本预测	目标成本预测法	目标成本是指在确保目标利润的前提下，企业在成本方面应达到的目标。 目标成本的预测一般可采用倒扣测算法和比率测算法	
	历史成本预测法	历史成本预测法是指根据已有的相关资料，将成本按成本习性进行划分，运用数理统计方法来估计、推测成本发展趋势的一种方法。 常用的方法有高低点法、加权平均法和直线回归分析法	
利润预测	目标利润预测分析步骤	确定适当的利润率； 计算目标利润的基数（比率预测法、本量利分析预测法）； 修正目标利润； 确定最终目标利润	
资金需要量预测	定量预测法	销售百分比法是以资金与销售额的比率为基础，预测未来资金需要量的一种方法。其原理是根据预计的销售额预测资金的需要量。 资金习性预测法的基本预测模型为：$y=a+bx$	

项目五　实施短期经营决策

知识目标

1. 掌握决策的定义及分类。
2. 了解决策的一般程序。
3. 掌握成本决策的基本方法。
4. 能够在各种经营条件下进行生产决策。
5. 掌握成本对定价决策的影响。

技能目标

1. 区分相关成本和无关成本。
2. 能够运用定量分析和定性分析进行经营决策。

【案例导入】

格兰仕家电的“降价备忘录”①

1996 年 8 月，格兰仕微波炉发动第一次降价，平均降幅达 40%，推动了微波炉在国内的普及。当年实现微波炉产销 65 万台，市场占有率超过 35%。

1997 年 10 月，格兰仕微波炉第二次大幅降价，降幅在 29%～40%，使其当年的市场占有率扩大到 47.6%，产销量猛增到 198 万台。

1998 年 5 月，格兰仕微波炉以“买一赠三”和抽奖等形式进行变相降价，并逐步将市场重心转移到海外。其时，格兰仕的微波炉年产量达到 450 万台，是世界上最大的微波炉生产厂家之一。当年，格兰仕的国内市场占有率达到 60%。

2000 年 6 月，格兰仕微波炉掀起第四次大规模的价格战，降幅仍高达 40%，降价产品以“五朵金花”系列中档机为主。

2000 年 10 月，格兰仕微波炉第五次大降价的利刃直指高端市场，高档“黑金刚”系列微波炉降价接近 40%，高档机型需求迅猛提高。格兰仕全年国内市场占有率高达 76%；国际市场占有率突破 30%，晋升为中国家电出口二强之一。

2001 年 4 月，格兰仕推出 300 元以下的微波炉，再次令淡季市场空前火爆。

2002 年 1 月，格兰仕数码温控王系列微波炉降价 30%，使高档机价位直逼其他品牌中低档产品的价格，加上“数码光波”“太空金刚”“白金刚”等高新技术产品的上市及热

① 朱月容，沈颖．梁庆德谈格兰仕商经［M］．杭州：浙江人民出版社，2008：21.

销，格兰仕“封杀”了整个微波炉市场。

2002年2月26日，格兰仕打响了空调价格大战的第一枪，喷涂系列近20款畅销主力机降价，平均降幅约30%，最高降幅约35%。格兰仕表示，希望通过生产力水平的提升，在高档中价的基础上进一步推进国内市场上高档空调的平民化。

2002年3月7日，“黑金刚”系列中、高档微波炉价格全面下调，最高降幅超过30%，平均降幅25%左右。

思考：(1) 谈谈你对格兰仕定价策略的体会。

(2) 分析企业在定价决策中应该注意的问题。

决策概述

任务一　认知经营决策

现代决策理论认为，管理的重心在于经营，经营的重心则在于决策。只有保证决策的正确性，企业的生产经营活动才能顺利展开，才能实现企业的经营目标。企业决策可以从不同的角度分为不同的种类，如按决策时间划分为短期决策和长期决策。企业的日常经营决策一般都是短期决策，包括成本决策、生产决策和定价决策。

一、决策分析的含义

决策分析是指企业为实现一定的目标，从备选的两个或多个方案中，通过科学的理论和方法比较并选择一个相对满意的方案的分析判断过程。在进行决策的过程中，决策者要综合考虑企业的内部环境和外部环境、财务因素和非财务因素，采用适当的定量或定性的分析方法进行对比和分析判断。

二、决策分析的类型

现代企业的经营管理活动涉及的决策多种多样，我们可以从不同的角度对决策进行分类。

(一) 按决策的影响时间分类

企业的决策按影响时间的长短可以分为长期决策和短期决策。具体如下：

1. 长期决策

长期决策指在一年以上的时间范围内对企业的生产经营活动产生影响的决策。其对企业的发展方向有着长远的、全局性的影响。如，企业的厂房建设、产品研发、市场布局等，这些决策也是风险高、投资量大，一旦开始实施就很难调整、变更的战略决策。

2. 短期决策

短期决策指在一年以内对企业的日常生产经营活动产生影响的决策，对企业长期的战略目标有推动作用。如，日常的销售决策、订货决策、成本决策等，这些决策也是风险小、投资较少、可随时调整的战术决策。

(二) 按决策的影响程度分类

企业的决策按影响程度可分为战略决策和战术决策，具体如下：

1. 战略决策

战略决策指对企业发展方向和长远发展有重大影响的项目或方案做出的决策。如，企业并购、经营方向变更等。战略决策影响周期长、影响范围广、影响程度深远，是战术决策的依据和目标。因此，战略决策必须严格遵照决策程序进行，并由高层管理者做出。

2. 战术决策

战术决策指对企业局部经营管理业务或短期生产经营活动做出的决策。战术决策是对战略决策的部分实施方案做出的决策，不会直接影响企业的全局和发展方向。如，原料的采购、人力调度、销售计划、技术升级等。战术决策一般由企业的中层管理者做出。

（三）按决策条件的肯定性分类

企业决策按照决策条件的肯定性可分为以下三类：

1. 确定型决策

确定型决策指每个备选方案的所需条件是已知的，并且各方案产生的结果是必然的，比较各方案结果的优劣就可做出的决策。决策者通过分析确定型决策备选方案的条件、性质、结果来选择合适的方案。在选择条件肯定的状态下决策者容易得出最优方案。企业中大多数程序性、可测算的经济问题都可以采用确定型决策的方法来解决。

2. 风险型决策

风险型决策指每个备选方案可能会带来几种不同的结果，产生的结果存在随机性，但每种结果发生的概率可以测算得出的决策。风险型决策的选择条件和结果不是完全肯定的状态，无论决策者选择哪一个方案，都存在着风险。决策树分析法常被用于应对风险型决策。

3. 不确定型决策

不确定型决策指每个备选方案可能会带来几种不同的结果，产生的结果存在随机性，并且每种结果发生的概率无法测算得出，只能以历史经验进行判断、预估的决策。这种以历史经验进行判断、预估的方式难免会受到人们的主观因素的影响，决策者的态度、经验和认识程度的不足加大了不确定型决策的风险。因为不确定型决策的影响因素和出现的概率都不能确定，所以决策者在决策时通常选用非概率分析方法，如乐观分析法、悲观分析法、后悔值分析法和折中系数法等。

（四）按决策方案的所属关系分类

企业决策按照决策方案的所属关系可分为以下三类：

1. 独立方案决策

独立方案决策指每个备选方案的取舍不受其他方案的约束，能够独立存在的决策。当每个备选方案不受企业资金安排或其他条件限制时，两个不相关的方案就可以成为独立方案。对独立方案进行决策时，决策者只需要考虑接受或不接受备选方案即可。

2. 互斥方案决策

互斥方案决策指在两个或两个以上的备选方案中，如果选择一个备选方案就一定会拒绝另一个或其他备选方案的决策。如，企业有一块闲置土地，这块土地可以用于建造厂房或者办公楼，但是两个方案只能选择一种，这样的两个备选方案就是互斥方案。对两个或两个以上这样的排斥方案进行决策的活动就是互斥方案决策。

3. 组合方案决策

组合方案决策指多个备选方案中存在一种最优组合方案，这种组合方案中的单一方案无法独自开展，若要开展某一项目则和它组合的项目也要一同开展。在组合方案中，决策者应选择能使企业的综合效益达到最大化的组合方案。

三、决策分析的程序

为保证决策的科学性和准确性，企业在进行决策时必须按照一定的程序进行。决策分析的程序通常可以分为以下五个步骤。

（一）确定决策目标，明确决策问题

决策是从多个可行备选方案中择优的过程。确定决策目标，明确决策问题是决策分析的首要环节。只有明确决策是为了解决什么问题或达成什么样的目标，决策者才能有针对性地进行决策。

（二）收集相关信息，加工处理数据

决策分析中的备选方案需要通过收集、整理与决策相关的信息来拟定。为了能够更好地拟定可行的方案，使备选方案的预计结果更加准确，在收集、整理相关信息时，决策者要尽可能广泛地收集有用信息、甄别并剔除无效信息，并适当地对采集到的数据进行深加工，使其适用于科学的分析方法。

（三）拟定备选方案

拟定备选方案是决策分析的重要阶段。在未确定决策的评价标准时，决策者应该充分考虑决策目标，并结合企业所处的经济环境，实事求是、合理有效地设计出一种或多种可能实现决策目标的备选方案。拟定备选方案是科学决策的基础和保证。

（四）科学确定最优方案

确定最优方案是整个决策分析过程中最关键的核心环节。决策者根据需要确定决策标准后，应科学选用定性或定量的决策方法，确定最终方案。此时，决策者需要对各种备选方案做出综合分析，全面权衡有关因素的影响，并在不断比较、筛选的基础上，选出最优方案。

（五）组织实施方案，监督反馈结果

组织实施方案，监督反馈结果是决策分析中的保障环节。最优方案选定后，企业就应该编制具体预算并由相关职能部门组织实施选定的方案，责任人应对实际情况进行监督检查，并将方案实施结果与决策目标进行对比，找出偏离目标的原因，并向上级管理层汇报。

任务二 成本决策

成本决策是指用决策理论，根据成本预测及有关成本资料，运用定性与定量的方法，抉择最佳成本方案的过程。成本决策可分为宏观成本决策和微观成本决策。成本决策贯串整个生产经营过程，涉及面广。因此，每个环节都应选择最优的成本决策方案，这样才能使总体决策达到最优。

一、相关成本与无关成本

相关成本是指与特定决策方案相联系的、能对决策产生重大影响的、在短期经营决策中必须予以充分考虑的成本。如果某项成本只属于某个经营决策方案，若要执行该方案，该项成本必然发生，那么这项成本就是相关成本。与相关成本相对应的概念是无关成本。凡不受决策影响、与决策关系不大、已经发生或注定要发生的成本就是无关成本。如果无论是否存在某个经营决策方案，某项成本均会发生，那么该项成本就是该方案的无关成本。在经营决策中，决策者不能考虑无关成本，否则，可能就会做出错误的决策。因此，了解和区分哪些成本是相关成本，哪些是无关成本，对短期经营决策是十分重要的。

（一）相关成本

相关成本可分为以下几类：

1. 差量成本与边际成本

差量成本又称“增量成本”，有广义和狭义之分。广义的差量成本是指两个不同备选方案预计未来成本的差额，如零部件自制较外购所增加的成本。这类成本是决策的重要依据之一。例如，某公司现需要零件 800 个，可以外购也可以自制，外购单价为 5 元；自制需要的单位变动成本为 6 元，固定成本 500 元。外购方案的总成本比自制方案的总成本（差量成本）低 1 300 元，在无其他因素干扰的情况下，企业应选择外购方案。外购和自制方案的成本如表 1 - 5 - 1 所示。

表 1 - 5 - 1　外购和自制方案的成本　　单位：元

项目	变动成本	固定成本	总成本
方案一（外购）	800×5=4 000		4 000
方案二（自制）	800×6=4 800	500	5 300
差量成本	800	500	1 300

狭义的差量成本指由于方案本身产量的增减变动不同而表现在成本方面的差额。例如，某企业生产 A 产品，最大生产能力为年产 10 000 件，单位变动成本为 3 元，年固定成本为 4 000 元，根据产量从 5 000 到 7 000 的变化，计算不同产量下的总成本和单位变动成本，发现固定成本总额不随产量的变化而变动，产量每增加 1 000 件而追加的成本额为变动成本 3 000 元，单位成本中的固定成本呈降低的趋势。计算 A 产品的产量每增加 1 000件而追加的差量成本，如表 1 - 5 - 2 所示。

表 1 - 5 - 2　A 产品的产量每增加 1 000 件的差量成本　　单位：元

产量/件	总成本		单位成本	
	固定成本	变动成本	固定成本	变动成本
5 000	4 000	15 000	0. 80	3
6 000	4 000	15 000+3 000	0. 67	3
7 000	4 000	15 000+6 000	0. 57	3

经济学中的边际成本是指产品成本在产品产量发生无限小变化时的变动部分。为保证其在生产实践中具有现实意义，我们将产品差量无限小的变化假设成一个可计量的单位（如一件产品、一度电、一米丝绸布料等），如果该变化小于一个实物单位，则会失去实际

意义。所以，边际成本的实质就是指当相关业务量以一个最小经济单位增加或减少时所引起的成本变化量。管理会计中的边际成本是差量成本的特殊形式，即当业务量增加一件或一批时，边际成本等于单位差量成本，也就是单位变动成本。

2. 机会成本

机会成本是指在决策分析过程中，从各备选方案中选择最优方案而放弃次优方案丧失的可能收益，又称“机会损失”。公司的某一项资产可以在不同状态下发挥多种使用价值，其给公司带来的收益也不尽相同，但实际上企业只能选择一种方式将其投入营运，这样就会产生机会成本。也就是说，资产在某一方面带来的所得，是由于其放弃了其他的收益所带来的。相反，如果一项资产用途唯一，不存在其他使用状态，就不会产生机会成本。所以说，被放弃的次优方案可能取得的收益，应该从被选用的最优方案的收益中得到补偿。需要注意的是，当有多个备选方案时，在选定最优方案后，机会成本仅为次优方案带来的收益，切勿将所放弃的所有方案带来的收益作为机会成本。

3. 付现成本

付现成本是指由于某个决策而引起的、需要在未来使用现金支付的成本。在企业的经营决策中，一般把付现成本作为一项重要因素来考虑。这是因为，任何经济决策都需要现金资源，如果没有现金的支持，再好的决策方案也不能实现。基于此，有时决策者不得不选择付现成本小、收益相对较少的方案，而忍痛放弃那些付现成本大、收益也较大的方案。例如，某公司的生产设备损坏需要维修，选择 A 维修公司需要一次支付维修费用 10 000元；选择 B 维修公司需要支付维修费用 12 000 元，但是可以在维修时先支付 5 000 元，其余的可以以后分期支付。从这个例子我们可以看出，虽然 A 维修公司需要的维修费用比较低，但是需要一次支付，这对企业的短期流动资金的支付压力是非常大的。而 B 公司虽然要求支付的维修费用较多，但是可以分期支付，企业的付现压力就小。因此，当企业面临短期流动资金配置困难时，一般会选择付现成本较低的方案。

4. 专属成本

专属成本又称“特定成本”，是指那些能够明确归属于特定备选方案的固定成本。由于变动成本基本上属于专属成本范畴，因此管理会计需要判断的专属成本主要指专属的固定成本。专属成本往往是为了弥补产能不足，增加有关设备、生产工具等长期资产而发生的，如零部件自制时所追加的专用工具支出等。这类成本与特定的方案相联系，决策者在进行决策时必须考虑。专属成本的确认与各项资产的取得方式有关，若资产采用经营租赁的方式，则专属成本就是与此相关联的租金成本。例如，某公司的生产工艺决策方案，使用旧缝纫机生产服装的专属成本包括较低的折旧费和较高的维修费，使用新缝纫机生产服装的专属成本包括较高的折旧费和较低的维修费，决策者需要汇总成本后才能选择正确的生产设备。

5. 重置成本

重置成本是指企业目前从市场上重新取得某项原有资产所需支付的成本。在现行市场条件下，企业重新购置或建造某项全新的资产的全部成本，减去该项资产已经发生的各项减值，得到的余额即为该项资产的重置成本。由于通货膨胀和技术进步等因素的影响，公司资产的重置成本可能与其历史成本有着较大差异。例如，某公司某一库存商品的单位成本为 25 元，重置成本为 27 元，共 1 000 件，现在有一客户准备以单价 26 元购买该种商品的全部库存，如果只按库存成本考虑，每件可获利 1 元，共计 1 000 元。但如果该公司销售的目的是重新购进，则此时该公司应该考虑的是重置成本而不是库存成本，按重置成本计算，该公司将亏损 1 000 元。可见，在公司的生产决策及固定资产更新决策分析中，决策者应着重考虑的是资产的重置成本而不是历史成本。

（二）无关成本

无关成本可以分成以下几类：

1. 沉没成本

沉没成本是指过去已经发生并无法由现在或将来的任何决策所改变的费用。例如，企业以前购买的固定资产的账面价值就是一种沉没成本。企业研发一种新产品失败，其之前投入的研发费用也是一种沉没成本。无论现在企业做出什么样的决策，这些成本都无法改变。因此，我们应将其视为企业决策的无关成本，在做决策时不予考虑。企业购置的固定资产和无形资产的支出以及长期待摊费用，是以前经营期中已完成支付的现金活动，要在当期或未来进行分摊，实质上也是企业的沉没成本。

2. 共同成本

共同成本指为多种产品的生产或为多个部门的设置而发生的，应由这些产品或部门共同负担的成本。如，企业管理人员的工资、车间照明费用等。由于这类成本注定要发生，且与特定方案的实施无关，因此在决策中不必考虑。

3. 约束性成本

企业经营活动中必须负担的、无法避免的、最低限度的固定成本，即为约束性成本。如，企业安装一条生产线，该生产线无论生产何种产品均需定期进行检修，每次的检修费用为 1 000 元。那么，在决定生产何种产品的决策过程中，企业就不需要将检修费考虑在内，每次产生的检修费即为约束性成本，不对决策的制定产生影响。但是，企业若是决策是否购买、安装该生产线，则需要将检修费用作为相关成本来考虑。

二、成本决策的方法

在当前的市场经济条件下，企业作为拥有经营权和决策权的主体，在日常生产经营活动中需要根据面临的业务内容不同而进行决策。如，新产品的开发、亏损产品是否停产、半成品是否需要进一步加工的决策等。在面临这些决策的时候，企业可以根据内容和目的，选择利润总额分析法、差量损益分析法、成本无差别法等进行决策。

（一）利润总额分析法

利润总额分析法以销售收入、销售总成本与利润之间的关系为依据进行测算，并将测算结果作为一种评价指标。采用该方法做决策时，企业往往选择利润总额最大的方案。企业在进行新产品的开发决策时，比较两种或多种产品之中哪个方案带来的利润总额最大，即选择哪个方案。同样，在企业有剩余生产能力可继续使用时，评估企业是否利用剩余生产力进行增产并选择剩余生产能力的分配方案的决策，也可以运用利润总额分析法进行，可分析增产后方案的利润总额，选择利润总额最大的方案。在分析的过程中，我们不必区分涉及的销售总成本中的相关成本和无关成本。因此，该方法的计算更加简单和直接，但在一定程度上会影响决策的准确性。

【例 5-1】 海达公司原来生产甲、乙、丙三种产品，现有 20 000 机器工时的剩余生产能力。按照目前的产品消耗，这些剩余生产力可生产 2 000 件产品，各种产品的相关资料如表 1-5-3 所示。

表 1-5-3　海达公司产品损益资料　　　　单位：元

项目	栏次	甲产品	乙产品	丙产品
单位售价	(1)	28	20	12
单位变动成本	(2)	10	15	4
单位贡献毛益	(3) = (1) − (2)	18	5	8
单位固定成本	(4)	6	3	2
单位产品息税前利润	(5) = (3) − (4)	12	2	6

分析题目我们可以知道，企业使用的是剩余生产能力，而非新购置生产设备，所以不会产生新的固定成本，也就不会有新增的单位固定成本。那么，根据已知损益资料，我们只需比较增产的三种产品的单位贡献毛益即可，单位贡献毛益大的方案意味着其对应的利润总额也是最大的。因此，我们可以做出决策：海达公司应将剩余的 20 000 机器工时用于甲产品的增产，即继续生产 2 000 件甲产品。

【例 5-2】海达公司拥有一条生产线，该生产线既可以生产 A 产品，也可以生产 B 产品。无论生产哪种产品，该生产线的最大生产能力均为 20 000 机器工时。已知 A、B 产品的单价、单位变动成本、生产量等信息，请选择合适的产品生产方案。各种产品的相关资料如表 1-5-4 所示。

表 1-5-4　产品的销售单价、数量和成本

项目	栏次	A 产品	B 产品
单位定额工时/小时	(1)	80	100
相关业务量/件	(2)	250	200
单位售价/元	(3)	1 250	1 500
单位变动成本/元	(4)	1 000	1 100
单位贡献毛益/元	(5) = (3) − (4)	250	4 000
贡献毛益总额/元	(6) = (2) × (5)	62 500	80 000

通过表 1-5-4 所列的数据我们可以发现，B 产品的贡献毛益总额更高，说明该产品对应的利润总额也是最高的，所以海达公司应组织生产 B 产品。

【思维开拓】

在利润总额分析法下，我们不必区分涉及的销售总成本中的相关成本和无关成本，因此计算结果往往不够准确。如果进一步分析相关成本对其的影响，企业该如何进行决策呢？分析方法如下：

(1) 承例 5-2，如果海达公司的生产线在生产 B 产品时需要增加一道工序，而该工序需要委托外部公司进行加工，需要支付加工费 30 000 元，试分析公司此时生产哪种产品更有利？

任务分析：该公司若要生产 B 产品需要增加一道工序。由于现有设备无法实现，海达公司需要委托外部公司进行加工，产生的加工费用为 30 000 元，而生产 A 产品则不会产生该笔加工费用。因此，加工费 30 000 元应作为生产 B 产品方案的专属成本，而专属成本是相关成本，在决策中应予以考虑。

考虑专属成本后的两个方案的贡献毛益总额计算如下：

A 产品方案：62 500 元

B 产品方案：80 000－30 000＝50 000（元）

A 产品方案的贡献毛益总额大于 B 产品方案。因此，该公司应选择组织生产 A 产品，其创造的利润总额最大。

(2) 承例 5-2，如果海达公司生产 B 产品进行销售，会对该公司生产的同类产品 C 带来影响，使 C 产品的销售量下降 100 件，C 产品的单价为 1 200 元，单位变动成本为 1 000 元。试分析公司此时生产哪种产品更有利？

任务分析： 公司若要生产 B 产品进行销售会使 C 产品的销售量减少 100 件，销售 100 件 C 产品所能实现的贡献毛益额就是选择生产 B 产品方案的机会成本，而机会成本是相关成本，在决策中应予以考虑。选择生产 A 产品方案则不会产生该项成本。

考虑专属成本后的两个方案的贡献毛益总额计算如下：

A 产品方案：62 500 元

B 产品方案：80 000－（1 200－1 000）×100＝60 000（元）

A 产品方案的贡献毛益总额大于 B 产品方案。因此，公司应选择组织生产 A 产品，其创造的利润总额最大。

（二）差量损益分析法

差量损益分析法是以差量损益作为最终评价指标，由差量损益决定方案取舍的一种决策方法。计算的差量损益如果大于零，则前一方案优于后一方案，接受前一方案；如果差量损益小于零，则后一方案为优，舍弃前一方案。差量损益这一概念常常与差量收入、差量成本密切相连。差量收入是指两个不同备选方案预期相关收入的差异额，差量成本是指两个不同备选方案的预期相关成本之差，差量损益是指两个不同备选方案的预期相关损益之差。某方案的相关损益等于该方案的相关收入减去该方案的相关成本。

在计算差量成本及差量损益时，我们必须坚持相关性原则，凡与决策无关的收入、成本、损益均应予以剔除。差量损益的计算方式有两种，一是依据定义直接计算两个方案的损益差异额，二是用差量收入减去差量成本，在决策中多采用后一种方式。差量损益分析法适用于同时涉及成本和收入的两个不同方案的决策，一般通过编制差量损益分析表进行分析评价。在决策的过程中我们需要注意，如果决策中的相关成本只有变动成本，不含固定成本，则可以直接比较两个不同方案的贡献毛益，贡献毛益最大者为最优方案。

【例 5-3】 海达公司拥有一台机器，可以用于生产甲产品，也可用于生产乙产品。要求：做出公司生产哪一种产品更为适合的决策。各种产品的相关资料如表 1-5-5 所示。

表 1-5-5　产品的销售单价、数量和成本

项目	甲产品	乙产品
预计销售量/件	160	120
预计销售单价/元	19	30
单位变动成本/元	13	27

解：(1) 计算差量收入

乙产品收入－甲产品收入＝120×30－160×19＝560（元）

（2）计算差量成本

乙产品成本－甲产品成本＝120×27－160×13＝1 160（元）

（3）计算差量损益

乙产品与甲产品的差量损益＝560－1 160＝－600（元）

或＝120×（30－27）－160×（19－13）＝360－960＝－600（元）

计算结果说明，生产甲产品比生产乙产品的方案更有利，可多获利 600 元。

（三）成本无差别点法

1. 成本无差别点法的含义

成本无差别点法是以成本无差别点业务量（两个或多个方案总成本相等时的业务量）作为最终评价指标，根据成本无差别点所确定的业务量范围来选择决策方案。该方法可用于决策亏损产品是否停产。这种方法适用于只涉及成本，且业务量不确定的决策。

2. 成本无差别点法的应用原理

成本无差别点法在实际应用中需满足以下条件：

（1）各个备选方案的相关收入为零，这主要是由于在成本无差别法下比较的是两个或多个备选方案成本的大小，如果相关收入不为零，那么即使在成本无差别临界点处，两个方案所带来的利润还是需要进一步确定，因此便不能直接通过比较成本大小的方式来确定决策方案了。

（2）各个备选方案的业务量计量单位必须相同，为了能够统一计量，其可以为只、件、吨等实物量单位。

（3）在各个备选方案的总成本模型中，单位变动成本和固定成本的大小关系恰好相反，即第一个方案的固定成本大于第二个方案的固定成本，同时第一个方案的单位变动成本小于第二个方案的单位变动成本；或第一个方案的固定成本小于第二个方案的固定成本，同时第一个方案的单位变动成本大于第二个方案的单位变动成本。

将企业的总成本按成本性态分类后，我们可以得到变动成本总额和固定成本总额。在生产决策中，某方案的总成本模型用 $y=a+bx$ 表示。成本无差别点法的基本原理为，假设第一个方案 y_1 的固定成本为 a_1，单位变动成本为 b_1；第二个方案 y_2 的固定成本为 a_2，单位变动成本 b_2，且满足 $a_1>a_2$，$b_1<b_2$，则两个方案的总成本 y_1 等于 y_2 时有：

$$x_0=\frac{a_1-a_2}{b_2-b_1}$$

两种不同方案的总成本分布如图 1－5－1 所示。

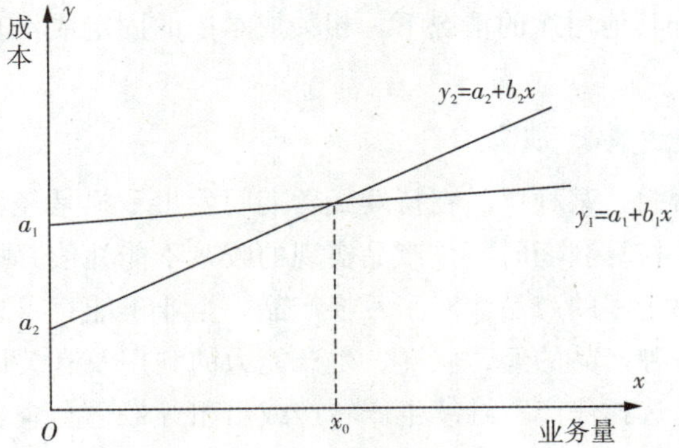

图 1－5－1　总成本分布图

如果业务量 x 的取值范围为 $0<x<x_0$，则企业应选择固定成本较小的 y_2 方案；如果业务量 x 在 $x>x_0$ 的区域内变动，则企业应选择固定成本较大的 y_1 方案；如果 $x=x_0$，说明两个方案的总成本相同，企业选择两个方案中的任何一个均可。在对两个方案进行比较时，我们可以根据已知数据绘制出成本模型图，这样可以直观地进行判断和决策，或者通过计算得出成本临近点的业务量区间，然后在此基础上进行综合判断后再做出决策。

任务三　生产经营决策

生产经营决策分析

生产经营决策包括自制或外购某零件的决策、部门或产品的亏损产品是否停产的决策、接受低于正常价格的特殊订单的决策、产品继续加工或在分离点出售的决策等。无论是哪种生产经营决策，其关键点都是区分相关成本和无关成本。当然，在进行生产经营决策的过程中，有时定性因素会支配定量评价，如零部件的质量、和供货商之间保持长期的互利关系等。生产经营决策的具体分析如下：

一、自制或外购决策

企业在生产中所需的零部件获得的方式有很多种。方式一，自行制造零部件，企业自制零部件时会出现三种情形：一是，企业利用现有的剩余生产能力进行生产，满足部分或全部的需要；二是，企业在利用现有剩余生产能力的同时，减少部分正常产能进行加工生产，以满足全部的需要；三是，企业利用现有的剩余生产能力并增购相关专属设备进行加工生产，以满足全部的需要。方式二，外部购买零部件，企业从外部直接购入所需要的全部零部件。

零部件在投入产品制造的过程中不独立产生价值收入，所以无论采用哪种方式获得零部件，企业在决策过程中需要考虑的相关收入都是相同的，即企业可以舍掉对相关收入的比较，直接通过成本无差别点分析法确定成本较低的方案为最优方案。在具体应用中，应注意理解以下几个要点：（1）外购方案的总成本一般只考虑单位变动成本，具体包括买价、运输费、装卸费、保险费、挑选整理费等，不用考虑相关固定成本部分。（2）自制方案的总成本首先包括单位变动成本，在不需增购新设备、剩余生产能力没有其他用途的情况下，现有的固定成本属于无关成本，所以相关成本中的固定成本总额为零；在需要新购设备或剩余生产能力有其他用途的情况下，相关成本中的固定成本总额应考虑专属成本或机会成本。

二、亏损产品是否停产决策

在企业的生产经营中，某种产品在持续经营期间发生亏损是经常遇到的问题。所谓亏损产品是指在财务会计核算利润时，该产品实现的收入不能补偿其按完全成本法计算的生产成本，即销售毛利小于零的产品。对于亏损产品，企业不能盲目地直接予以停产，需要决策者综合考虑企业各种产品的经营状况、生产能力的利用及有关因素的影响，在采用变动成本法进行分析后，选择停产、继续生产转产或出租等最适合企业利益实现的方案。也就是说，在进行定性分析时，决策者需要明确亏损产品是否能够提供贡献毛益。如果贡献毛益为正数，则说明该亏损产品不应当停产。

在完全成本法下，销售收入不能补偿其全部成本的亏损产品，则应该予以停产。在变动成本法下，根据成本性态分析将总成本进行划分，全部的产品成本包括变动生产成本、变动销售和管理费用，也包括固定制造费用、固定销售和管理费用。在公司的生产经营决策中，因为成本分类不明确，有不少亏损产品在贡献出一部分贡献毛益时反而被停产或转产了，最终造成企业利润总额的下降。

一般来说，亏损产品是否停产应遵循以下原则进行决策：

（1）当亏损产品的生产能力无其他用途时，只要亏损产品能够产生贡献毛益，通常就不应当舍弃。

（2）若亏损产品的生产能力有其他用途，如转产、出租或出售等，只要它们带来的额外收益大于亏损产品所提供的贡献毛益，通常就应当舍弃。

（3）在亏损产品是否停产决策中，定性因素同样重要，需要被考虑，如企业的劳动关系问题。撤销某个产品或某个部门会涉及解雇一部分员工，这样会带来一系列劳动关系问题，不利于维护企业的社会形象。

【思维开拓】

无论是自制与外购决策，还是亏损产品是否停产决策，定性因素都是必须要考量在内的因素。

【例 5-4】 海达公司同时生产 A、B、C 三种产品。三种产品的预计销量和相关成本资料见表 1-5-6。

表 1-5-6　海达公司产品预计销量和相关成本资料

项目	A 产品	B 产品	C 产品
产销量/件	8 000	2 000	4 000
销售单价/元	60	90	80
单位变动成本/元	32	70	42
单位人工小时/元	4	9	6
固定制造费用/元	185 000（按产品工时比例分配）		
销售和管理费用/元	135 000（全部为固定成本）		

要求：（1）编制完全成本法下的预计营业利润表。

（2）亏损产品 B 是否应该停产？

（3）假设 A 产品拥有较广的潜在市场，公司停止生产 B 产品后可将设备用于生产 A 产品，预计需要投入 10 000 元的广告费，则 A 产品的销量能够提升 30%。请你为海达公司做出决策。

任务分析： 海达公司要对亏损产品进行是否停产的决策，首先应计算并判断生产的三种产品哪个为亏损产品，通过对比亏损产品停产前与停产后对海达公司营业利润的影响，判断其是否应该停产。若停产亏损产品后的公司营业利润增加则应停产；反之，则不应停产。同理，若要停产亏损产品转而增加广告费用扩大其他产品销售，也是通过对比亏损产品停产前与停产后对海达公司营业利润的影响，判断其是否应该停产。

解：（1）编制完全成本法下的预计营业利润表，如表 1-5-7 所示。

表 1-5-7 预计营业利润表 单位：元

项目	A 产品	B 产品	C 产品	合计
预计销售收入	480 000	180 000	320 000	980 000
减：销售成本	336 000	185 000	228 000	749 000
变动成本	256 000	140 000	168 000	564 000
固定制造费用	80 000	45 000	60 000	185 000
销售毛利	144 000	−5 000	92 000	231 000
减：销售和管理费用				135 000
营业利润				96 000

其中：

人工工时＝单位人工工时×产销量

$$固定制造费用分配率=\frac{固定制造费用总额}{人工工时总数}$$

$$=\frac{185\ 000}{4\times 8\ 000+9\times 2\ 000+6\times 4\ 000}=2.5\text{（元/小时）}$$

A 产品分配的固定制造费用＝32 000×2.5＝80 000（元）

B 产品分配的固定制造费用＝18 000×2.5＝45 000（元）

C 产品分配的固定制造费用＝24 000×2.5＝60 000（元）

(2) 通过表 1-5-7 我们可以发现，生产 B 产品预计会发生亏损 5 000 元，假设将产品 B 停产，则固定制造费用总额将在产品 A 和产品 C 之间分摊。B 产品停产后的预计营业利润表见表 1-5-8。

表 1-5-8 停产 B 产品后的预计营业利润表 单位：元

项目	A 产品	C 产品	合计
预计销售收入	480 000	320 000	980 000
减：销售成本	361 714	247 286	609 000
变动成本	256 000	168 000	564 000
固定制造费用	105 714	79 286	185 000
销售毛利	118 286	72 714	191 000
减：销售和管理费用		135 000	
营业利润		56 000	

对比 B 产品停产前后的营业利润我们发现，B 产品停产后的营业利润比未停产之前减少了 40 000 元，因此公司不应停产 B 产品。基于变动成本法进行分析，B 产品的贡献毛益(180 000−140 000＝40 000 元）大于零，产生的贡献毛益可以分摊固定成本，影响营业利润。所以，企业的总利润是增加还是减少，要看亏损产品是否能够创造贡献毛益，以分摊不可避免的固定成本。

(3) 转产 A 产品增加的产量＝8 000×30%＝2 400（件）

停产产品转生产 A 产品和继续生产 B 产品两个方案的差量损益分析见表 1-5-9。

表 1-5-9　差量损益分析表　　　　单位：元

项目	停产 B 产品转生产 A 产品	继续生产 B 产品	差异
相关收入	60×2400=144 000	180 000	−36 000
相关成本			
变动成本	32×2 400=76 800	140 000	−63 200
专属成本	10 000		10 000
差量损益		17 200	

通过停产 B 产品转生产 A 产品和继续生产 B 产品两个方案的差量损益分析表，我们可以发现：转产 A 产品比继续生产 B 产品多带来 17 200 元的收益，因而转产更优。但需要注意的是，在此项决策中，定性因素也是不可忽视的内容。比如，停产 B 产品转产 A 产品的方案会不会带来解雇生产 B 产品的员工并招募生产 A 产品的员工等劳动关系问题，在决策时这些问题是不得不面对的现实问题，需要将此问题和 17 200 元的损益结合在一起综合考虑。

三、追加特殊订货决策

追加特殊订货决策是指企业决策者是否接受客户低于标准销售单价的追加订货的选择。一般来说，想要接受特殊订货订单需要遵循以下原则：

（1）企业有闲置或剩余的生产能力。

（2）该客户是非正常性客户，即接受该订单不影响正常的客户销售，他们之间是非相互竞争顾客，没有违反《中华人民共和国价格法》等相关法律法规。

（3）该客户的单位定价高于产品单位变动成本，即产品的单位贡献毛益大于零。

随着互联网时代的到来，基于非正常性客户的特殊订单成为采购商订购低价或临时性货物的一种策略，选择具备资质且有闲置生产能力的生产商是企业取得富有竞争力的产品成本的一个不错选择。《中华人民共和国价格法》第十四条第五项规定：经营者提供相同商品或者服务，不得对具有同等条件的其他经营者实行价格歧视。不过这些限制不适合竞争性投标和非相互竞争的客户。企业对同一市场的不同客户给出的投标价格可以不同，并且企业常有机会从不常打交道的潜在客户处获得特殊订单。追加特殊订货决策指企业应接受还是拒绝特定价格的订单。在企业还未充分利用其生产能力的时候，这些订单更加的具有吸引力。

【例 5-5】海达公司销售男装、女装和童装等商品。其中，男装每件需 80 机器工时，单价为 1 250 元，单位产品成本为 1 050 元（直接材料 800 元、直接人工 150 元、变动制造费用 50 元、固定制造费用 50 元），现有剩余生产能力 4 000 机器工时。目前，公司收到一客户提出的追加订货 40 件，并增加一些新的工艺的要求。为此，公司需购置一台新设备，新设备年使用成本为 3 000 元，但该客户购买男装的单价仅为 1 150 元。

要求：（1）假定公司的剩余生产能力不能另做安排，那么是否接受该批订货？

（2）如果客户提出追加订货的数量变为 80 件，追加订货价格不变，公司又该如何决策？

任务分析：根据题中已知的相关信息我们可以知道，公司现有剩余生产能力 4 000 机器工时能够满足追加订货 50 件$\left(\frac{4\ 000}{800}=50\text{ 件}\right)$，而该客户追加订货 40 件，接受该订单也不会影响公司正常的生产销售。已知低于正常售价的报价、单位变动成本和相关成本，我们可以进一步计算接受追加特殊订货方案的相关损益情况，若相关损益大于零，则公司可以接受该订单。当客户追加的订货数量变为 80 件，超出剩余生产能力的承担水平，意味着接受该订单会影响公司正常的 30 件男装的生产销售。此时，我们应将原有 30 件男装所创造的贡献毛益额作为机会成本予以考虑。

解：根据题中的已知资料，计算得到接受追加订货方案的相关损益如表 1－5－10 所示。

(1) 当特殊追加订货量为 40 件小于剩余生产能力可承受的订货数量 50 件时，公司除了需考虑增购的新设备产生的相关成本（专属成本）以外，不涉及其他成本。此时，相关损益为 3 000 元，由于相关损益大于零，公司可以接受客户的追加订单。

(2) 当特殊追加订货量为 80 件大于剩余生产能力可承受的订货数量 50 件时，即实际追加生产 50 件，占用正常生产销售 30 件。此时，公司除需考虑增购的新设备产生的相关成本（专属成本）外，还需要考虑占用正产生产销售 30 件男装用来交货所减少的贡献毛益，占用正常销售减少的贡献毛益为（1 250－1 150）×30＝3 000 元，这 3 000 元应作为机会成本计入相关成本，此时相关损益为 1 500 元。由于相关损益大于零，则客户提出追加订货数量变为 80 件，追加订货价格不变的要求是可以接受的。

表 1－5－10　追加特殊订货的相关损益分析表　　　　单位：元

项目	接受追加订货 40 件	接受追加订货 80 件
相关收入（相关业务量×订单售价）	40×1 150＝46 000	50×1 150＝57 500
减：相关成本	43 000	56 000
其中：差量成本（增加的变动成本）	40×1 000＝40 000	50×1 000＝50 000
专属成本	3 000	3 000
机会成本（占用正常销售减少的贡献毛益）	0	3 000
相关损益	3 000	1 500

四、半成品或联产品销售或进一步加工决策

半成品是指在企业内部已经完成一定加工程序，既可以直接对外销售，也可以继续对其进行深加工后再出售的存货。在公司存在剩余产能的情况下，半成品的处置方式能够对企业的利润带来影响。

联产品是指使用同种原料，经过同一生产过程同时生产出来的两种或两种以上的主要产品。联产品在分离点前共同加工并发生相同的成本，产品分离的瞬间称为"分离点"，这部分成本叫作共同成本，是联产品在分离点是否出售决策中的无关成本。在分离点上，它们成为不同的产品。如，某金属矿含有铜和金，在铜和金分离之前，只能共同进行开采、粉碎和加工。采矿、粉碎和加工成本是两种产品的共同成本。联产品通常在分离点出售，但有时某种联产品在分离后会继续加工再出售，这样能获利更多。联产品出售或继续加工是管理者所面临的一项重要决策。

当半成品（或分离点的联产品）可以对外销售时，存在是直接出售还是进一步加工成产成品再出售的问题。对于这类问题，决策者只需考虑进一步加工后增加的收入是否超过增加的成本即可，如果前者大于后者（差量损益大于零），则应将半成品进一步加工为产成品出售；反之，则应作为半成品销售。半成品或联产品进一步加工前的成本与决策无关，属于无关成本，不必予以考虑。半成品（或联产品）的售价和成本往往都低于进一步加工后的产成品的售价和成本。半成品（或联产品）是否进一步加工，可按下列公式计算、确定。

（1）应进一步加工的条件如下所示：

（进一步加工后的销售收入－半成品的销售收入）＞进一步加工增加的成本

（2）应出售半成品的条件如下所示：

（进一步加工后的销售收入－半成品的销售收入）＜进一步加工增加的成本

在以上两个计算公式中，比较符号的左边是差量收入，右边是差量成本。另外，进一步加工后的成本包括追加的变动成本和专属固定成本。

【例 5-6】海达公司每年生产、销售甲产品 4 000 件，每件产品的变动成本为 10 元，售价为 16 元，如果把甲产品进一步加工成乙产品，售价可提高到 25 元，单位变动成本会增加到 18 元，同时会发生专属固定成本 800 元。直接出售甲产品或进一步将其加工成乙产品再出售，哪个决策对海达公司更有利？

解：差量收入＝（25－16）×400＝36 000 元

差量成本＝（18－10）×4 000＋800＝32 800 元

差量收入大于差量成本（36 000 元＞32 800 元），说明进一步加工成乙产品再出售可多获得利润 3 200 元，所以公司应选择将甲产品进一步加工成乙产品再出售。

任务四　定价决策

定价决策分析

在我国的社会主义市场经济条件下，企业之间的竞争在某种程度上可以理解为价格的竞争。企业对劳动和产品的定价是企业在组织好生产经营活动后面临的问题，也是一项非常重要的决策。如果企业没有掌握好定价的方法，定价过低，则企业收入降低，利润减少；定价过高，企业的收入可能会随着销售的下降而下降，从而影响企业在市场上所占的份额，降低企业的竞争力。因此，既要保证企业赢利又要使企业在市场上具有较强的竞争力，定价是企业不能回避的问题。企业必须针对不同产品、不同情况进行具体分析，无论企业出于什么样的定价目标，都应考虑产品的成本、市场的供需关系、产品的生命周期、市场的竞争类型，以及经营范围所在地的价格政策、法规等会对产品定价产生影响的因素，有针对性地选择定价策略。

一、定价目标及策略

在日常的生产经营活动中，企业管理层必须要为其生产的产品或提供的服务做出合理的定价决策，以确保企业实现长远利益和最佳经济效益。在为产品定价之前，决策者首先应明确企业的定价目标，并考虑影响价格的各种因素。在实务中，企业通常以获得最大利润、提高市场占有率、适应或避免竞争为定价目标。但无论以什么为定价目标，企业一般应考虑产品的成本、市场的供求关系、产品的生命周期、市场的竞争类型，以及相应的价格政策、法规等影响产品定价的因素。企业可选择的定价策略有以下几种。

（一）需求价格弹性定价策略

从身边的生活中，我们不难发现，当一种商品的价格发生变化时，这种商品的需求量也会发生变化。除此之外，当消费者的收入水平或者相关商品的价格等其他因素发生变化时，这种商品的需求也会发生变化。同样地，当一种商品的价格发生变化，或者这种商品的生产成本等其他因素发生变化时，这种商品的供给量也会发生变化。由此，我们会很自然地想知道，如果一种商品的价格下降1%，那么这种商品的需求量和供给量究竟分别会上升和下降多少呢？当消费者的收入水平上升1%时，商品的需求量又增加了多少呢？这反映的就是弹性问题。一般来说，只要两个经济变量之间存在着函数关系，我们就可以用弹性来表示因变量对自变量变化的反应的敏感程度。

需求价格弹性表示在一定时期内一种商品的需求量变动对于该商品的价格变动的反应程度。或者说，表示在一定时期内当一种商品的价格变化百分之一时所引起的该商品的需求量变化的百分比。其计算公式为：

$$\text{需求价格弹性系统}（E）=\frac{\text{需求量变动率}}{\text{价格变动率}}$$

由于需求规律的作用，价格和需求量是成相反方向变化的，价格下跌，需求量增加；价格上升，需求量减少。需求量和价格的相对变化量符号相反，所以需求价格弹性系数恒为负值，其绝对值可以反映出需求与价格变动水平的关系：

（1）当 $|E|>1$ 时，表示富有弹性或弹性大，表明价格以较小幅度变动时，可使需求量产生较大幅度的反弹；

（2）当 $|E|<1$ 时，表示缺乏弹性或弹性小，表明价格变动幅度即使很大，需求量的变化幅度也不会太大；

（3）当 $|E|=1$ 时，表示单一弹性，表明需求量受价格变动影响的幅度完全与价格本身变动的幅度一致。

需求价格弹性系数的大小说明了产品价格与需求之间反方向变动水平的大小。对于弹性大的产品，企业如果提高其价格将导致销售量迅速下降，而降低其价格却会促使需求量大大提高，因此应适当降低其价格，刺激需求，薄利多销。对于弹性小的产品，当产品价格变动时，需求量的相应增减幅度很小，这类产品的价格不仅不应调低，相反在条件允许的范围内企业应适当调高其价格。对于单一弹性的产品，前两种价格策略均不适用，企业只能选择其他的价格策略。

【思维开拓】

大米涨价了，人们也得买；而黄金饰品涨价了，人们则会以后再买。思考大米和黄金饰品分别属于需求价格弹性中的哪种情况。

（二）需求心理定价策略

需求心理定价策略是指销售企业根据消费者的心理特点，迎合消费者的某些心理需要而采取的一种定价策略。通常情况下，这种策略被运用在零售环节，具体方法如下：

1. 尾数定价法

尾数定价法指销售企业在定价时让产品价格的尾数为非整数的定价法，即给产品定一个带零头的价格。消费者会认为这种价格是经过精心计算得到的，对这种产品产生一种信任，如 9.9 元、99 元、999 元等，相差 1 个单位就会对消费者的心理产生影响，消费者求廉的心理会促使他们选择购买商品。这种方法一般多用于中、低档的生活用品。

2. 整数定价法

整数定价法与尾数定价法虽然都是利用消费者心理的定价策略，但是却有着明显的不同。整数定价法给产品确定的售价是不带零头的，销售企业相信消费者有购买意愿时不会在意相对整体价格不大的尾数，大多数高档消费品和高价商品更适合这样的定价策略。

3. 声望定价法

声望定价法指根据消费者对某些产品的信任，以及消费者对名牌、高奢品牌的追捧来定价的方法。消费者会产生一种“价高质更优”的心理。采用这种定价策略的企业，一般情况下会把产品价格定成整数或一个较高的价格。实际价值不容易鉴别的商品适合此种定价方法。

4. 觉察价值定价法

觉察价值定价法不是基于卖方成本费用水平来定价，而是按照买家体验到的价值感受来定价的一种方法。企业在市场营销的过程中注重非价格变量（如环境氛围、广告宣传等）对消费者的影响，使消费者自然地认为同样原料、质量等级的产品可以有不同的定价。如，各种宠物咖啡店、主题餐饮店。觉察价值定价的关键在于，企业对购买者所接受的价值能够正确估计，如果估计过高，不合理的定价反而会影响产品的销售量，甚至影响企业的形象；反之，估计过低会减少企业的利润空间。

5. 促销定价法

促销定价法利用部分顾客的求廉心理，有意突显几种商品的低价或降价幅度，甚至以接近或低于成本的价格出售，以借助几种“福利”产品带动其他产品的销售，追求总体经济效益的最大化。

（三）差异化定价策略

差异化定价策略是指企业根据消费者的不同需求来对同一种产品或劳务制定不同的价格的策略。这种价格差异主要反映的是需求的不同，而不反映成本费用上的差异。差异化定价策略主要有以下四种。

1. 消费者对象不同的差异定价

消费者对象不同的差异定价即企业按照不同的价格把同一种产品或劳务卖给不同的消费对象。由于消费者的收入水平、需求层次不同，他们对同一产品或劳务的需求状况也不相同。为了满足不同层次消费者的需求，企业对同一产品或劳务可以实行差别定价。如，公园门票、高铁车票、飞机机票实行学生优惠制度等。

2. 产品型号或形式不同的差异定价

产品型号或形式不同的差异定价是指企业对不同型号或形式的产品分别进行定价的方法。但是，这些不同型号或形式的产品其内部结构及成本大致相同。如，我们在网络平台购物时，购买某一品牌化妆品，常规瓶装化妆水和“双十一盛典”专享的化妆水，实际支付的价格略有不同，但化妆水的成分和质量并无差别。

3. 所处位置不同的差异定价

所处位置不同的差异定价就是企业依据所处地理位置不同对同一产品或劳务分别进行定价的方法，即使这些产品或劳务的成本费用没有任何差异。如，明星演唱会的座位，其成本费用都一样，但会按其远近和偏斜程度制定不同的票价。

4. 销售时间不同的差异定价

销售时间不同的差异定价是指企业在不同季节、不同日期甚至不同钟点对于同一产品或劳务分别进行定价的方法。这种定价策略适合与季节或时间有紧密需求关联的产品。例如，冬装在每年 11 月开始上市，价格比较贵，但是到了来年 1 月下旬开始降价，到了 2 月下旬开始上新款后，冬装的价格则达到低谷并开始进行处理。

二、定价决策方法

定价决策的方法主要有以下两种：

（一）成本加成定价法

由于计算成本的方法有完全成本法和变动成本法，两种方法计算出来的成本内涵各不相同，因此成本加成定价法又分为完全成本加成定价法和变动成本加成定价法。

1. 完全成本加成定价法

完全成本加成定价法又称为“全额成本定价法”，就是在产品完全成本的基础上，加上一定比例的利润来为产品定价的一种方法。加成的利润比例一般参照同类产品的成本利润率来确定。

完全成本加成定价法的基本计算公式为：

$$\text{单位产品售价}=\frac{\text{产品完全成本总额}}{\text{产量}}\times（1+\text{加成比例}）$$

以完全成本为基础的成本加成定价法具有以下几方面的优缺点：

（1）从长远来看，产品或劳务的价格必须要补偿全部成本并应获得正常利润，全部成本可以证明产品或劳务价格的正确性。

（2）全部成本的信息容易从财务部门获得，因此相应的单位产品价格计算就比较简单，易于理解。

（3）由于全部成本中存在分配的间接固定制造费用，因此当产销存在严重不平衡时，企业以此为基础预计的单位产品完全成本就和实际数相差太远，从而导致确定的单位产品价格不合理。

（4）完全成本加成定价法并未区分变动成本和固定成本，这就不便于企业进行本量利分析，不能预测价格和销售量的变动对利润的真正影响程度。因此，该方法不适用于短期定价决策。

2. 变动成本加成定价法

变动成本加成定价法是以产品的单位变动制造成本为加成的基础进行定价的一种方法。这种方法既适用于产品的正常定价，也适用于特殊订货产品的定价。在实际工作中，我们可以将变动成本加成定价理解为按照产品的变动成本加上一定数额的贡献毛益（销售收入与变动成本的差额），来作为产品的销售价格。也就是说，只要产品的销售价格能够补偿其变动成本，即销售的价格大于单位变动成本，这一价格就可以接受。这种定价方法一般适用于企业利用剩余生产能力，接受追加订货的情况。其计算公式如下：

单位产品售价＝单位产品变动成本×（1＋加成比例）

以变动成本为基础的成本加成定价法具有以下几方面的优缺点：

（1）变动成本注重的是与产品或劳务相关的成本，它不要求将共同性的固定成本分配到各个产品或劳务上。在短期定价决策中，最低价格通常就是接受订单所增加的变动成本，所以它更适用于这类决策。

（2）由于变动成本加成定价法区分变动成本和固定成本，因此我们可以利用本量利分析来观察价格和销售量的变动对利润的敏感程度。这有助于管理部门进行盈亏平衡分析和贡献毛益分析，从而确定合理的单位产品价格。

（3）以变动成本为基础的成本加成定价法的缺点是，如果企业将产品或劳务的变动成本作为定价的最低限额，而固定成本在企业成本中占很大比重，那么就有可能将价格定得太低而不能弥补固定成本，最终给企业带来严重的影响。

（二）目标成本定价法

目标成本定价法是指以顾客愿意支付的价格（目标价格）为基础确定产品或服务的成本的方法。大多数的美国公司和几乎全部的欧洲公司采用成本加上目标利润来确定新产品的价格，原因是企业必须实现足够的收入以补偿全部成本并创造利润。

目标成本定价法是一种由价格来推定成本的方法。销售部门先确定顾客最可能接受的产品特性和价格，然后由产品研发部门着手设计和开发产品，确保该价格能补偿成本并创造利润。例如，AT 液压公司受外部环境不向好、市场竞争激烈的影响不得不注重成本控制。AT 公司结合年度销售任务和市场情况，确定 2022 年的目标收入为 889 万元，比 2021 年的收入增加 12%。AT 公司 2021 年的营业利润率为 13%，根据其发展战略，公司要在未来两年内扩大生产规模，为了获得足够的资金，AT 公司将 2022 年目标利润率定为 19%。根据采购部提供的供应商和原材料价格信息，以及技术部、生产部和质量部基于价值工程等测算的产品成本信息，财务部考虑投入产出后，认为该目标利润率可行。最终，AT 公司 2022 年目标成本定为 720.09 万元，成本差异为－53.34 万元（889×87%－720.09），即需要降低成本 53.34 万元。通过落实成本控制方案，AT 公司最终降低成本 61.21 万元，实际完成比例达到 114.8%。目标成本定价法的应用流程如图 1-5-2 所示。

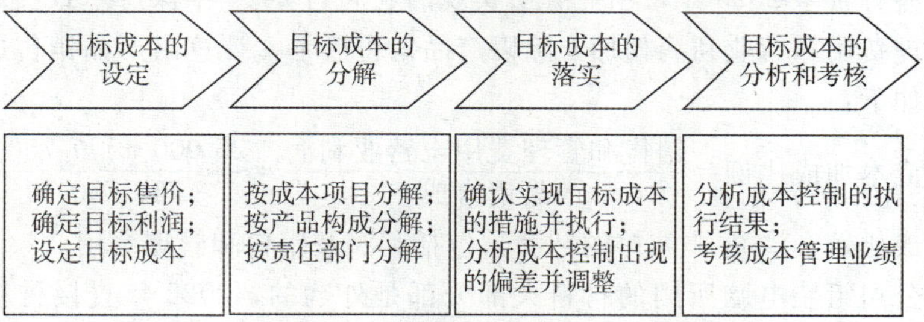

图 1-5-2 目标成本定价法的应用流程

目标成本定价法具有下列几个方面的特征：

（1）顾客导向以求取竞争优势；

（2）以市场价格作为上限，谋求成本降低；

(3) 在产品生命周转期的初期阶段使设计者注重成本的降低；

(4) 采用跨部门的团队合作方式帮助各部门管理者在未开始生产产品前就衡量产品的功能、消费者需要、产品的成本和利润；

(5) 采用价值工程等方法去维持产品功能并降低产品成本。

采用目标成本定价法时的准备工作比采用成本加成定价法时的准备工作要多。而且需要注意的是，如果以成本为基础进行加成后的价格超过顾客的承受能力，则还要把成本降低到能维持一个较低价格的程度，否则企业就要承担推动市场的机会成本。企业在产品寿命周期的设计和开发阶段运用目标成本定价法比较有效，因为此方法更方便调整产品的特性和控制成本。

【例 5-7】盛辉在大学毕业后自主创业，成立了一间以电脑组装、销售、维修、维护为主要业务的公司。组装电脑时需要的配件和其他直接材料的成本易于追溯，直接人工包括装配工人的工资 12 元每小时，公司还额外支付工资额的百分之二十五作为津贴。2022 年，盛辉公司承接了 650 笔业务，平均每项业务用时 5 小时。制造费用包括电费、小型工具耗材费和场地费，合计 80 000 元，盛辉公司 2022 年的收益情况见表 1-5-11。

表 1-5-11　盛辉公司 2022 年的营业利润表　　　　单位：元

项目	金额
销售收入	856 500
销售成本	713 750
其中：直接材料	585 000
直接人工	48 750
制造费用	80 000
销售毛利	142 750
销售和管理费用	25 000
营业利润	117 750

要求：运用成本加成定价法帮助盛辉公司进行 2023 年的定价决策。

解：加成可运用各种基数来计算，根据不同的基数确定加成比例。

(1) 假设盛辉希望 2023 年每项业务所实现的利润与 2022 年保持一致，那么他可以将销售费用、管理费用和营业利润相加，除以产品销售成本，计算出产品销售成本的加成比例，计算公式如下：

$$\text{产品销售成本加成比例}=\frac{\text{销售和管理费用}+\text{营业利润}}{\text{产品销售成本}}=\frac{25\ 000+117\ 750}{713\ 750}=20\%$$

此时，加成比例 20%并非纯粹的利润，包括利润及销售和管理费用。

(2) 盛辉公司组装电脑所用的材料大部分都是外购的，2022 年直接材料的加成比例为其他所有成本和利润的 46.4%，计算如下：

$$\text{直接材料加成比例}=\frac{\text{直接人工}+\text{制造费用}+\text{销售和管理费用}+\text{营业利润}}{\text{直接材料}}$$

$$=\frac{48\ 750+80\ 000+25\ 000+117\ 750}{585\ 000}=46.4\%$$

假如公司营业量和其他费用保持不变，46.4%的直接材料成本加成比例也能使公司获得相同的利润额。公司选择的成本基数和加成比例主要是基于便捷性的考虑。如果盛辉发现直接人工与直接材料成本大致成比例变动（配件越多，所需安装时间越多），直接材料成本比产品销售成本更容易确定，那么以直接材料成本作为基数可能更好。

当盛辉公司 2023 年组装 100 台电脑时，假设预计产品销售成本为 114 400 元，根据估算的产品销售成本加成比例 20%，可以确定报价为 137 280 元。同理，我们可以预估出 2023 年盛辉公司的直接材料，然后根据估算的直接材料加成比例 46.4%，即可确定报价。

【思维开拓】

如果盛辉公司对每项业务都按成本加成 20%来定价，就能确保公司盈利吗？不是的，如果获得的业务量过少，那么全部的加成将不够用来补偿销售和管理费用，那么公司将无法盈利。

【项目习题】

一、单项选择题

参考答案

1. 下列各项属于无关成本的是（　　）。

A. 机会成本　　B. 差量成本

C. 沉没成本　　D. 重置成本

2. 下列各项属于战略决策的是（　　）。

A. 机器设备的采购　　B. 人力的调度

C. 企业的经营目标　　D. 材料的采购

3. 某公司有 3 000 件积压的在产品，总制造成本为 60 000 元。如果公司花 40 000 元对其进行进一步加工，再出售该批商品可取得销售收入 75 000 元。该批商品也可卖给某批发公司，可取得销售收入 50 000 元。在分析这两个备选方案时，沉没成本是（　　）。

A. 50 000 元　　B. 10 000 元　　C. 40 000 元　　D. 60 000 元

4. 亏损产品只要符合下列各项条件，就不应该停产的是（　　）。

A. 单位边际贡献大于零

B. 单位变动成本大于零

C. 单位边际贡献小于零

D. 单位利润等于零

5. 下列各项属于成本基础加成定价的是（　　）。

A. 产品销售成本的加成　　B. 产品生产成本的加成

C. 产品管理费用的加成　　D. 产品全部成本的加成

二、多项选择题

1. 按照成本无差别点分析，如果业务量 x 的取值范围为 $x>x_0$，则应选择（　　）。

A. 固定成本较大的方案　　B. 固定成本较小的方案

C. 单位变动成本较大的方案　　D. 单位变动成本较小的方案

2. 经营决策按决策问题所处条件不同分为（　　）。

A. 确定型决策　　B. 风险型决策

C. 不确定型决策　　D. 独立性决策

3. 决定价格的两种因素是（　　）。

A. 需求量　　B. 生产量　　C. 供应量　　D. 采购量

4. 目标成本定价法的主要优点包括（　　）。

A. 突出从原材料到产品出货全过程的成本管理，有助于提高成本管理的效率和效果

B. 强调产品寿命周期成本的全过程和全员管理，有助于提高客户价值和产品市场竞争力

C. 谋求成本规划与利润规划活动的有机统一，有助于提升产品的综合竞争力

D. 能够提供更加准确的各维度成本信息，有助于企业提高产品定价、作业与流程改进、客户服务等决策的准确性

5. 采用特殊订单决策，必须具备的条件是（　　）。

A. 顾客为非正常性顾客

B. 公司有闲置生产能力

C. 产品单位变动成本小于顾客的订单价格

D. 产品单位成本小于顾客的订单价格

三、判断题

（　　）1. 如果决策中的相关成本只有变动成本，在这种情况下，企业可以直接比较两个不同方案的边际贡献，边际贡献最大者为最优方案。

（　　）2. 机会成本是指两个不同备选方案预计未来成本的差额。

（　　）3. 在经营决策中，决策者要将定性因素和定量因素分析结合起来。

（　　）4. 当项目出现亏损时，企业就应该立即停产该项目。

（　　）5. 所有固定成本都是跟决策无关的无关成本。

四、计算分析题

1. 千诚公司生产轻型室内固定装置，年生产能力为 300 000 台。由于室内装修市场不景气，千诚公司预计明年只生产固定装置 80 000 台，单位成本为 8 元（其中，直接材料为 2 元/台，直接人工为 1 元/台，变动性制造费用为 3 元/台，固定性制造费用为 2 元/台）。该公司每年的固定性销售费用为 500 000 元，单位变动性销售费用为 1 元。固定装置正常销售单价为 12 元。

今年年初，公司收到一笔出价 70 万元购买 100 000 台固定性装置，且由购买方支付运费的订单，该笔订单不涉及新增变动性销售费用。假设除了正常业务和该特殊订单以外，无其他订单。试分析：千诚公司是否应接受该笔订单？可以通过定性和定量分析来进行决策。

2. 某公司需要的甲零件可以自制也可以外购，自制的单位变动成本为 8 元，专属固定成本总额为 6 000 元；外购的单价为 10 元。

要求：（1）请做出是自制还是外购的决策。

（2）若该零件全年需求量为 5 000 件，自制的生产能力可以对外出租，出租可获租金 20 000 元，请做出是自制还是外购甲零件的决策。

点睛记忆

知识点	内容		记忆程度
决策的分类	长期决策和短期决策； 战略决策和战术决策； 确定型决策、风险型决策、不确定型决策； 独立方案决策、互斥方案决策、组合方案决策		
决策的一般程序	确定决策目标，明确决策问题； 收集相关信息，加工处理数据； 拟定备选方案； 科学确定最优方案； 组织实施方案，监控反馈结果		
成本决策	相关成本	差量成本与边际成本、机会成本、付现成本、专属成本、重置成本	
	无关成本	沉没成本、共同成本、约束性成本	
	成本决策方法	利润总额分析法、差量损益分析法、成本无差别点法	
生产决策	自制或外购决策	定量分析：自制的相关成本、外购的相关成本； 定性分析：需要考虑员工就业问题、产品质量问题、和供应商的相互关系等	
	亏损产品是否停产决策	定量分析：相关亏损产品的贡献毛益是否为负，如果为负，则停止生产；如果为正，则需要考虑共同成本的分摊问题，需要考虑进一步生产和替代生产等相关成本； 定性分析：需要考虑员工就业问题、产品质量问题、和供应商的相互关系等	
	追加特殊订货决策	是否有闲置生产能力； 是否是非正常性客户，会不会影响正常销售； 单位变动成本是否小于非正常性客户的定价	
	半成品（或联产品）销售或进一步加工决策	比较销售和进一步加工的相关成本和收益，增量损益为正，则进一步加工，否则直接销售	
定价决策	定价策略	需求价格弹性定价策略（需求价格弹性系数：富有弹性、缺乏反弹性、单一弹性）	
		需求心理定价策略（尾数定价法、整数定价法、声望定价法、觉察价值定价法、促销定价法）	
		差异化定价策略（消费者对象不同、产品型号或形式不同、所处位置不同、销售时间不同）	
	定价决策方法	成本加成定价法 目标成本定价法	

长期投资概述

项目六　开展长期投资决策分析

知识目标

1. 理解长期投资的定义、特征、影响长期投资决策的重要因素，了解投资的分类。
2. 了解现金流量的定义与内容。
3. 掌握长期投资方案评价方法的计算原理。

技能目标

1. 能够根据企业实际，正确估算项目现金流量。
2. 能够根据企业实际，对单一项目进行可行性分析。
3. 能够根据企业实际，对互斥项目进行比较与优选。

【案例导入】

宏盛公司是一家主营母婴商品的公司。近年来，公司效益较好。公司效益好的原因是产品质量好、价格亲民、公司内部管理得当等，当然这也离不开公司员工较强的责任心和团队意识。“同舟共济扬帆起，乘风破浪万里航”。每位员工都会积极地为公司建言献策，公司管理层也会积极采纳并做好相应工作。近期，公司财务部反映：公司效益良好，有了一笔闲置资金，是否考虑将其用于投资，以便创造更好的效益，提高资金的使用效率。投资管理部门快速拟定了几个投资项目。经过上级领导的多次开会讨论，决定购买一处房产。房产开发商提出两种方案：一是现在一次性付350万元，二是5年后付385万元。

思考：（1）谈谈你在该案例中受到了哪些启发。

（2）该公司最后决定购买一处房产，它属于什么投资呢？

（3）若目前的银行存款利率是6%，对于上述两种方案，该公司应如何选择呢？

任务一　长期投资概述

一、长期投资的定义

长期投资是指不准备随时变现，持有时间超过一年的企业投资。长期投资也可以理解为，不准备在一年或长于一年的经营周期之内变现的投资。长期投资与短期投资的区别不仅在于投资期限的长短，而且在于投资目的的不同。长期投资的目的在于持有而不在于出售。例如，购建机器设备、兴建厂房、购买股票与债券等经济行为，均属于长期投资行为。

二、长期投资的特征

（一）投资金额大

长期投资需要的投资金额一般都比较大，往往是企业多年的资金积累，在企业总资产中占很大比重。因此，长期投资对企业未来的财务状况和现金流量有着相当大的影响。

（二）影响时间长

长期投资的投资回报周期一般都比较长，企业持有长期投资的时间往往超过一年。企业如果想要获得可观的经济效益，就必须适当延长投资期。因此，长期投资的影响时间比较长。

（三）变现能力差

长期投资的影响时间长，投资金额大，变现能力也较差。长期投资形成后，项目处于自有周期范围内，如果企业停止项目的运行，就会造成损失。而且由于投资的金额大等，其他经营者很难快速接手。

（四）投资风险大

长期投资项目周期长，面临的不确定因素较多，如原材料供应情况、市场供求关系、技术进步速度、行业竞争程度、通货膨胀水平等，都会影响投资的效果。所以，长期投资面临的投资风险较大。

三、影响长期投资决策的重要因素

长期投资不仅需要投入较多的资金，而且影响的时间长，投入资金的回收和投资所得的收益都要经历较长的时间才能完成。在进行长期投资决策时，企业一方面要对各方案的现金流入量和现金流出量进行预测，正确估算出每年的现金净流量；另一方面要考虑资金的时间价值，还要计算出为取得长期投资所需资金付出的代价，即资金成本。因此，现金净流量、资金时间价值和资金成本是影响长期投资决策的重要因素。

四、投资的分类

根据不同的标准，投资可以分为不同的种类，包括：

1. 直接投资和间接投资。分类标准为投资活动与企业本身生产经营活动的关系。
2. 项目投资与证券投资。分类标准为投资对象的存在形态和性质。
3. 发展性投资与维持性投资。分类标准为投资活动对企业未来生产经营前景的影响。
4. 对内投资与对外投资。分类标准为资金投出的方向。
5. 独立投资与互斥投资。分类标准为投资项目之间的相互关联关系。

【思维开拓】

股票投资与债券投资属于间接投资，而发行股票与发行债券属于直接筹资。

任务二　资金时间价值

资金时间价值

一、资金时间价值概述

（一）定义

资金时间价值是指资金在使用过程中随时间推移而发生的增值。其本质是资金周转后带来的增值。由于长期投资的投资额大，投资收益回收时间长，因此企业为了正确评价长期投资各备选方案，必须考虑资金的时间价值。

假设银行存款的年利率为3%，如果我们今天存入银行100元，一年以后就能得到本息和103元。经过一年的时间，100元产生的增值额为3元。说明今天的100元和一年后的103元等值。换句话说，增值额3元是因为放弃现在使用货币的机会，可以按一定利率和放弃时间长短计算其报酬，这种报酬就是资金时间价值。所以说，今天的一元钱比明天的一元钱值钱。

为了能够更加准确地理解资金时间价值，我们可进一步思考，在购买汽车时，是花费10万元一次性全款购买，还是签订3年的车贷，每月支付3 000元划算？要回答这个问题，我们首先要把两个方案折算到同一个时点上，然后再进行对比。

（二）理论计量

在利润平均化规律的作用下，资金时间价值的一般表现形式是在没有风险和通货膨胀条件下的社会平均资金利润率（纯利率）。实际上，为了获得收益的投资在一定程度上都存在风险，在市场经济条件下通货膨胀也是客观存在的。利率既包含纯利率，也包含风险收益率和通货膨胀补偿率。只有在通货膨胀率很低的情况下，方可将几乎没有风险的政府债券的利息率视同资金时间价值。利率的计算公式如图1-6-1所示。

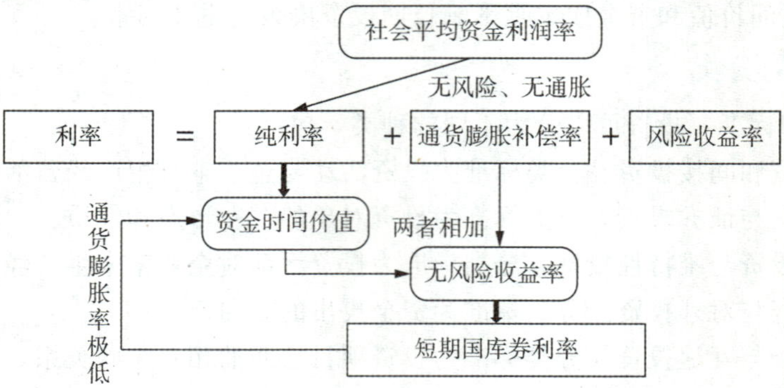

图1-6-1　利率的计算公式

（三）几个相关概念

终值又称“将来值”，是现在一定量的货币折算到未来某一时点所对应的金额，对应现实生活中的计算利息时的“本利和”。终值的英文为Future Value，通常用字母“F”表示。现值指未来某一时点上一定量的货币折算到现在所对应的金额，对应现实生活中的计算利息时的“本金”。现值的英文为 Present Value，通常用字母“P”表示。

利息率的英文为 interest rate，通常用字母“i”表示。

计息期数的英文为 number，通常用字母“n”表示。

二、资金时间价值的计算

（一）单利的计算

1. 单利的定义

单利是指只有本金计算利息，所生利息均不加入本金重复计算下一期利息的计息方法。

2. 单利的计算公式

单利终值：$F=P\ (1+i\times n)$

单利现值：$P=\dfrac{F}{1+i\times n}$

【例 6-1】 张平将 1 000 元存入银行，银行的年利率为 5%，问 5 年后得到的本利和为多少？

解：$F=1\,000+1\,000\times5\%\times5=1\,000\times(1+5\%\times5)=1\,250$（元）

银行的年利率为 5%，若 5 年后能取出 1 250 元，那么他现在存了多少？

$P=\dfrac{1250}{1+5\%\times5}=1\,000$（元）

（二）复利的计算

1. 复利的定义

复利是指每经过一个计息期，需要将所生利息加入本金，作为新的“本金”计算利息，俗称“利滚利”。

注：资金时间价值的计算采用复利计息方式。

2. 复利终值

【例 6-2】 张平将 1 000 元存入银行，银行的年利率为 5%，问 5 年后得到的本利和为多少？

解：$F_1=1\,000+1\,000\times5\%=1\,000\times(1+5\%)$

$F_2=1\,000\times(1+5\%)\times(1+5\%)=1\,000\times(1+5\%)^2$

………

$F_5=1\,000\times(1+5\%)^5$

推导出公式：$F_n=P\ (1+i)^n$

其中，$(1+i)^n$ 为复利终值系数，记为（F/P，i，n）。

所以，上述公式也可写作 $F_n=P\ (F/P,\ i,\ n)$。

在上述案例中，张平 5 年后得到本利和为 $F_5=1\,000\ (F/P,\ 5\%,\ 5)$

查复利终值系数表 $(F/P,\ i,\ n)=1.276\,3$

即 $F_5=1\,000\times1.276\,3=1\,276.3$（元）

3. 复利现值

复利现值可由复利终值倒推出来。

复利终值的计算公式为 $F_n=P(1+i)^n$，那么复利现值的计算公式为 $P=\frac{F}{(1+i)^n}=F(1+i)^{-n}$。

其中，$(1+i)^{-n}$ 为复利现值系数，记为 $(P/F, i, n)$。

所以，复利现值的计算公式也可写作 $P=F(P/F, i, n)$。

【例 6-3】 张平若想在 5 年后得到本利和 1 000 元，银行的利率为 5%，问张平现在应该在银行存入多少钱？

解：$P=1\,000(P/F, 5\%, 5)$

查询复利现值系数表，$(P/F, 5\%, 5)=0.783\,5$

$P=1\,000\times0.783\,5=783.5$（元）

注：

（1）由终值求现值的过程称为“折现（贴现）”，折现时使用的利息率称为“折现率”。

（2）由复利终值公式 $F=P(1+i)^n$ 与复利现值公式 $P=F(1+i)^{-n}$ 我们可以看出，复利终值和复利现值互为逆运算；复利终值系数 $(1+i)^n$ 和复利现值系数 $(1+i)^{-n}$ 互为倒数。

（3）如果其他条件不变，当期数为 1 时，复利终值和单利终值是相同的。

【思维开拓】

$(P/F, i, 9)$ 与 $(P/F, i, 10)$ 分别表示 9 年期和 10 年期的复利现值系数，二者的数量关系为 $(P/F, i, 9)=(P/F, i, 10)\times(1+i)$。原因是 $(P/F, i, 10)=\frac{1}{(1+i)^{10}}$。

因为 $(P/F, i, 9)=\frac{1}{(1+i)^9}$，所以 $\frac{1}{(1+i)^9}=\frac{1}{(1+i)^{10}}\times(1+i)$。

即 $(P/F, i, 9)=(P/F, i, 10)\times(1+i)$。

（三）年金的计算

4. 普通年金

（1）年金的概念和类型

年金是指间隔期相等的系列等额收付款项，通常记作 A，如图 1-6-2 所示。折旧、利息、租金、保险费等通常表现为年金形式。年金按其每次收付款项发生的时点不同，可以分为普通年金、即付年金、递延年金、永续年金等类型。

图 1-6-2　年金示意图

（2）年金的特点

系列：通常是指多笔款项，而不是一次性款项。

定期：每间隔相等时间（未必是 1 年）发生一次。

等额：每次的发生额相等。

（3）普通年金终值

普通年金终值是指 n 笔年金在最后一笔年金发生时点上的复利终值之和，如图 1－6－3 所示。

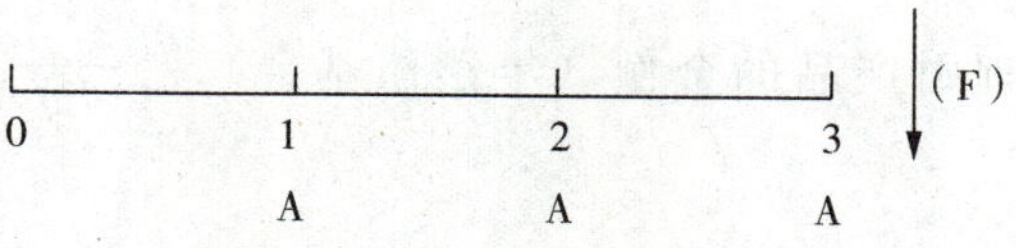

图 1－6－3　普通年金终值示意图

普通年金终值的计算公式为：$F_n=A+A(1+i)^1+A(1+i)^2+A(1+i)^3+A(1+i)^4+A(1+i)^5+\cdots\cdots A(1+i)^{n-1}$

此过程为等比例求和，可推导出公式：

$$F_n=\frac{A[1-(1+i)^n]}{1-(1+i)}=A\frac{(1+i)^n-1}{i}$$

其中，$\frac{(1+i)^n-1}{i}$ 为年金终值系数，记为（F/A，i，n）。

所以，普通年金终值的计算公式也可以写作 $F_n=A\times(F/A, i, n)$。

【例 6-4】海达公司预投资一套地段优质的住房，该套住房预计第 5 年末的价格为 600 万元。海达公司准备在未来 5 年内，每年年末购买 110 万元的固定收益型理财产品，并在第 5 年末将理财产品全部收回，用所得的款项购房。假设理财产品的年复利收益率为 8%，试计算海达公司第 5 年末收回的理财产品所得款项是否可以买下该套住房。

解：第 5 年末收回的理财产品所得款项 $=110\times(F/A, 8\%, 5)=110\times5.8666=645.33$（万元）

由于第 5 年末收回的理财产品所得款项 645.33 万元大于第 5 年末房价 600 万元，因此海达公司第 5 年末收回的理财产品所得款项可以买下该套住房。

【例 6-5】已知 $(F/P, 9\%, 4)=1.416$，$(F/P, 9\%, 5)=1.5386$，$(F/A, 9\%, 4)=4.5731$，则 $(F/A, 9\%, 5)$ 为 5.984 7。

解：$(F/A, 9\%, 4)\times(1+9\%)+1=4.5731\times(1+9\%)+1=5.9847$

或 $(F/A, 9\%, 5)=\frac{(F/P, 9\%, 5)-1}{9\%}=\frac{1.5386-1}{9\%}=5.9844$（约等于 5.984 7）

（4）偿债基金

偿债基金是年金终值问题的一种变形，是指为使年金终值达到既定的金额，每年应支付的年金数额。

因为 $F_n=A(F/A, i, n)$，所以 $A=\frac{F_n}{(F/A, i, n)}=F_n(A/F, i, n)$。

其中，$(A/F, i, n)$ 是偿债基金系数，也就是普通年金终值系数的倒数。

【例 6-6】海达公司需要建立一笔储备资金，5 年到期为 100 万元，假如年复利率为 10%，则每期应建立的资金为 $\frac{100}{(F/A, 10\%, 5)}=16.38$ 万元。

【例 6-7】海达公司预投资一套地段优质的住房，该套住房预计第 5 年末的价格为 600 万元。海达公司准备在未来 5 年内，每年年末等额购买一笔固定收益型理财产品，并在第

5 年末将理财产品全部收回，用所得的款项购房。假设理财产品的年复利收益率为 8%，试计算海达公司每年年末等额购买多少钱的理财产品，才能在第 5 年末利用收回理财产品所得款项买下该套住房。

解：每年年末购买理财产品的金额（年偿债基金）$=\dfrac{600}{(F/A，8\%，5)}=\dfrac{600}{5.866\ 6}=$102.28（万元）

即海达公司每年年末应购买 102.28 万元的理财产品，才能在第 5 年末利用收回的理财产品所得款项买下该套住房。

（5）普通年金现值

普通年金现值是指 n 笔年金在第一笔年金发生的前一个时点上的复利现值之和，如图 1－6－4 所示。

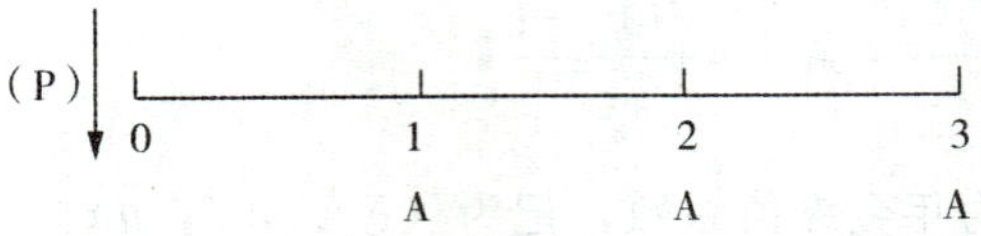

图 1－6－4　普通年金现值示意图

普通年金现值的计算公式为：

$$P=\frac{A}{1+i}+\frac{A}{(1+i)^2}+\frac{A}{(1+i)^3}+\frac{A}{(1+i)^4}+\cdots\cdots+\frac{A}{(1+i)^n}$$

即 $P=\dfrac{1-(1+i)^{-n}}{i}$

其中，$\dfrac{1-(1+i)^{-n}}{i}$为年金现值系数，记为 $(P/A，i，n)$。

所以，普通年金现值的计算公式也可以写作 $P=A\times(P/A，i，n)$。

【例 6-8】 海达公司拟投资某项目，该项目的投资条件是前期需要一次性投资 1 000 万元，预计在未来 5 年内，每年年末可获得现金净流量 250 万元。海达公司要求的必要收益率（即等风险投资的预期收益率）为 10%。

要求：①计算该投资项目未来现金净流量的现值。

②判断该项投资是否可行，并说明理由。

解：①该投资项目未来现金净流量的现值＝250×（P/A，10%，5）＝250×3.790 8＝947.70（万元）

②该项投资不可行。因为在必要收益率为 10%的条件下，该项目未来现金净流量的现值（即该项目的内在价值，也就是投资者愿意付出的最高投资额）为 947.70 万元，小于投资额 1 000 万元，该项目的净现值＝947.70－1 000＝－52.30（万元），投资者显然不能接受，否则会损失 52.30 万元的财富。或者可以理解为现在投资 1 000 万元，未来 5 年每年年末获得现金净流量为 250 万元，则预期收益率（即该投资项目的内涵报酬率）会低于必要收益率 10%，所以海达公司不应该接受此项目条款。

（6）年回收额

年回收额是年金现值问题的一种变形，是指在约定年限内等额回收初始投入资本的金额。

因为 $P=A(P/A,i,n)$，所以 $A=\frac{P}{(P/A,i,n)}=P(A/P,i,n)$。其中，$(A/P,i,n)$ 是回收系数，也就是普通年金现值系数的倒数。

【例 6-9】海达公司拟投资某项目，该项目的投资条件是前期需要一次性投资 1 000 万元，预计寿命期为 5 年。如果该企业投资者要求的必要收益率（即等风险投资的预期收益率）为 10%，则该项投资每年年末至少应获得的现金净流量是多少？

解：每年年末至少获得的现金净流量（年资本回收额）$=\frac{1\,000}{(P/A,10\%,5)}=\frac{1\,000}{3.790\,8}=263.80$（万元）

【例 6-10】由于近年来公司业务良好，海达公司决定扩大经营规模、扩大生产。由于近日资金来源紧缺，海达公司向银行借入 5 年期贷款 10 000 万元，年利率 10%，每年复利一次。

①若银行要求该企业在第 5 年末一次还清贷款，则企业预计的还款额是多少？

②若银行要求该企业在 5 年内，每年年末等额偿还该笔贷款，则企业预计每年年末的还款额是多少？

解：①第 5 年末一次还款额（复利终值 F）$=10\,000\times(F/P,10\%,5)=10\,000\times1.610\,5=16\,105$（万元）

②每年年末还款额（年资本回收额 A）$=\frac{10\,000}{(P/A,10\%,5)}=\frac{10\,000}{3.790\,8}=2\,637.97$（万元）

5. 即付年金（预付年金）

(1) 即付年金的定义

即付年金是指在一定时期内，每一期期初发生的等额收入与支出的系列款项。（即付年金与普通年金的区别在于其收入与支出款项的时间不同）

(2) 即付年金终值

即付年金终值是指在一定时期内，每一期期初发生的等额收入与支出的系列款项的复利终值之和。

即付年金终值的计算公式有两种表示方法：

方法一，将即付年金终值的计算公式与普通年金终值的公式进行对比，如下：

$F_{即}=A(1+i)^1+A(1+i)^2+A(1+i)^3+A(1+i)^4+A(1+i)^5+\cdots\cdots A(1+i)^n$

$F_{普}=A+A(1+i)^1+A(1+i)^2+A(1+i)^3+A(1+i)^4+A(1+i)^5+\cdots\cdots A(1+i)^{n-1}$

从公式中我们可以看出，$F_{即}$ 比 $F_{普}$ 多计一期，也可以理解为 $F_{普}$ 乘以 $(1+i)$ 就是 $F_{即}$。

方法二，将即付年金终值按照等比数列进行求和，公式如下：

F 即 $=A(1+i)^1+A(1+i)^2+A(1+i)^3+A(1+i)^4+A(1+i)^5+\cdots\cdots A(1+i)^n=A\times\left[\frac{(1+i)^{n+1}-1}{i}-1\right]$

从公式中我们可以看出，$F_{即}$ 与 $F_{普}$ 相比期数加一，系数减一。

【例 6-11】小王是一个勤奋好强的孩子，高中毕业后考上了理想的大学。但是，由于家境贫寒，小王很犹豫，面对高额的学费和生活费，他想知道自己需要多少年才能收回上大学的成本。上大学的成本如下：学制 3 年，每年年初缴纳学费 7 700 元，每年年末缴纳生活费 9 000 元。如果不去上大学，小王每年打工还能收入 30 000 元（机会成本），若毕业后平均收入 36 000 元/年（年末），银行平均年利率为 3%。他若想 3 年收回上大学的成本，则每年的收入至少应达到多少？

解：7 700×（F/A，3%，3）×（1+3%）+（30 000+9 000）×（F/A，3%，3）= A×（P/A，3%，3）

计算得出 A=51 282.77 元。

所以，他若想 3 年收回上大学的成本，则每年的收入至少应达到 51 282.77 元。

(3) 即付年金现值

即付年金现值是指在一定时期内，每一期期初发生的等额收入与支出的系列款项的复利现值之和。

即付年金现值的计算公式有两种表示方法，如下：

方法一，将即付年金现值的计算公式与普通年金现值的公式进行对比，如下：

$$P_{即}=A+\frac{A}{1+i}+\frac{A}{(1+i)^2}+\frac{A}{(1+i)^3}+\frac{A}{(1+i)^4}+\cdots\cdots+\frac{A}{(1+i)^{n-1}}$$

$$P_{普}=\frac{A}{1+i}+\frac{A}{(1+i)^2}+\frac{A}{(1+i)^3}+\frac{A}{(1+i)^4}+\cdots\cdots+\frac{A}{(1+i)^{n}}$$

从公式中我们可以看出，$P_{即}$ 比 $P_{普}$ 少折现一期，也可以理解为 $P_{普}$ 乘以（1+i）就是 $P_{即}$。

方法二，将即付年金现值按照等比数列进行求和，公式如下：

$$P_{即}=A+\frac{A}{1+i}+\frac{A}{(1+i)^2}+\frac{A}{(1+i)^3}+\frac{A}{(1+i)^4}+\cdots\cdots+\frac{A}{(1+i)^{n-1}}$$

$$=A\times\left[\frac{1-(1+i)^{-(n-1)}}{i}+1\right]$$

从公式中我们可以看出，$P_{即}$ 与 $P_{普}$ 相比期数减一，系数加一。

【例 6-12】海达公司属于建设企业，该公司拟购置一套大型机器设备，目前有两种方案可供选择。方案一：购买当天支付 35 万元；方案二：采取租赁的方式，每年年初付租金 4 万元。

假设该设备的使用寿命为 10 年，年利率为 6%，请利用年金的相关知识计算并分析公司选择哪种方案更加节省成本。

解：该公司采用租赁方案的总现值=4×（P/A，6%，10）×（1+6%）=31.2（万元），比方案一的金额小。所以，该公司应选方案二。

【例 6-13】某公司取得 3 000 万元的贷款，期限为 6 年，年利率为 10%，每年年初偿还等额本息，则每年年初应支付的金额为 $\frac{300}{(P/A，10\%，6)\times(1+10\%)}$。

任务分析：假设每年年初应支付的金额为 A 万元，则 A×（P/A，10%，6）×（1+10%）=3 000。如果把第一年至第 6 年支付的金额看成是普通年金，则有 A+A×（P/A，10%，5）=3 000。

【例 6-14】某人从 2017 年年初开始，每年年初向银行存入 5 万元，存款年利率为 4%，按年复利计息，共计存款 3 次，则关于 2019 年年初存款本利和的计算表达式可以写作：

①5×（F/P，4%，2）+5×（F/P，4%，1）+5；

②5×（F/P，4%，3）；

③5×（F/P，4%，3）×（1+4%）×（P/F，4%，1）。

任务分析：年金在2017年、2018年和2019年每年年初发生一次现金流量。算式①，5×（F/P，4%，2）+5×（F/P，4%，1）+5，表示的是分别计算的三项年金的终值。算式②，普通年金终值时点为最后一次流量发生时点，即付年金终值时点为最后一次流量发生的下一个时点。最后一次流量发生在2019年年初时点，要求计算2019年年初的本利和，终值时点为最后一次流量发生时点，所以可以用普通年金终值计算，即5×（F/A，4%，3）。算式③，先计算即付年金终值，5×（F/A，4%，3）×（1+4%）是计算到了2019年年末（即付年金的终值点是最后一笔流量的下一个时点）。要求计算的时点是2019年年初，所以后面再乘以（P/F，4%，1）就是2019年年初的价值。

【思维开拓】

已知（P/A，8%，5）=3.992 7，（P/A，8%，6）=4.622 9，（P/A，8%，7）=5.206 4，则6年期、折现率为8%的预付年金现值系数是4.992 7。

此处考查的是预付年金现值系数与普通年金现值系数的关系。预付年金现值系数等于同期的普通年金现值系数乘以（1+i）。因此，6年期、折现率为8%的预付年金现值系数=4.622 9×（1+8%）=4.992 7；或者也可以用期数减1、系数加1的方法确定，即6年期、折现率为8%的预付年金现值系数=（P/A，8%，5）+1=3.992 7+1=4.992 7。

6. 递延年金

（1）递延年金

递延年金是指在普通年金的基础上将年金延长若干期，使得第一笔收入与支出款项发生在第二期或者以后时点上。

（2）递延年金的终值

由于递延年金折现到终值的时候不涉及递延期，故其计算方法和普通年金终值相同，如图1-6-5所示。

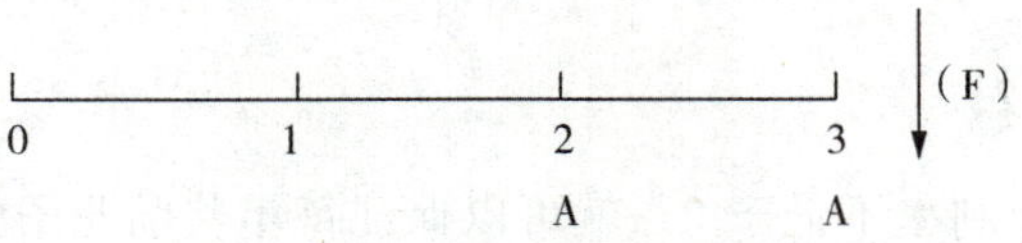

图1-6-5　递延年金的终值示意图

【例6-15】海达公司拟购置一处房产，出售方提出两种付款方案：第一种方案为，从现在起，每年年初支付20万元，连续支付10年；第二种方案为，从第5年开始，每年末支付25万元，连续支付10年。假设该公司的资金成本率为10%，你认为该公司应选择哪种方案？

解：P_1=20×（P/A，10%，10）×（1+10%）=135.18（万元）

P_2=25×（P/A，10%，10）×$(1+10\%)^{-4}$=104.92（万元）

所以，该公司应选第二种方案。

（3）递延年金的现值

递延年金的现值是指支付期内的n笔年金在整个期初的复利现值之和，如图1-6-6所示。

在计算时，我们可以把时间分成两段，一段是递延期，另一段是年金的发生时期。

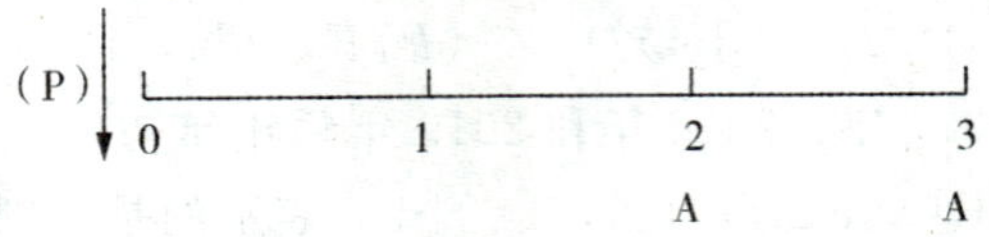

图 1-6-6 递延年金的现值示意图

【思维开拓】

某项递延年金，前 3 年为递延期，后 5 年每年年初有等额的现金流入为 500 万元，折现率为 10%，关于递延年金现值的表达式为：

①500×（P/A，10%，5）×（P/F，10%，2）；

②500×[（P/A，10%，4）+1]×（P/F，10%，3）；

③500×（F/A，10%，5）×（P/F，10%，7）。

任务分析：题中，第一次现金流入发生在第 4 年初，相当于第 3 年末。表达式①500×（P/A，10%，5）表示的是第 3 年初的现值，进一步折现到第 1 年初，还需要折现 2 期；表达式②500×[（P/A，10%，4）+1]表示的是第 4 年初的现值，进一步折现到第 1 年初，还需要折现 3 期；表达式③500×（F/A，10%，5）表示的是第 7 年末的终值，进一步折现到第 1 年初，需要折现 7 期。

7. 永续年金

永续年金是指收付款次数无限的年金。如，基金、奖学金、利息等。

永续年金没有终止的时间，故没有终值。但永续年金的现值是可以进行计算的。通过年金现值公式导出，基于普通年金的公式，当 $n\to\infty$时：

$$P=\frac{A}{i}$$

【例 6-16】小张向银行存入 100 万元，每年奖励儿子 2 万元，奖金每年提取一次。问银行的存款年利率为多少时才可以设定成永久性奖励基金？

解：$i=\frac{20\ 000}{1\ 000\ 000}=2\%$

所以，银行的存款年利率不低于 2%就可以保证每年奖励儿子的 2 万元。

【思维开拓】

由于永续年金现值$=\frac{A}{i}$，因此我们可以计算出永续年金的具体数值，它不是无穷大的。

【例 6-17】2018 年年初，海达公司购置了一条生产线，有以下四种付款方案。

方案一：2020 年年初一次性支付 100 万元。

方案二：2018 年至 2020 年每年年初支付 30 万元。

方案三：2019 年至 2022 年每年年初支付 24 万元。

方案四：2020 年至 2024 年每年年初支付 21 万元。

相关年金系数如表 1-6-1 所示。

表 1-6-1　相关年金系数表

n	1	2	3	4	5	6
$(P/F, 10\%, n)$	0.909 1	0.826 4	0.751 3	0.683 0	0.620 9	0.564 5
$(P/A, 10\%, n)$	0.909 1	1.735 5	2.486 9	3.169 9	3.790 8	4.355 3

要求：(1) 计算方案一付款方式下，支付价款的现值；

(2) 计算方案二付款方式下，支付价款的现值；

(3) 计算方案三付款方式下，支付价款的现值；

(4) 计算方案四付款方式下，支付价款的现值；

(5) 选择哪种付款方式更有利于公司。

解：(1) $100\times(P/F, 10\%, 2)=100\times0.826\,4=82.64$（万元）

(2) 以 2018 年初为时点 0，则第一笔年金发生于 2018 年初，属于预付年金。

$30\times(P/A, 10\%, 3)\times(1+10\%)=30\times2.486\,9\times1.1=82.07$（万元）

或 $30+30\times(P/A, 10\%, 2)=30+30\times1.735\,5=82.07$（万元）

(3) 以 2018 年初为时点 0，则第一笔年金发生于 2019 年初，属于普通年金。

$24\times(P/A, 10\%, 4)=24\times3.169\,9=76.08$（万元）

(4) 以 2018 年初为时点 0，则第一笔年金发生于 2020 年初，即第 2 年年末，属于递延年金，则递延期＝2－1＝1；支付期为 2020 年至 2024 年，共 5 期。

$21\times(P/A, 10\%, 5)\times(P/F, 10\%, 1)=21\times3.790\,8\times0.909\,1=72.37$（万元）

(5) 由于方案四的付款额现值最小，所以公司应该选择方案四。

【例 6-18】王强是一个朝气蓬勃、积极向上的大一新生。大学生也有购车梦，为此他制订了一份毕业后的购车设想。王强勤俭节约、自立自强，他决定不依靠父母而是利用节假日及课余时间做兼职赚钱。大一入学前他自己有一部分存款，为 5 年定期，年利率为 3.5%。从大一开始，王强每季度末存 3 000 元 3 个月定期（自动续存），年利率为 3.1%。王强 5 年后要购置约 10 万元的经济型轿车。请问，入学前他自己的存款至少要有多少？

解：$100\,000=A\times(1+3.5\%)^5+2\,000\times(F/A, 3.1\%/4, 4\times5)$

利用 Excel 函数计算，得到：

$A=47\,919.58$（元）

所以，王强入学前至少要有存款 47 919.58 元。

任务三　现金流量

现金流量

【案例导入】

在投资决策中，为什么“现金流量”比“利润”重要？

假如宏远公司用 200 万元的本金购进了一批货物，以 260 万元的价格卖给了天华公司，宏远公司赚了 60 万元。但天华公司承诺 1 年之后支付。那么，宏远公司此时并没有收到现金，而是账上增加了应收账款。宏远公司的账面上有 260 万元的销售收入，60 万元的利润。这个业绩看起来是很不错的，但是宏远公司并没有收到现金。宏远公司没有现金就不可能再去进货，如果宏远公司去模仿天华公司赊账进货，也许还能维持一段时间。宏远公司没有现金流量，就不能支付生产经营所需的办公费、生产工人工资等成本与费用。公司运转困难，不久将会面临倒闭的风险。所以，一个企业有利润却没有现金流量是不能长期生存的。另外，利润在各年的分布受折旧方法、摊销方法、资产减值损失等人为因素的影响，而现金流量的分布不受这些人为因素的影响，可以保证评价的客观性。所以，在投资决策分析中，现金流动状况比盈亏状况更重要。

一、净现金流量的定义

净现金流量是指投资项目在项目计算期内现金流入量和现金流出量的净额，是以“年”为单位的，净现金流量通常用 NCF（Net Cash Flow，简称 NCF）表示。

注：这里的现金为广义的现金，不仅包括货币资金（如库存现金与银行存款等）也包括非货币资产（如原材料与设备等）的变现价值。

二、项目现金流量的内容

项目现金流量包括现金流入量、现金流出量、净现金流量。

1. 现金流入量主要包括经营期间的营业收入、企业出售或报废时收回的固定资产残值作价收入、生产经营终止时收回的原垫付的流动资金。

2. 现金流出量主要包括：第一，项目原始投资，包括固定资产、无形资产等建设投资与垫支的营运资金；第二，付现成本，指每年使用现金支付的成本，可用当年总成本减去当年折旧额再减去当年摊销额；第三，各项税费，主要包括流转税及所得税。

3. 净现金流量按年计算，其计算公式为：

净现金流量＝现金流入量－现金流出量

当现金流入量大于现金流出量时，净现金流量为正值；反之，净现金流量为负值。

三、项目现金流量的估算

项目现金流量的估算分为三个阶段，分别为投资期现金流量、营业期现金流量、终结期现金流量。

（一）投资期现金流量

投资期现金流量项目如表 1-6-2 所示。

表 1-6-2　投资期现金流量项目表

项目	内容
建设投资	购置成本、运输费、安装费等
垫支营运资金	追加的流动资产扩大量与结算性流动负债扩大量的净差额

【提示】营运资金在投资期末投入，项目结束时收回。营运资金主要是企业生产需要的流动周转资金，这些资金是循环周转使用的，项目结束时如数收回。因此，这里是垫支的营运资金。我们可以理解为，某项投资期初需要购买原材料，费用为 50 万元。企业支付了 30 万元，20 万元作为应付账款。那么，企业支付的 30 万元就作为垫支资金，这些资金通过原材料流入生产环节，计入生产成本。当原材料出售后卖了 70 万元。其中，需要偿还应付账款 20 万元。企业收回 50 万元，这 50 万元当中包含 30 万元的垫支资金。期末

30万元的垫资资金被收回。

【例6-19】盛达公司的某投资项目需要在第1年年初支付200万元购置生产设备，第1年末建成投产，投产时需要垫支营运资金40万元，该项投资要求的必要报酬率为10%。

投资期内的现金净流量为：

$NCF_0=-200$（万元）

$NCF_1=-40$（万元）

原始投资额＝200＋40＝240（万元）

原始投资额现值$=\frac{200+40}{1+10\%}=236.36$（万元）

（二）营业期现金流量

营业期现金流量主要包括营业收入、付现成本、所得税、大修理支出等。营业期现金流量项目如表1-6-3所示。

表1-6-3　营业期现金流量项目表

项目	内容
营业收入	经营期最主要的现金流入量
付现成本	每年发生的用现金支付的成本。付现成本＝当年总成本－该年折旧额－摊销额
所得税	付现成本与建设投资都可以全额在税前扣除，所以涉及所得税的计算
大修理支出	对在营业期间的某一年发生的大修理支出来说，如果本年内一次性作为收益性支出，则直接作为该年付现成本；如果跨年摊销处理，则本年作为投资性的现金流出量，摊销年份以非付现成本形式处理

1. 营业现金净流量的计算

假设营业收入全部在发生当期收到现金，付现成本（也称营运成本）与所得税全部在发生当期支付现金，则营业现金净流量的计算方法如下：

营业现金净流量

＝营业收入－付现成本－所得税

＝营业收入－付现成本－所得税－非付现成本＋非付现成本

＝营业收入－成本总额－所得税＋非付现成本

＝税后营业利润＋非付现成本

＝（收入－付现成本－非付现成本）×（1－所得税税率）＋非付现成本

＝收入×（1－T）－付现成本×（1－T）＋非付现成本×T

其中，T代表所得税税率。

2. 付现成本与建设投资产生的现金流量的区别

付现成本与建设投资都是为取得应税收入而发生的现金流出量，都可以全额在税前扣除。二者的区别在于：

（1）付现成本属于收益性支出，与发生当年的应税收入有关，应全额在发生当年的税前扣除，即现金流出与抵减所得税发生在同一期间。

（2）建设投资属于资本性支出，与相关建设资产使用期限内的各年应税收入均有关，需要在相关建设资产的预计使用期限内，分期在税前扣除，即先发生现金流出、再分期抵减所得税。

3. 非付现成本

非付现成本需要按照税法的规定进行计算。假设企业的固定资产折旧方法、折旧年限、残值和税法规定的折旧方法、折旧年限、残值不同，那么企业需要按照税法规定的折旧方法、折旧年限、残值进行计算。税法的残值并不是项目资产的变价净收入。当固定资产的使用期限小于税法规定的折旧年限时，依税法规定的年限进行计算。此时，不能提足折旧，期末账面价值等于原值减去税法规定计算的累计折旧。当固定资产的使用期限等于税法规定的折旧年限时，可以提足折旧，期末账面价值等于税法残值。当固定资产的使用期限大于税法规定的折旧年限时，在税法规定的折旧年限内计提折旧。提足折旧后，账面价值等于税法残值。

【例 6-20】 某投资项目某年的营业收入为 600 000 元，付现成本为 400 000 元，折旧额为 100 000 元，所得税税率为 25%，则该年此项目的营业现金净流量为 175 000 元。

任务分析： 营业现金净流量＝收入×（1－T）－付现成本×（1－T）＋非付现成×T＝600 000×（1－25%）－400 000（1－25%）＋100 000×25%＝175 000（元）

或者：营业现金净流量＝税后营业利润＋非付现成本＝（600 000－400 000－100 000）（1－25%）＋100 000＝175 000（元）

（三）终结期现金流量

终结期现金流量主要包括营业现金净流量、处置固定资产的税后现金流量、垫支营运资金的收回，具体如表 1-6-4 所示。

表 1-6-4　终结期现金流量项目表

项目	内容
营业现金净流量	项目最后一年既是营业期也是终结期，所以包括营业期的现金流量
处置固定资产的税后现金流量	根据固定资产变价净收入、固定资产变现净损失抵税（或固定资产变现净收益纳税）计算得出
垫支营运资金的收回	项目开始垫支的营运资金在项目结束时回收

处置固定资产的税后现金流量计算公式如下：

处置固定资产的税后现金流量＝固定资产变价净收入＋变现损失抵税额（或－变现利得纳税额）

处置固定资产的税后现金流量包括两部分，一部分为固定资产变价净收入，另一部分为固定资产变现净损益对现金净流量的影响。如果由于固定资产变现发生了利得，企业当期的应纳税所得额增加，需要缴纳更多的税，则将这部分税额从固定资产变价净收入中减去；如果由于固定资产变现发生了损失，企业当期的应纳税所得额减少，可以少缴纳税额，则将这部分税额加到固定资产变价净收入中。

如果变价净收入小于账面价值，则产生变现损失（应纳税所得额减少），可以抵税，则变现损失抵税额＝（账面价值－变价净收入）×所得税税率。假设某资产的变价净收入为 30 万元，账面价值为 50 万元，所得税税率为 25%，则变现损失（应纳税所得额减少额）＝50－30＝20 万元，变现损失抵税额＝20×25%＝5 万元。处置固定资产的税后现金流量＝30＋5＝35 万元。

如果变价净收入大于账面价值，则产生变现利得（应纳税所得额增加），需要纳税，则变现利得纳税额＝（变价净收入－账面价值）×所得税税率。假设某资产的变价净收入为 60 万元，账面价值为 40 万元，所得税税率为 25%，则变现利得（应纳税所得额增加额）＝60－40＝20 万元，变现利得纳税额＝20×25%＝5 万元。处置固定资产的税后现金流量＝50－5＝45 万元。

如果变价净收入等于账面价值，则无须进行所得税调整。假设某资产的变价净收入为 50 万元，账面价值为 50 万元，所得税税率为 25%，则处置固定资产的税后现金流量＝50 万元。

【例 6-21】 海达公司 A 项目的总投资为 125 万元，其中固定资产需要投入 100 万元，开办费需要投入 5 万元，流动资金需要投入 20 万元。建设期为 1 年，共发生与该项目有关的资本化利息 10 万元。固定资产和开办费在建设起点一次投入，流动资金在建设完工后投入。假设 A 项目的生产经营期为 10 年，固定资产按直线法计提折旧，期满后残值为 10 万元，开办费在投产后前 5 年摊销完毕。预计投产后第 1 年获利 5 万元，以后逐年递增 5 万元；经营期前 4 年每年还借款利息为 11 万元。流动资金于项目结束时收回。要求计算 A 项目各年的净现金流量。

解：首先，要计算出 A 项目的项目计算期和每年的固定资产折旧额，确定其各年的回收额或摊销额。因为该项目涉及借入资金，所以还需要计算借款的年度利息费用。

其次，画示意图。按照建设期和经营期分阶段计算各年的现金净流量。具体计算如下：

第一步：确定项目计算期并计算年折旧额。

项目计算期＝建设期＋经营期＝1＋10＝11（年）

$$\text{年折旧额}=\frac{(100+10)-10}{10}=10\text{（万元）}$$

第二步：画示意图，如图 1-6-7 所示。

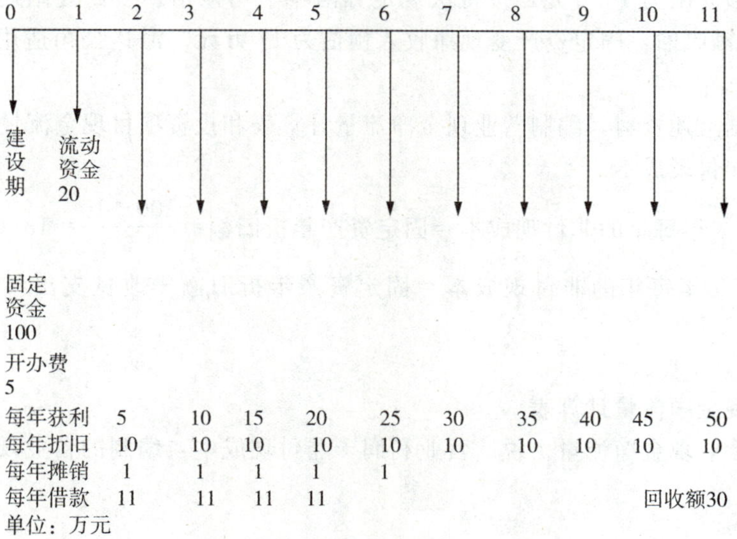

图 1-6-7 案例示意图

第三步：根据公式并借助示意图计算各年的现金净流量。

（1）建设期现金净流量为：

NCF_0＝－（100＋5）＝－105（万元）

NCF_1＝－20（万元）

（2）经营期现金净流量为：

NCF_2＝净利润＋折旧额＋开办费摊销额＋利息费用

＝5＋10＋1＋11＝27（万元）

NCF_3＝10＋10＋1＋11＝32（万元）

NCF_4＝15＋10＋1＋11＝37（万元）

NCF_5＝20＋10＋1＋11＝42（万元）

NCF_6＝25＋10＋1＝36（万元）

NCF_7＝30＋10＝40（万元）

NCF_8＝35＋10＝45（万元）

NCF_9＝40＋10＝50（万元）

NCF_{10}＝45＋10＝55（万元）

NCF_{11}＝50＋10＋30＝90（万元）

注：现金流量是投资项目财务可行性分析的主要分析对象。利润只是期间财务报告的结果。对投资方案财务可行性来说，项目的现金流量状况比会计期间盈亏状况更为重要。一个投资项目能否顺利进行，有无经济上的效益，不一定取决于有无会计期间利润，而在于能否带来正现金流量，即整个项目能否获得超过项目投资的现金回收额。

【例 6-22】海达公司的某投资项目需要在第 1 年年初购买生产设备，生产设备价款为 100 万元，建设期为 1 年，投产开始时垫支营运资金 20 万元。该项目营业期为 5 年，营业收入为 70 万元，增加付现成本为 31 万元。依据税法规定，固定资产采用直线法计提折旧，折旧年限为 6 年，税法规定的净残值为 10 万元。营业期第 3 年末预计将进行一次固定资产改良，预支出为 16 万元，按税法规定分两年平均摊销。项目终结期，垫支的营运资金 20 万元全额收回，固定资产变现净收入预估为 17 万元。海达公司适用的所得税税率为 25%。

要求：根据上述资料，编制营业现金净流量计算表和投资项目现金流量计算表。

解：（1）非付现成本

营业期 1～3 年每年的非付现成本＝固定资产年折旧额＝$\frac{100-10}{6}$＝15（万元）

营业期 4～5 年每年的非付现成本＝固定资产年折旧额＋改良支出年摊销额＝15＋$\frac{16}{2}$＝23（万元）

（2）营业现金净流量计算表

根据公式营业现金净流量＝税后营业利润＋非付现成本，编制的营业现金净流量计算表如下所示。

表 1-6-5　营业现金净流量计算表　　　　单位：万元

项目	1	2	3	4	5
营业收入	70	70	70	70	70
付现成本	31	31	31	31	31
非付现成本	15	15	15	15	15
营业利润	24	24	24	16	16
所得税	6	6	6	4	4
税后营业利润	18	18	18	12	12
营业现金净流量	33	33	33	35	35

（3）投资项目现金流量计算表

投资项目现金流量表如下所示。

表 1-6-6　投资项目现金流量计算表　　　　单位：万元

项目	投资期		营业期				
	0	1	2	3	4	5	6
固定资产投资	－100				－16		
垫支的营运资金		－20					20
营业现金净流量			33	33	33	35	35
固定资产变现净收入							17
固定资产变现（利得）损失抵税额（纳税）							2
现金净流量合计	－100	－20	33	33	17	35	74

寿命期末固定资产账面价值＝100－15×5＝25（万元）

寿命期末固定资产变现损失抵税额＝（25－17）×25%＝2（万元）

任务四　长期投资方案评价方法

长期投资方案评价方法

一、净现值法

（一）净现值的定义

一个投资项目未来现金净流量现值与原始投资额现值之间的差额称为“净现值”。净现值用 NPV（Net Present Value，简称 NPV）来表示。

（二）净现值折现率的确定

净现值折现率一般采用市场利率、企业平均资产成本率或投资者希望获得的预期最低投资报酬率来确定

（三）净现值的计算公式

净现值（NPV）＝未来现金净流量现值－原始投资额的现值

（四）净现值法的判定标准

NPV＞0：方案可行。

NPV＜0：方案不可取。进行互斥方案决策时，净现值越大，方案越好。

（五）净现值法的特点

净现值法的优点是考虑了货币时间价值，考虑了项目计算期全部的现金流量和投资风险。

净现值法的缺点是因为最终结果是绝对数，所以贴现率不易确定；没有考虑原始投资额的大小，不适用于独立投资方案的比较决策；没有考虑寿命期的长短，有时也不能对寿命期不同的互斥投资方案进行直接决策。

【例 6-23】第 24 届冬季奥林匹克运动会于 2022 年 02 月 04 日至 2022 年 02 月 20 日在中华人民共和国北京市和张家口市联合举行。这是中国历史上第一次举办冬季奥运会，北京、张家口同为主办城市，也是继北京奥运会、南京青奥会后，中国第三次举办的奥运赛事。大学毕业的小徐对奥运会吉祥物“冰敦敦”印象深刻。吉祥物“冰墩墩”以熊猫为原型进行设计创作。冰，象征纯洁、坚强，是冬奥会的特点。墩墩，意喻敦厚、健康、活泼、可爱，契合熊猫的整体形象，象征着冬奥会运动员强壮的身体、坚忍的意志和鼓舞人心的奥林匹克精神。小徐大学毕业以后，想开一个以奥运会吉祥物“冰敦敦”为主题的烧烤店。预计初始投入资金为 70 万元。预计每年的现金流量如表 1－6－7 所示，折现率为 10％，问该项目的净现值为多少，小徐开烧烤店的方案可行吗？

表 1－6－7　烧烤店预计每年的现金流量表　　　　**单位：元**

项目	第 0 年	第 1 年	第 2 年	第 3 年	第 4 年	第 5 年
现金流量合计	－700 000	279 000	271 500	264 000	256 500	469 000

解：方案的净现值

＝469 000×（P/F，10％，5）＋256 500×（P/F，10％，4）＋264 000×（P/F，10％，3）＋27 1500×（P/F，10％，2）＋279 000×（P/F，10％，1）－700 000

＝469 000×0.620 9＋256 500×0.683 0＋264 000 ×0.751 3＋271 500×0.826 4＋279 000× 0.909 1－700 000＝442 741.30（元）

因为方案的净现值大于 0，所以该方案可行。

二、现值指数法

（一）现值指数的定义

现值指数是投资项目的未来现金净流量现值与原始投资额现值之比，也称“获利指数”。现值指数用 PVI（Present Value Index，简称 PVI）来表示。

（二）现值指数的计算公式

$$现值指数（PVI）=\frac{未来现金净流量现值}{原始投资额现值}$$

（三）现值指数法的判定标准

现值指数大于等于 1（即净现值大于等于 0）时，方案可行；反之，则不可行。现值指数越大，方案越好。

（四）现值指数法的特点

净现值的公式为未来现金净流量现值减去原始投资额现值，因此该指标是绝对数指标，反映了投资项目的效益。而现值指数的公式为未来现金净流量现值除以原始投资额现值，因此该指标是相对数指标，反映了投资项目的效率。

【例 6-24】 有两个独立投资方案，有关资料如表 1 - 6 - 8 所示。

表 1 - 6 - 8　净现值计算表　　单位：元

项目	方案 A	方案 B
原始投资额现值	30 000	3 000
未来现金净流量现值	31 500	4 200
净现值	1 500	1 200

从两个方案的净现值来看，方案 A 的净现值为 1 500 元，方案 B 的净现值为 1 200 元。方案 A 的净现值大于方案 B，应该采用方案 A。但是，从原始投资额现值来看，方案 A 的原始投资额现值为 30 000 元，方案 B 为 3 000 元，方案 A 的原始投资额现值是方案 B 的 10 倍。综上考虑，我们如果仅用净现值来判断方案的优劣，就难以做出正确的比较和评价。按现值指数法计算如下：

A 方案的现值指数 $=\frac{31\ 500}{30\ 000}=1.05$

B 方案现值指数 $=\frac{4\ 200}{3\ 000}=1.40$

计算结果表明，方案 B 的现值指数大于方案 A。因此，应当选择方案 B。

三、净现值率法

（一）净现值率的定义

净现值率是指投资项目的净现值占原始投资现值总和的比率，也可将其理解为某项目单位投资现值所能实现的净现值大小。净现值率用 NPVR（Net Present Value Rate，简称 NPVR）来表示。

（二）净现值率的计算公式

$$净现值率（NPVR）=\frac{项目的净现值}{原始投资的现值合计}$$

（三）判定标准

只有净现值率大于或等于零的投资项目才具有财务可行性。

（四）净现值率法的特点

净现值率法的优点：一是可以从动态的角度反映项目投资的资金投入与净产出之间的关系，二是计算过程比较简单。

净现值率法的缺点是无法直接反映投资项目的实际报酬率。

【例 6-25】 某项目的净现值（所得税前）为 17.325 6 万元，原始投资现值合计为 96.465 2 万元。按简化方法计算的该项目的净现值率（所得税前）如下：

$$NPVR=\frac{17.325\ 6}{96.465\ 2}\approx 0.18$$

四、内含收益率法

(一) 内含收益率的定义

内含收益率也称为“内含报酬率”，是指对投资方案的每年现金净流量进行折现，使所得的现值恰好与原始投资额现值相等，从而使净现值等于零时的折现率。内含收益率用IRR（Internal Rate of Return，简称 IRR）来表示。

(二) 内含收益率的计算公式

当 NPV 为零时，求出的折现率即为 IRR。

(三) 内含收益率法的判定标准

将设定的折现率代入净现值的计算公式当中，得出项目的净现值大于0，则说明该项目获利水平高。

(四) 内含收益率法的特点

优点：一是反映了投资项目可能达到的投资收益率，指标直观，易于理解；二是当方案的原始投资额现值不同时，采用 IRR 指标计算，可以反映独立投资方案的获利水平。

缺点：一是计算复杂，不易直接考虑投资风险大小；二是在进行互斥投资方案决策时，如果各方案的原始投资额现值不相等，有时无法做出正确的决策。

(五) 内含收益率的计算

内含收益率的计算规则：找到能够使方案的净现值为零的折现率。

1. 特殊条件

(1) 当全部投资均于建设起点一次性投入，建设期为零。

(2) 项目投产后，每年的净现金流量相等。

计算步骤

(1) 计算年金现值系数；

(2) 查年金现值系数表；

(3) 采用插值法计算内含收益率。

【例 6-26】 某项目每年的现金流量如表 1-6-9 所示。

表 1-6-9 某项目每年的现金流量表 单位：万元

项目	0	1	2	3	4	5
现金净流量	－10	3.5	3.5	3.5	3.5	3.5

(1) 计算年金现值系数

令 $3.5\times(P/A,IRR,5)-10=0$

解得 $(P/A,IRR,5)=2.857\ 1$

(2) 查年金现值系数表

通过查表得知，IRR 介于 20%至 24%之间。

(3) 采用插值法计算内含收益率

求得：$IRR=20\%+\dfrac{2.857\ 1-2.990\ 6}{2.745\ 4-2.990\ 6}\times(24\%-20\%)=22.18\%$

2. 一般条件下：逐步测试法

计算规则：项目投产后，当每年的净现金流量不相等时，需采用逐步测试法计算方案的内含收益率。逐步测试法就是要通过逐步测试找到一个能够使净现值大于零，一个使净现值小于零的两个最接近的折现率，然后结合内插法计算 IRR。

【例 6-27】某项目每年的现金流量如表 1-6-10 所示。

表 1-6-10　某项目每年的现金流量表　　单位：万元

项目	0	1	2	3	4	5
现金净流量	−1 300	323	323	323	323	710.5

(1) 在折现率为 9%时，该项目的净现值为：

NPV＝323×（P/A，9%，5）＋387.5×（P/F，9%，5）－1 300＝208.21（万元）

（净现值大于零，提高折现率继续测试）

(2) 在折现率为 14%时，该项目的净现值为：

NPV＝323×（P/A，14%，5）＋387.5×（P/F，14%，5）－1 300＝10.16（万元）

（净现值大于零，提高折现率继续测试）

(3) 在折现率为 15%时，该项目的净现值为：

NPV＝323×（P/A，15%，5）＋387.5×（P/F，15%，5）－1 300＝－24.57（万元）

（净现值小于零，停止测试，可初步判断折现率介于 14%与 15%之间）

采用内插法求得：

IRR＝14.29%

五、回收期法

（一）回收期的定义

回收期分为静态回收期与动态回收期。静态回收期指直接用未来现金净流量累计到原始投资数额时所经历的时间；动态回收期指未来现金净流量的现值等于原始投资额现值时所经历的时间。

（二）回收期的计算公式

静态回收期与动态回收期的计算公式如表 1-6-11 所示。

表 1-6-11　静态回收期与动态回收期的计算公式

回收期	计算公式
静态回收期	静态回收期$=\dfrac{原始投资额}{每年现金净流量}$
动态回收期	1. 未来每年的现金净流量相等 令每年现金净流量×（P/A，i，n）＝原始投资额现值，得（P/A，i，n）$=\dfrac{原始投资额现值}{每年现金净流量}$ 依据年金现值系数表利用插值法求解期数 n，即为项目的动态回收期。 2. 未来每年的现金净流量不相等 计算使“累计未来现金净流量现值＝原始投资额现值”或“累计现金净流量现值＝0”的时间

(三) 回收期法的判定标准

用回收期法评价投资方案时，回收期越短越好。

(四) 回收期法的特点

优点：一是计算简便，易于理解；二是考虑了风险因素。

缺点：一是静态回收期没有考虑货币时间价值；二是只考虑了未来现金净流量（或现值）总和中等于原始投资额（或现值）的部分，没有考虑超过原始投资额（或现值）的部分。

【例 6-28】某项目每年的现金流量如表 1-6-12 所示。

表 1-6-12　某项目每年的现金流量　　　单位：万元

项目	0	1	2	3	4	5
现金净流量	−100	25	25	25	25	25

（1）采用静态回收期计算：该项目的静态回收期$=\frac{100}{25}=4$（年）。

（2）采用动态回收期计算：假设企业对该项目要求获得 7%的必要收益率。

计算步骤如下：

①计算年金现值系数，因为 $25\times(P/A, 7\%, n)=100$，所以 $(P/A, 7\%, n)=4$。

②查年金现值系数表，得到如下结果：

$(P/A, 7\%, 4)=3.3872$

$(P/A, 7\%, n)=4$

$(P/A, 7\%, 5)=4.1002$

③根据内插法求得：

$n=4.84$

【例 6-29】某投资项目各年的预计净现金流量分别为：$NCF_0=-100$ 万元，$NCF_1=-300$万元，$NCF_2=100$ 万元，$NCF_3=200$ 万元，$NCF_4=200$ 万元，$NCF_5=200$ 万元，该投资项目的必要收益率为 10%。本题采用累计现金净流量现值法计算，动态回收期现金流量如表 1-6-13 所示。

表 1-6-13　动态回收期现金流量　　　单位：万元

项目	0	1	2	3	4
现金净流量	−100	−200	100	200	300
复利现值系数（10%）	1	0.909 1	0.826 4	0.751 3	0.683 0
现金净流量现值	−100	−181.82	82.64	150.26	204.90
累计现金净流量现值	−100	−281.82	−199.18	−48.92	155.98

任务分析：截至项目寿命期第 3 年末，该项目的累计现金净流量现值为−48.92 万元，即尚未回收的原始投资额现值为 48.92 万元，小于第 4 年可获得的现金净流量现值 204.90 万元。因此，该项目的动态回收期为：$3+\frac{48.92}{204.90}=3.24$（年）。

六、单一的独立投资项目的财务可行性评价

在只有一个投资项目可供选择的条件下，可能会出现以下三种分析结果：

第一，如果某一投资项目的评价指标同时满足以下条件，则可以断定该投资项目无论从哪个方面来看都具备财务可行性，应当接受此投资方案。这些条件如下：

净现值 NPV⩾0；

净现值率 NPVR⩾0；

现值指数 PVI⩾1；

内含收益率 IRR⩾i；

包括建设期的静态回收期$\leqslant\frac{n}{2}$（即项目计算期的一半）；

不包括建设期的静态回收期$\leqslant\frac{p}{2}$（即经营期的一半）；

投资利润率⩾基准投资利润率 i（事先给定）。

第二，如果某一投资项目的评价指标同时不满足上述条件，就可以判断该投资项目无论从哪个方面来看都不具备财务可行性，应当放弃该投资方案。

第三，当静态回收期（次要指标）或投资利润率（辅助指标）的评价结论与净现值等主要指标的评价结论发生矛盾时，应当以主要指标的结论为准。

主要指标为：净现值 NPV、净现值率 NPVR、现值指数 VPI、内含收益率 IRR。

辅助指标为：包括建设期的静态回收期、不包括建设期的静态回收期、投资利润率。

七、多个互斥方案的比较与优选

如果项目投资决策中存在不能同时进行的投资方案时，首先要保证每一个方案都具备财务可行性，然后进一步判断。判断方法如下：

原始投资相同且项目计算期相等的多方案比较决策：选用净现值法和净现值率法。

原始投资不相同，特别是项目计算期不同的多方案比较决策：选用年等额净回收额法。

该方法的步骤为：第一，计算两个项目的净现值；第二，计算净现值的等额年金。

公式为：$等额年金=\frac{净现值}{年金现值系数}$

原始投资不相同的多方案比较决策：选用差额投资内含收益率法。

差额投资内含收益率法，是指在两个原始投资额不同的方案的差量净现金流量基础上，计算出差额内含收益率，并据以判断方案孰优孰劣的方法。

【项目习题】

一、单项选择题

1.（P/F，i，9）与（P/F，i，10）分别表示 9 年期和 10 年期的复利现值系数，关于二者的数量关系，下列表达式正确的是（　　）。

A.（P/F，i，10）＝（P/F，i，9）$-i$

B.（P/F，i，10）＝（P/F，i，9）×（$1+i$）

C.（P/F，i，9）＝（P/F，i，10）×（$1+i$）

参考答案

D. $(P/F, i, 10) = (P/F, i, 9) + i$

2. 某公司需要在10年内每年等额支付100万元，年利率为 i，如果在每年年末支付，全部付款额的现值为 X，如果在每年年初支付，全部付款额的现值为 Y，则 Y 和 X 的数量关系可以表示为（　　）。

A. $Y=\frac{X}{1+i}-i$　　B. $Y=\frac{X}{1+i}$

C. $Y=X(1+i)-i$　　D. $Y=X(1+i)$

3. 某投资项目需在开始时一次性投资50 000元，其中固定资产投资为45 000元，垫支营运资金为5 000元，没有建设期。各年营业现金净流量分别为：1 0000元、12 000元、16 000元、20 000元、21 600元、14 500元。则该项目的静态回收期是（　　）年。

A. 3.35　　B. 4.00　　C. 3.60　　D. 3.40

4. 王某2021年年初需出国工作三年，拟在银行存入一笔钱请朋友分次取出正好付清房屋三年的物业费，每年6月末和12月末各支付3 000元。若存款年利率为6%，那么2020年年末王某应在银行存入的金额为（　　）。

A. 3 000×（P/A，3%，6）

B. 3 000×（P/A，6%，3）

C. 3 000×（P/A，6%，6）

D. 6 000×（P/A，3%，3）

5. 某投资方案，当折现率为16%时，其净现值为338元；当折现率为18%时，其净现值为−22元。该方案的内含收益率为（　　）。

A. 15.88%　　B. 16.12%

C. 17.88%　　D. 18.14%

二、多项选择题

1. 某公司向银行借入一笔款项，年利率为10%，分6次还清，从第5年至第10年每年年末偿还本息5 000元。下列计算该笔借款现值的算式中，正确的有（　　）。

A. 5 000×（P/A，10%，6）×（P/F，10%，3）

B. 5 000×（P/A，10%，6）×（P/F，10%，4）

C. 5 000×[（P/A，10%，9）−（P/A，10%，3）]

D. 5 000×[（P/A，10%，10）−（P/A，10%，4）]

2. 采用净现值法评价投资项目的可行性时，折现率选择的依据通常有（　　）。

A. 市场利率　　B. 期望最低投资收益率

C. 企业平均资本成本率　　D. 投资项目的内含收益率

3. 下列关于净现值法的说法中，正确的有（　　）。

A. 净现值法没有考虑投资风险

B. 净现值法的适用性强

C. 净现值法不适用于独立投资方案的比较决策

D. 如采用净现值法对寿命期不同的投资方案进行决策，需要将各方案转化为相等寿命期进行比较

4. 现有A、B两个互斥项目，A项目的净现值为50万元，折现率为10%，年限为4

年；B 项目的净现值为 60 万元，折现率为 12%，年限为 6 年。在用共同年限法（用最小公倍数法确定共同年限）确定两个项目的优劣时，下列说法中正确的有（　　）。

A. 重置后 A 项目的调整后净现值为 73.40 万元

B. 重置后 A 项目的调整后净现值为 107.48 万元

C. 重置后 B 项目的调整后净现值为 37.70 万元

D. A 项目优于 B 项目

5. 下列各项中，属于静态回收期优点的有（　　）。

A. 计算简便　　B. 便于理解

C. 直观反映返本期限　　D. 正确反映项目总回报

三、计算分析题

1. 某套住房预计第 5 年末的价格为 638.15 万元。某投资者准备在未来 5 年内，每年年末购买 110 万元的固定收益型理财产品，并在第 5 年末将理财产品全部收回，并用所得的款项购房。假设理财产品的年复利收益率为 8%，试计算该投资者第 5 年末收回理财产品所得的款项是否可以买下该套住房。

2. 某投资项目需要现在一次性投资 1 000 万元，预计在未来 5 年内，每年年末可获得现金净流量 250 万元。投资者要求的必要收益率（即等于风险投资的预期收益率）为 10%。

要求：(1) 计算该投资项目未来现金净流量的现值。

(2) 判断该项投资是否可行，并说明理由。

点睛记忆

知识点	内容		记忆程度
长期投资概述	长期投资的定义	长期投资是指不准备随时变现，持有时间超过一年的企业投资。长期投资也可以理解为，不准备在一年或长于一年的经营周期之内变现的投资	
	长期投资的特征	投资金额大、影响时间长、变现能力差、投资风险大	
	影响长期投资决策的重要因素	现金净流量、资金时间价值和资金成本是影响长期投资决策的重要因素	
	投资的分类	直接投资和间接投资； 项目投资与证券投资； 发展性投资与维持性投资； 对内投资与对外投资； 独立投资与互斥投资	

续 表

知识点	内容		记忆程度
资金时间价值	资金时间价值概述	资金时间价值是指资金在使用过程中随时间推移而发生的增值	
	资金时间价值的计算	单利的计算：单利终值、单利现值； 复利计算：复利终值、复利现值、普通年金、即付年金、递延年金、永续年金	
现金流量	1. 现金流量的定义 2. 项目现金流量的内容 3. 项目现金流量的估算	现金净流量的计算公式： (1) 一般公式：现金净流量＝现金流入量－现金流出量 (2) 分阶段计算公式： 投资期：NCFt＝－原始投资额 营业期：NCFt＝营业收入－付现成本－所得税 ＝税后净利润＋非付现成本 ＝收入×（1－T）－付现成本×（1－T）＋非付现成本×T 终结点：NCFt＝营业现金流量＋处置固定资产的税后现金流量＋垫支营运资金的收回 说明：①建设期没有现金流入只有现金流出； ②回收额包括固定资产的残值和垫支的营运资金	
长期投资方案评价方法	1. 净现值法 2. 现值指数法 3. 净现值率法 4. 内含收益率法 5. 回收期法 6. 单一的独立投资项目的财务可行性评价 7. 多个互斥方案的比较与优选	（一）定义 （二）计算公式 （三）判定标准 （四）特点	

项目七 合理制定企业的预算

知识目标

1. 掌握全面预算的内容。
2. 了解全面预算管理组织体系。
3. 掌握弹性预算、零基预算和滚动预算等具体方法的特征。
4. 掌握预算的编制程序。
5. 掌握经营预算、财务预算的编制方法。

技能目标

1. 编制销售预算。
2. 编制生产预算。
3. 编制直接材料预算。
4. 编制直接人工预算。
5. 编制制造费用预算。
6. 编制销售与管理费用预算。
7. 编制产品成本预算。
8. 编制现金预算。
9. 编制预计资产负债表和预计利润表。

【案例导入】

新华都特种电气股份有限公司 2022 年度财务预算报告①

新华都特种电气股份有限公司（以下简称“公司”）2022 年度财务预算报告如下：

一、预算编制说明

本预算方案是以 2021 年度财务报告为基础，分析预测了公司面临的市场形势和投资环境、行业状况及经济发展前景，参考公司近几年来的经营业绩及目前的经营能力，结合公司战略发展目标和 2022 年度的总体经营规划，遵循现行的法律、法规和新企业会计准则，本着客观、稳健、谨慎的原则编制而成。

① 新华都特种电气股份有限公司董事会. 新华都特种电气股份有限公司 2022 年度财务预算报告［EB/OL］.（2022-04-27）［2022-06-26］. http：//disc. static. szse. cn/download/disc/disk03/finalpage/2022-04-28/02a2000c-ee06-4255-bdbb-5d3cdbf2c327. PDF.

二、预算编制假设

（一）预算期内公司所遵循的法律、法规、政策和经济环境无重大变化；

（二）按现行的国家主要税率、汇率、银行信贷利率；

（三）公司所处行业形势、市场行情无重大变化；

（四）公司的生产经营计划、营销计划、项目投资计划能够顺利执行，不存在因市场需求或供求价格变化等使各项计划的实施发生困难；

（五）公司主要产品和原材料的市场价格、供求关系无重大变化；

（六）公司各项业务合同顺利达成，并与合同方无重大争议和纠纷，经营政策不需做出重大调整；

（七）无其他人力不可抗拒及不可预测因素造成的重大不利影响。

三、预算编制依据

（一）营业收入按公司目前的生产能力、销售目标编制。包括主营业务收入及其他业务收入。其他业务收入主要为房屋租赁、外购商品和处理废料收入。

（二）营业成本以 2021 年度实际，并结合公司综合毛利率测定编制。

（三）各项费用、投资收益在考虑增产、投融资因素后，按公司 2021 年度实际情况及 2022 年度业务量增减变化及管控目标测定编制。

四、2022 年度主要财务预算指标

实现营业收入：53 039.00 万元。

实现净利润：11 305.00 万元。

五、2022 年度财务预算与 2021 年度经营成果比较表（金额单位：万元）

项目	2022 年度计划数	2021 年度实际数	增减率
营业收入	53 039.00	40 799.49	30.00%
减：营业成本	32 884.00	26 236.16	25.34%
减：四费合计	7 297.00	5 423.93	34.53%
净利润	11 305.00	8 429.42	34.11%

六、重要提示

本预算报告为公司 2022 年度经营计划的内部管理指标，并不代表公司对 2022 年度的盈利承诺，能否实现取决于经济环境和市场状况变化、经营团队的努力程度等多种因素，存在很大的不确定性，请投资者特别注意。

思考：（1）新华都特种电气股份有限公司预算的作用是什么？

（2）新华都特种电气股份有限公司提供了什么预算？

任务一　认知全面预算

全面预算概述

随着社会主义市场经济的发展和企业经营管理机制的转变，企业的生产经营模式已经普遍从“以产定销”的计划模式转变为“以销定产”的模式。在这种背景下，制订切实可行的全面预算是企业必须要进行的重要工作。现代企业要在未来达到并完成预定的经营目标、保证企业最优决策方案的贯彻与执行，就要从战略角度统筹安排各种资源。全面预算既是企业决策的具体化，又是对生产经营活动进行控制和考核的依据。只有全面了解预算的性质和作用，把握生产经营全面预算的编制方法，才能使预算和企业的经营目标及战略计划协调配合起来。

一、全面预算管理的含义与作用

（一）全面预算管理的含义

全面预算是企业在预测、决策的基础上，用数量和金额以表格的形式反映企业未来一定时期内经营、投资、筹资等活动的具体计划，是为实现企业目标而对各种资源和企业活动所做的详细安排。预算既是计划工作的结果，又是控制生产经营活动的依据。

全面预算的编制需要以预测的结果为根据，并受到预测质量的制约。全面预算必须服从决策目标的要求，使决策目标具体化、系统化、定量化。

全面预算管理的本质与内涵可以概括为：

（1）全面预算管理是全方位、全过程和全员参与的综合性系统工具。全面预算管理是指以企业年度经营目标为中心，通过业务计划与预算编制、预算执行与控制、预算分析与反馈、预算调整与考核等过程，实现企业对生产经营活动的有效控制的一种科学管理方法，即全方位、全过程和全员参与的管理活动。

（2）全面预算管理是企业内部的一项管理机制。全面预算管理就是将企业的决策管理目标及其资源配置规划加以量化，并使之得以实现的内部管理活动或过程。预算管理不单纯是一种管理方法，而是一种管理机制，其根本点在于通过预算来代替日常管理，使预算成为一种自动的管理机制。

（3）全面预算是企业经营责任的体现，是下级单位对上级单位的业绩合同，是一种对业绩成果的承诺。

（二）全面预算管理的作用

全面预算作为企业管理当局对未来生产经营活动的总体规划，其作用主要表现在以下几个方面。

1. 明确工作目标

预算作为一种计划，规定了企业一定时期的总目标及各级各部门的具体目标。这样就能使各个部门了解本单位的经济活动与整个企业经营目标之间的关系。全面预算通过把公司三到五年的战略计划分解成年度经营目标，将公司的整体经营目标分解落实到下属各责任单位。

2. 协调部门关系

全面预算把企业各方面的工作纳入统一计划之中，促使企业内部各部门的预算相互协调、环环相扣，达到平衡。在保证总体目标最优的前提下，企业通过预算编制、执行与控制、考核与激励等过程，使内部责任权利制度得以落实执行，优化了公司的管理机制。

3. 控制日常活动

编制预算是企业经营管理的起点，也是控制日常经营活动的依据。在预算的执行过程中，各部门应通过计量、对比，及时揭露预算与实际脱离的差异并分析其原因，以便采取必要措施，消除薄弱环节，保证预算目标的顺利完成。

4. 考核业绩标准

企业预算确定的各项指标，也是考核各部门工作成绩的基本尺度。在评定各部门的工作业绩时，要根据预算的完成情况，分析偏离预算的程度和原因，划清责任，奖惩分明，促使各部门为完成预算规定的目标而努力工作。

【思维开拓】

预算属于计划，那么是否所有的计划都可以编制成预算？

二、全面预算的内容

全面预算是由一系列预算按其经济内容及相互关系排列组合而成的有机体。预算的编制方法随企业的性质和规模不同而不同，但一个完整的全面预算的组成内容在各个不同的企业中基本上是一致的。完整的全面预算通常包括经营预算、专门决策预算和财务预算三部分。

（一）经营预算

经营预算，是指与企业日常经营业务直接相关的具有实质性的基本活动的一系列预算的统称，有时也称为“业务预算”，一般为短期预算。它主要包括销售预算、生产预算、直接材料预算、直接人工预算、制造费用预算、产品成本预算、期末存货成本预算、销售费用及管理费用预算、其他业务和营业外支出预算及生产经营工作总体部署等。

（二）专门决策预算

专门决策预算，是指企业为那些在预算期内不经常发生的、一次性的经济活动所编制的预算。与在日常经营业务基础上编制的经营预算和财务预算不同，专门决策预算所涉及的不是经常预测和决策的事项，一般为长期或不定期编制的预算，针对性较强。专门决策预算又可以分为经营决策预算和投资决策预算。

（三）财务预算

财务预算是指反映预算期内现金收支、经营成果和财务状况的预算。财务预算主要包括现金预算、财务费用预算、预计利润表、预计资产负债表。

在经营预算、专门决策预算、财务预算中，财务预算的综合性最强，各种经营预算和专门决策预算最终反映在财务预算中。财务预算是全面预算体系的最后环节，能够从价值方面总括地反映经营预算和专门决策预算的结果。显然，财务预算在全面预算体系中占有举足轻重的地位。但是，财务预算中的各项指标又依赖经营预算和专门决策预算。由此可见，经营预算和专门决策预算是财务预算的基础。

全面预算的内容之间的关系可以用图 1 - 7 - 1 来表示。

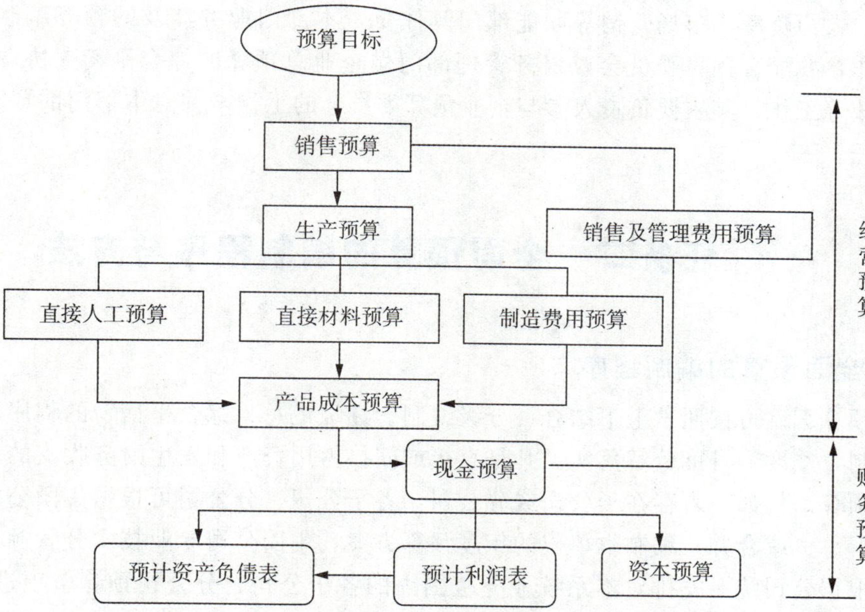

图 1-7-1 全面预算的内容关系图

三、全面预算管理组织体系

建立健全的预算管理组织体系是企业开展全面预算管理工作的基础之一。全面预算管理是一项复杂的系统工程，所以需要有一个健全的组织体系来保障预算管理各环节能够有效、顺畅地运行。全面预算管理组织体系由全面预算管理的决策机构、工作机构和执行机构三个层面组成，是承担预算编制、审批、执行、控制、调整、监督、核算、分析、考评及奖惩等一系列预算管理活动的主体。企业的全面预算管理能否正常运行并发挥作用，全面预算管理组织体系将起到关键性的主导作用。全面预算管理组织体系的构成如下：

（一）预算管理决策机构

预算管理决策机构是组织领导企业全面预算管理的最高权力组织。企业董事会或类似机构应当对企业预算的管理工作负总体责任，企业董事会或经理办公会可以根据情况设立预算委员会或指定财务管理部门负责预算管理事宜，并对企业法定代表人负责。

预算委员会或财务管理部门主要拟定预算的目标、政策，制定预算管理的具体措施和办法，审议、平衡预算方案，组织下达预算，协调解决预算编制和执行中的问题，组织审计、考核预算的执行情况，监督企业完成预算的目标。

（二）预算管理工作机构

预算管理工作机构是指负责预算的编制、审查、协调、控制、调整、核算、分析、反馈、考评与奖惩的组织机构。预算管理工作机构是企业预算管理工作的常设管理机构。预算管理工作机构一般设在财务部门，其主任一般由总会计师（或财务总监、分管财会工作的副总经理）兼任。

（三）预算管理执行机构

预算管理执行机构是指负责预算执行的各个责任预算执行主体。企业内部生产、投资、物资、人力资源、市场营销等职能部门具体负责本部门业务涉及的预算编制、执行、分析等工作，并配合预算委员会或财务管理部门做企业总预算的综合平衡、协调、分析、控制与考核等工作。其主要负责人参与企业预算委员会的工作，并对本部门的预算执行结果承担责任。

任务二　全面预算的编制程序与方法

全面预算的编制

一、全面预算的编制程序

公司预算编制可按照“上下结合、分级编制、逐级汇总、综合平衡”的程序进行，并按年度编制，季度、月度分解落实。凡是直接或间接占用资产和发生财务收支的职能部门均需编制预算。例如，若存在子公司或分公司，各子公司、分公司可根据集团公司的总体要求分别汇总（或合并）编制本单位的年度预算方案。集团公司专业技术分管领导及专业技术部门根据公司统一安排对本系统业务范围内的各子公司、分公司预算事项进行审查，并提出审核意见。其基本程序如下：

（一）下达目标

企业董事会或经理办公会根据企业发展战略和对预算期经济形势的初步预测，在决策的基础上提出企业下一年度的财务预算目标，包括销售目标、成本费用目标、利润目标和现金流量目标，并确定财务预算编制的政策，由预算管理层（预算管理领导小组）下达各部门。

（二）编制上报

各预算责任单位按照预算管理层下达的财务预算目标和政策，结合自身特点及预测的执行条件，提出本单位财务预算的详细方案，经本单位经营决策层审议批复后，上报至上级单位预算管理领导小组。

（三）审查平衡

企业经营决策层对各部门上报的财务预算方案进行审查、汇总，提出综合平衡的建议。在审查、平衡的过程中，预算管理领导小组应当根据实际需要组织有关技术、经济专家，有关业务人员，对各预算责任单位上报的预算方案，围绕提高企业的整体运行效率和实现企业效益最大化两个目标进行审核、评价。总的审核原则是：对收入类项目要拓宽销售渠道、提高收现率；对支出类项目，要严格按照投资规模、设计概算、定额、限额、开支范围和标准、资金状况等进行审查，提出综合平衡的修改意见。

（四）审议批准

企业经营决策层在各部门修正调整的基础上，编制出企业财务预算方案，报给预算管理层进行讨论。对于不符合企业发展战略或者财务预算目标的事项，企业预算管理层应当责成有关部门进一步修订、调整。在讨论、调整的基础上，企业财务管理部门正式编制企业年度财务预算草案，提交预算管理领导小组、总经理办公室或董事会审议批准。

(五) 下达执行

企业经营决策层将董事会或总经理办公室审议批准的年度总预算分解成一系列的指标体系，经由财务预算管理层逐级下达各部门执行。集团公司与子公司、分公司签订经营业绩责任书，从横向和纵向落实到各部门、各环节和各岗位，形成全方位的财务预算执行责任体系。

【思维开拓】

预算管理层、办公室及财务管理部门对预算的执行情况按月度、季度进行分析，着重分析利润预算、资本性支出预算、现金流量预算的完成情况，对当期实际发生数与预算数之间存在的差异，无论是有利的还是不利的，都要认真分析其成因，继而调整经营活动，采取相应的预算控制方式，调整后续月度、季度的经营预算，记录责任部门的经营业绩用于后续考核。预算分析的重点是差异的原因及应采取的措施。

二、全面预算的编制期间

全面预算按其涉及的预算期分为长期预算和短期预算。长期预算包括长期销售预算和资本支出预算，有时还包括长期资金筹措预算、研究与开发预算。预算的编制期间应当根据企业的实际情况来确定。

经营预算和财务预算属于企业的经常性预算，一般与会计年度保持一致，因此其编制期间通常为一年，属于短期预算。对于现金收支预算，企业为了及时掌握现金的收支情况，便于合理调度资金，可以按周、旬来编制；对于投资预算，企业可根据项目的投入产出周期确定编制期间，可以为一年甚至更长。

在确定了编制期间后，我们便可以确定全面预算编制的启动时间了，一般是编制期间起始日的前三个月，如果是编制各季度预算则应确定在季度预算期间开始的前一个月，月度预算可确定在月度预算开始的前一周。当然，这并不是所有企业都必须遵循的固定时间表，企业可以根据自身的实际情况来确定不同方案的编制期间和启动时间。

三、全面预算的编制方法

从预算编制的不同角度，我们可以将预算编制方法分为若干种类。预算编制方法按其业务量基础的数量特征不同，可分为固定预算和弹性预算两大类；按其出发点的特征不同，可分为增量预算和零基预算两大类；按其预算期的时间特征不同，可分为定期预算和滚动预算两大类。

(一) 固定预算与弹性预算

1. 固定预算

固定预算，又称静态预算，是指以预算期内正常的、可实现的某一业务量（如生产量、销售量、作业量等与预算项目相关的弹性变量）水平作为固定基础来编制预算的方法。

这种预算编制方法的特点如下：一是，该方法以事先确定的某一个业务量水平为编制基础，这一业务量水平是综合各种因素之后所做的判断，有时与实际业务量存在误差，甚至差异较大。因此，当业务量水平不稳时，编制固定预算难以满足预算管理对外部市场环境的适应性要求，造成预算与市场的脱节。二是，当实际业务量与预算业务量发生较大差异时，有关预算指标的实际数与预算数就会因业务量基础不同而失去可比性，不利于正确地控制、考核和评价企业预算的执行情况，难以发挥预算的内部管理功能。固定预算的应用范围较小，因此只有业务量水平较为稳定的企业或非营利组织编制预算时采用。

2. 弹性预算

弹性预算是指企业在不能准确预测业务量的情况下，在成本性态分析的基础上，以业务量、成本和利润之间的数量关系为依据，按照预算期可预见的各种业务量水平，编制能够适应多种业务水平的预算的方法。

弹性预算编制方法的特点：一是，该方法是按一系列业务水平编制的，从而扩大了预算的适用范围。也就是说，弹性预算不像固定预算那样，只适应一个业务量水平，而是能够随业务量水平的变动而做机动调整的一组预算。二是，弹性预算是按成本的性态分类列示的，便于在计划期末计算实际业务量的预算额，从而能够使预算执行情况的评价和考核建立在更加客观和可比的基础上，便于更好地发挥预算的控制作用。三是，弹性预算的编制工作量大，对市场及其变动趋势预测的准确性、预算项目及业务量之间依存关系的判断水平等会对弹性预算的合理性造成较大影响。四是，弹性预算适用于编制所有与业务量有关的各种预算，但从现实角度来看，其主要用于编制弹性成本费用预算和弹性利润预算。

【例 7-1】海达公司在计划期内预计销售 A 产品 1 500 件，单价为 100 元，单位变动成本为 80 元，固定成本总额为 20 000 元，实际销售 1 800 件，实际追加固定成本 5 000 元。海达公司计划期收入、成本、利润的固定预算见表 1 - 7 - 1。海达公司计划期产品销售量以 300 件为间隔的收入、成本、利润的弹性预算见表 1 - 7 - 2。

表 1 - 7 - 1　海达公司的固定预算表　　单位：元

项目	固定预算	实际发生额	预算差异（实际－预算）
销售收入	150 000	180 000	30 000
单价	100	100	0
变动成本总额	120 000	144 000	24 000
单位变动成本	80	80	0
贡献毛益总额	30 000	36 000	6 000
单位贡献毛益	20	20	0
固定成本总额	20 000	25 000	5 000
营业利润	10 000	11 000	1 000

表 1 - 7 - 2　海达公司的弹性预算表　　单位：元

项目	1 200 件	1 500 件	1 800 件
销售收入	120 000	150 000	180 000
单价	100	100	100
变动成本总额	96 000	120 000	144 000
单位变动成本	80	80	80
贡献毛益总额	24 000	30 000	36 000
单位贡献毛益	20	20	20
固定成本总额	20 000	20 000	20 000
营业利润	4 000	10 000	16 000

【思维开拓】

对比海达公司计划期的两种预算编制表，你认为哪种方法的适应性和可比性更好？弹性预算表中的销量间隔若定为100件或1 000件是否合理？

（二）增量预算和零基预算

1. 增量预算

增量预算是指以基期（历史期）成本费用水平为基础，结合预算期业务量水平及有关降低成本的措施，通过调整有关原有费用项目而编制预算的方法。

增量预算以过去的经验为基础，实际上是承认过去的各项费用开支项目及水平都是合理的，预算内容不需要进行调整。这种预算方法的缺点非常明显：首先，编制预算时，通常是以以前的成本项目及水平为基础稍做调整进行编制，可能使原来一些不合理的成本开支项目继续保留，造成预算上的浪费；其次，按照这种方法编制的成本费用预算，可能因没有考虑未来情况的变化而造成一些未来实际需要开支的项目预算不足，不利于企业的长期发展。这种预算的最大优点是预算编制工作简单，编制速度快，省时省力。

2. 零基预算

零基预算即以零为基础编制预算的方法，是指在编制成本费用预算时，不考虑以往预算期间内所发生的费用项目及费用水平，而是一切从预算期实际需要与可能出发，逐项审议预算期内各项费用的内容及开支标准是否合理、是否符合企业目标，在综合平衡的基础上编制费用预算的一种方法。这种预算方法是为克服增量预算的缺点而提出的，最初由美国得克萨斯仪器公司的彼得·派尔在20世纪60年代末提出，目前在西方国家较为流行，成为管理间接费用的一种新的有效方法。

零基预算的优点是：零基预算不受以前预算期的成本费用项目及水平的限制，一切从预算期的实际出发，不仅可以促进企业提高资源配置的效率，而且对一切费用一视同仁，有利于企业面向未来全面考虑各种成本费用的预算问题，有利于企业的长期发展；零基预算有助于增加预算编制的透明度，可以充分发挥各级管理人员的积极性、主动性和创造性，促使各预算部门精打细算，合理使用资金，提高资金的使用效率。

零基预算的缺点是：工作量较大，编制时间较长；预算编制的准确性受企业管理水平和相关数据标准准确性的影响较大。编制成本费用预算需要进行大量的基础工作，如需要进行历史分析、现状分析及未来分析，工作量极大。在实践中，为简化零基预算的工作量，企业一般不需要每年都按照这种方法编制预算，而是每隔几年才按此方法编制一次预算。

（三）定期预算和滚动预算

1. 定期预算

定期预算是指在编制预算时，以不变的会计期间（如日历年度）作为预算期的一种编制预算的方法。

定期预算的优点在于能够使预算期与会计年度相对应，便于考核和评价预算的执行结果。按照定期预算方法编制预算的主要缺点是缺乏远期指导性和灵活性。因为定期预算往往是在年初或提前两三个月编制的，对于整个预算年度的生产经营情况很难做出准确预算，尤其是对预算后期的预算更不准确，给预算的执行带来很多困难，不利于预算执行情况的考核与评价。定期预算不能随情况的变化及时做出调整，比较机械，在执行一段时间之后，管理人员往往只考虑剩下时间的业务量，从而导致一些短期行为的出现。

2. 滚动预算

滚动预算，又称连续预算，是指在编制预算时，预算期与会计年度相脱离，随着预算的执行不断延伸补充预算，逐期向后滚动、持续推进的预算编制方法。滚动预算按其预算编制和滚动的时间单位不同可分为中期滚动预算和短期滚动预算。中期滚动预算的编制周期通常为 3 年或 5 年，以年度作为滚动频率；短期滚动预算通常以 1 年为编制周期，以月度、季度作为滚动频率。

以逐月滚动方式为例进行说明，逐月滚动就是指在预算的编制过程中，以月份为预算的编制和滚动单位，每个月调整一次预算的方法。

例如，在 2023 年 1 月至 12 月的预算执行过程中，企业需要在 2023 年 1 月末根据当月预算的执行情况，修订 2023 年 2 月至 12 月的预算，同时补充 2024 年 1 月的预算；到 2023 年 2 月末可根据当月预算的执行情况，修订 2023 年 3 月至 2024 年 1 月的预算，同时补充 2024 年 2 月的预算……依此类推，如图 1－7－2 所示。以这种滚动方式编制的预算比较准确，但是滚动单位越小，预算编制的工作量越大。

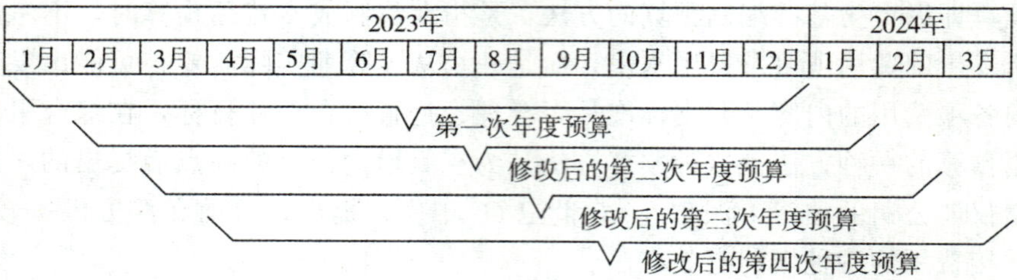

图 1－7－2　月度滚动预算编制示意图

滚动预算克服了定期预算的缺点，实现了与日常管理的紧密衔接，能够帮助管理人员从动态的角度把握企业近期的规划目标和远期的战略需要。而且，滚动预算能够根据前期预算的执行情况，结合各种因素的变动影响，及时调整和修订近期预算，从而使预算更加切合实际，能够充分发挥预算的指导和控制作用。但这种预算编制方法的缺点是过高的滚动频率，会加大工作量，增加预算沟通、执行的难度，导致执行者无所适从。

任务三　经营预算编制

一、年度经营目标及其制定流程

（一）年度经营目标

年度经营目标是指从企业的长期战略目标出发，在分析企业所处的外部环境和内部条件的前提下确定企业下一年度各项经营活动所要取得的结果。年度经营目标是企业愿景的具体化，反映了企业所应达到的一种状态，为企业近期的生产经营提供了基本的目标方向，使其能保持既有的连续性和稳定性。

年度经营目标可以采用目标利润预测法制定，具体操作方法可参考项目四预测分析中的利润预测部分的内容。

（二）年度经营目标的制定流程

年度经营目标的制定流程有三种，一是自上而下。预算由公司总部按照战略管理需要，结合公司股东大会意愿及企业所处行业的市场环境提出。预算是全面而详细的，各分部或分公司只是预算的执行主体，一切权力归公司总部。

二是自下而上。公司总部主要起到管理中心的作用，它将预算管理作为各子公司或分公司落实经营责任的管理手段，并认为预算管理的主动性来自各子公司或分公司，总部只对预算负有最终审批权。总部的管理责任是确定财务目标，子公司或分公司的管理责任是如何实现这一目标。为此，子公司或分公司编制并上报的预算在总部看来只是对总部财务目标实现的一种承诺。总部审批下级上报预算的目的，只是对承诺可靠性进行的核实。

三是上下结合。它是博采两者之长，在预算的编制过程中，经历了自上而下、自下而上的往复，能够保证集团公司总目标及子公司分目标的实现，体现了公平、公正的原则。采用这种流程的关键并不在于其上与下的偏重，而是上与下如何结合、对接点如何确定。

二、编制经营预算

在全面预算中，经营预算的编制是根据以销定产的原则进行的，也就是首先要编制销售预算，然后依次编制生产预算、直接材料预算、直接人工预算、制造费用预算等。在编制的过程中，我们要注意预算和预算之间的勾稽关系。企业内部生产、投资、物资、人力资源、市场营销等职能部门具体负责本部门业务涉及的预算编制。

（一）销售预算

销售预算是在销售预测的基础上，根据企业目标利润规划，结合其他方面因素，对预算期内的预计销售量、销售单价和销售收入所做的预算。销售预算是编制全面预算的出发点，也是日常业务预算的基础。

在进行销售预测时，预算编制人员应考虑影响销售的因素，例如总体经济状况、竞争、广告、定价、促销等，并采用专门方法进行预测，以提高预测的准确性。企业可通过自下而上的调研方式，要求每位营销人员提交一份销售预测，汇总这些预测结果便可得到公司总的销售预测。公司总的销售预测需要经过预算委员会的核定，包括对预期销售量和单价的核定，便成了公司的销售预算。

为了给编制现金预算提供资料，销售预算通常还包括对当期现金收入的预算，以反映每个预算期内应因销售而收回的现金的预计数。销售预算通常要分产品品种、分月、分季、分区域来编制，然后由公司进行汇总。

在销售预算中，预计销售额和现金收入的计算公式为：

预计销售额＝预计销售量×预计销售单价

本期现金收入＝本期到期的应收账款＋本期销售额当期现金收入

为了说明预算的编制方法，我们假设海达公司只经营一种产品，分季度进行预算，海达公司销售回款政策为：当季收取 80％的现金收入，下一季度收取剩余的 20％，年初应收账款余额 60 000 元，表 1 - 7 - 3 为海达公司 2023 年的销售预算。

表 1-7-3 海达公司 2023 年的销售预算

项目	年初余额	一季度	二季度	三季度	四季度	合计
预计销售量/件	—	1 500	2 200	1 600	2 900	8 200
预计单位售价/元	—	200	200	200	200	—
销售收入/元	—	300 000	440 000	320 000	580 000	1 640 000
应收账款/元	60 000	60 000	88 000	64 000	116 000	—
预计现金收入/元	—	300 000	412 000	344 000	528 000	1584 000

（二）生产预算

生产预算是关于预算期内生产数量的预算。生产预算的编制需要以销售预算中的销售量和预计期末存货数量为基础。如果不考虑期初与期末的存货数量，那么预算期内的预计生产数量应当等于预计期内的预计销售量。但在企业的实际生产经营中，生产与销售很难做到完全同步。企业需要保证一定的存货数量（安全库存），以抵消对产品需求和生产的不确定性。所以，编制生产预算时，我们需要对存货数量进行合理的估计，既要避免存货过多，增加存货成本，造成资金浪费；又要避免存货不足，影响未来销售。

对存货数量的预算有两种方法：

第一，预算期第一期期初存货数量是编制预算时预计的，预算期内各期末存货数量可以根据下期预计销售量的一定百分比来确定。

第二，单独编制存货预算，各期存货数量单独估计。

预计生产数量时，可按下面的公式来计算：

预计生产量＝预计销售量＋预计期末存货数量－预计期初存货数量

为了说明预算的编制方法，我们假设海达公司只经营一种产品，分季度进行预算。海达公司的销售量数据源于海达公司的销售预算表，见表 1-7-3。预计 2023 年第一季度（年初）的期初存货为 200 件，第四季度季末（年末）的存货为 200 件，每季度末的预计期末存货为下一季度预计销售量的 10%，表 1-7-4 为海达公司 2023 年的生产预算。

表 1-7-4 海达公司 2023 年的生产预算表

项目	年初余额	一季度	二季度	三季度	四季度	合计
预计销售量/件	—	1 500	2 200	1 600	2 900	8 200
加：预计期末存货/件	—	220	160	290	200	—
合计	—	1 720	2 360	1 890	3 100	9 070
减：预计期初存货/件	200	200	220	160	290	—
预计生产量/件	—	1 520	2 140	1 730	2 810	8 200

（三）直接材料预算

直接材料预算是以生产预算为基础，对预算期内原材料的采购数量、采购单价及预计采购成本所做的预算。预算期内原材料的采购数量取决于生产耗用量、原材料期初存货及原材料期末存货的需要量。原材料生产耗用量取决于预计生产量及单位产品材料消耗量，预计生产量即生产预算中的预计生产量，单位产品材料消耗量可以采用单位产品的定额消耗量。

对存货数量的预算有两种方法：

第一，预算期第一期期初存货数量是编制预算时预计的，预算期内各期末存货数量可以根据下期生产耗用量的一定百分比来确定。

第二，单独编制存货预算，各期存货数量单独估计。

预计采购单价可以根据市场有关情况进行预计，各预算期的采购数量可以根据下面的公式来计算：

预计采购量＝预计生产耗用量＋预计原材料期末存货量－预计原材料期初存货量

预计采购成本＝预计采购量×预计采购单价

购买原材料是企业现金支出的一个重要组成部分，为了给编制现金预算提供资料，编制直接材料预算的同时，需要编制现金支出预算，每一期预计现金支出包括偿还上期的采购欠款和本期预计以现金支付的采购款。每期需要以现金支付的采购价款数额，需要根据企业的实际情况、与供应方之间的协议约定及市场情况进行确定。

为了说明预算的编制方法，我们假设海达公司只经营一种产品，分季度进行预算。海达公司的生产量数据源于海达公司的生产预算表，见表 1 - 7 - 4。预计 2023 年第一季度（年初）的材料期初存货为 1 200 个，第四季度季末（年末）的材料存货为 1 600 个，每季度末的预计期末材料存货为下一季度生产耗用量的 10%。海达公司的货款结算政策为：材料采购款当季支付 60%，下一季度支付剩余的 40%，年初应付材料账款余额为 39 000 元，表 1 - 7 - 5 为海达公司 2023 年的生产预算。

表 1 - 7 - 5　海达公司 2023 年的直接材料预算表

项目	年初余额	一季度	二季度	三季度	四季度	合计
预计生产量/件	—	1 520	2 140	1 730	2 810	8 200
单位产品材料耗用量/个	—	10	10	10	10	—
生产需用量（总耗用）/个	—	15 200	21 400	17 300	28 100	82 000
加：预计期末材料存货/个	—	2 140	1 730	2 810	1 600	—
合计	—	17 340	23 130	20 110	29 700	90 280
减：预计期初材料存货/个	1 200	1 200	2 140	1 730	2 810	—
预计材料采购量/个	—	16 140	20 990	18 380	26 890	82 400
采购单价/元	—	5	5	5	5	—
预计材料采购总额/元	—	80 700	104 950	91 900	134 450	412 000
应付材料账款/元	39 000	32 280	41 980	36 760	53 780	—
预计现金支出/元	—	87 420	95 250	97 120	117 430	397 220

（四）直接人工预算

直接人工预算也是以生产预算为基础编制的，是对单位产品工时、人工总工时、每小时人工成本及人工总成本所做的预算。直接人工预算比直接材料预算简单，它不需要考虑存货因素，可以直接根据预算生产量所需要的直接人工小时及每小时人工成本编制。

单位产品工时及每小时人工成本（每小时人工工资）资料来自企业的产品定额资料（产品的物料清单）。

直接人工总成本（直接人工工资）可以通过下面的公式计算：

直接人工总成本＝预计生产量×单位产品工时×每小时人工成本

由于直接人工工资都需要企业以现金支付，因此不需要另外编制现金支出预算，直接人工预算可直接为现金预算提供现金支付支出资料。

为了说明预算的编制方法，我们假设海达公司只经营一种产品，分季度进行预算。海达公司的生产量数据源于海达公司的生产预算表，见表1-7-4。海达公司的人工工资按月支付，季度结清。表1-7-6为海达公司2023年的直接人工预算。

表1-7-6　海达公司2023年的直接人工预算表

项目	一季度	二季度	三季度	四季度	合计
预计生产量/件	1 520	2 140	1 730	2 810	8 200
单位产品工时/小时	3	3	3	3	—
人工总工时/小时	4 560	6 420	5 190	8 430	24 600
每小时人工成本/元	4	4	4	4	—
人工总成本支出/元	18 240	25 680	20 760	33 720	98 400

（五）制造费用预算

制造费用预算是对那些为产品生产服务，但不能直接计入产品成本的间接费用所做的预算。与直接材料、直接人工不同，制造费用与产品生产数量并不保持直接的比例关系，有些制造费用随产品生产数量的增减变化而变化，有些制造费用与产品数量没有直接关系，如折旧费用等。

为了编制制造费用预算，我们通常将制造费用按成本性态，分为变动制造费用和固定制造费用，并分别对变动制造费用和固定制造费用编制预算。变动制造费用与产品产量直接相关，所以变动制造费用预算以生产预算为基础来编制，变动制造费用是预计生产量与单位产品变动制造费用的乘积。固定制造费用与本期生产数量无关，需要按照费用项目逐项根据每一预算期内实际需要的支付数额进行预计，或在上一年的基础上根据预期变动加以适当修正进行预计。预计制造费用的计算公式为：

预计制造费用＝预计变动制造费用＋预计固定制造费用

为了给编制现金预算提供现金收支信息，我们在编制制造费用预算的同时，通常需要编制现金支出预算。值得注意的是，有些制造费用的发生额是不需要支付现金的，如折旧。因此，我们在编制现金支出预算时，应将不需要以现金支付的制造费用项目扣除，计算公式如下：

预计现金支出＝预计制造费用－不需要以现金支付的制造费用

为了说明预算的编制方法，我们假设海达公司只经营一种产品，分季度进行预算。海达公司的人工工时数据源于海达公司的直接人工预算表，见表1-7-6。海达公司的预计变动制造费用分配率为3元/小时，各季度的固定制造费用预计为20 000元，其中折旧费用为8 000元。表1-7-7为海达公司2023年的制造费用预算。

表 1-7-7 海达公司 2023 年的制造费用预算表

项目	一季度	二季度	三季度	四季度	合计
人工总工时/小时	4 560	6 420	5 190	8 430	24 600
变动费用率/（元/小时）	3	3	3	3	—
变动性制造费用/元	13 680	19 260	15 570	25 290	73 800
固定性制造费用	20 000	20 000	20 000	20 000	80 000
合计	33 680	39 260	35 570	45 290	153 800
减：折旧费	8 000	8 000	8 000	8 000	32 000
制造费用现金支出/元	25 680	31 260	27 570	37 290	121 800

（六）销售费用与管理费用预算

1. 销售费用预算

销售费用预算是对销售环节的支出所做的预算。同制造费用一样，按照与销售量之间的关系，销售费用可分为变动销售费用和固定销售费用。变动销售费用是指随销售量的变动而变动的销售费用；固定销售费用是指不随销售量的变动而变动的销售费用，如销售人员的工资和销售机构的折旧费用、广告费用、保险费用等。

变动销售费用的预算应当以销售预算为基础进行编制，预算期内的变动销售费用应是预计销售量与单位变动销售费用的乘积。而且，变动销售费用预算应当与销售预算相协调，也应按产品品种，分月、分季、分区域来做预算，然后加以汇总。

固定销售费用不随销售量的变动而变动，一般可以以过去的实际开支为基础，根据预算期的变动进行调整来编制预算。

2. 管理费用预算

管理费用是企业管理部门为组织和管理企业所发生的费用，一般与生产量及销售量都没有必然联系，属于固定费用，可采用增量预算或零基预算的方法编制预算。

销售及管理费用大部分也需要本期支付现金，为了给现金预算提供资料，在编制销售及管理费用预算时应编制现金支出预算。同制造费用一样，一些不需要支付现金的销售及管理费用应扣除，如折旧费、长期待摊费。

为了说明预算的编制方法，我们假设海达公司只经营一种产品，分季度进行预算。海达公司的销售量数据源于海达公司的销售预算表，见表 1-7-3。表 1-7-8 为海达公司 2023 年的销售及管理费用预算。

表 1-7-8 海达公司 2023 年的销售及管理费用预算表

项目	一季度	二季度	三季度	四季度	合计
预计销售量/件	1 500	2 200	1 600	2 900	8 200
单位变动费用/元	3	3	3	3	—
变动费用合计/元	4 500	6 600	4 800	8 700	24 600
固定费用：	25 000	23 000	23 000	23 000	94 000
其中：广告费	5 000	5 000	5 000	5 000	20 000

续　表

项目	一季度	二季度	三季度	四季度	合计
保险费	2 000	—	—	—	2 000
管理人员工资	12 000	12 000	12 000	12 000	48 000
长期待摊费用（非现金支出）	3 000	3 000	3 000	3 000	12 000
折旧费（非现金支出）	3 000	3 000	3 000	3 000	12 000
预计销售及管理费用	29 500	29 600	27 800	31 700	118 600
预计销售及管理费用现金支出/元	23 500	23 600	21 800	25 700	94 600

（七）产品成本预算

产品成本预算是对产品的单位成本、总成本的预算。产品成本预算的编制需要以直接材料预算、直接人工预算及制造费用预算为基础。

产品单位成本取决于单位产品的材料费用、单位产品的人工费用及单位产品应分担的制造费用。相关计算公式如下：

单位产品的直接材料费用＝单位产品材料消耗量×材料预计单价

单位产品的直接人工费用＝单位产品工时×预计每小时人工成本

单位产品的制造费用＝每小时制造费用×单位产品工时

$$=\frac{\text{制造费用总额}}{\text{产品工时总额}}\times\text{单位产品工时}$$

产品总成本＝预计生产量×产品单位成本

为了说明预算的编制方法，我们假设海达公司只经营一种产品，分季度进行预算。海达公司的直接材料数据源于海达公司的直接材料预算表，见表 1-7-5。直接人工数据源于海达公司的直接人工预算表，见表 1-7-6。制造费用数据源于海达公司的制造费用预算表，见表 1-7-7。表 1-7-9 为海达公司 2023 年的销售及管理费用预算。

表 1-7-9　海达公司 2023 年的产品成本预算表

项目	单位成本			生产成本	期末存货	销售成本
	分配率	业务量	成本/元	（8 200 件）	（200 件）	（8 200 件）
直接材料	5	10	50	410 000	10 000	410 000
直接人工	4	3	12	98 400	2 400	98 400
变动制造费用	3	3	9	65 600	1 800	65 600
固定制造费用	—	—	2.44	20 008	488	20 008
合计	—	—	73.44	602 208	14 688	602 208

【思维开拓】

通过编制海达公司的经营预算，你能总结出经营预算几个预算内容之间的联系吗？通过销售预算我们可以知道销售收入为 1 640 000 元，通过产品成本预算我们可以知道销售成本为 602 208 元，经营预算是否能够直接反映企业的净利润情况呢？

任务四　财务预算编制

一、资本支出预算

资本支出预算是对预算期内长期投资项目（回收期超过1年）的未来现金流量进行估算。资本支出预算是与经营预算相对应的，是长期投资决策已选定方案的集中概括和系统化、数据列表化，其主要内容是列示投资方案分年度的用款额度及企业各年需要投入的资金总量，以便据以筹划相应的资金来源。

资本支出一般都是金额较大的投资项目或者是大批量的固定资产购买。大额的资本支出不光占用企业的流动资金，有时企业也会通过外部来筹措资金，这使企业承担着不小的财务风险。因此，我们在编制资本支出时，应尽可能准确，对项目资本的流入和流出应予以充分的考虑，充分考虑货币的时间价值和风险报酬率。资本支出预算由负责公司投资发展安排或财务核算、资金预算管理的部门负责编制，一般由公司财务部牵头进行。

二、现金预算

现金预算是为了反映企业在计划期间预计的现金收支的详细情况而编制的预算。现金预算实际上是其他预算有关现金收支部分的汇总，以及收支差额平均措施的具体计划。它的编制要以其他各项预算为基础，或者说其他预算在编制时要为现金预算提供数据支撑。现金预算由负责公司日常财务核算或资金预算管理的部门负责编制，一般由公司财务部牵头进行。

（一）现金预算的内容

现金预算包括现金收入、现金支出、现金溢余或短缺、资金的筹集和运用四个部分。

1. 现金收入

现金收入部分包括期初现金余额和预算期现金收入，如现金销售收入、应收账款收回、应收票据到期兑现、票据贴现收入、出售长期性资产、收回投资等。其中，销货取得的现金收入是其主要来源。期初现金余额的数据是在编制预算时预计的，一般为企业常规设定的安全现金保有量，现金销售收入的数据来自销售预算，可动用现金是期初余额与本期现金收入之和。

2. 现金支出

现金支出部分包括预算期预计的各项现金支出，如材料采购支付货款、支付工人工资、支付办公用品费用、支付广告费用、支付税金、应付利润及资本性支出等。需要指出的是，短期借款的利息支付（财务费用）不列入该项，而是归为资金的筹集和运用。直接材料、直接人工、制造费用、销售管理费用的数据分别来自经营预算中的相关预算表。此外，所得税费用、购置设备、股利分配等数据分别来自相同计划期间编制的专门预算。

3. 现金溢余或短缺

现金溢余或短缺是当前可动用现金合计数与预计现金支出合计数的差额。差额为正，说明企业当期现金有可供支配的额度，可以用于偿还过去从银行取得的借款，或者用于短期投资；差额为负，说明企业当期现金不能满足需要，要向银行或其他金融机构贷取新的借款。

4. 资金的筹集和运用

资金的筹集和运用是根据预算期现金收支的差额和企业有关资金管理的各项政策确定筹集和运用资金的数额。如果资金不足，企业可向银行申请取得借款或通过其他方式筹集资金，并预计还本付息的期限和数额；如果现金多余，企业除了可以偿还已有借款以外，还可以进行短期投资，如购买有价证券。

现金收入、现金支出、现金溢余或短缺、资金的筹集和运用这四个部分之间的基本关系如下：

期初现金余额＋现金收入＝当前可动用现金合计

当前可动用现金合计－现金支出＝现金溢余或短缺

现金溢余或短缺＋资金的筹集与运用＝期末现金余额

（二）现金预算的编制

现金预算以各项业务预算为基础，企业通过确定现金收入和计划现金支出，编制现金预算表。因此，现金预算表的数据大多源于其他各项预算。

为了说明现金预算的编制方法，我们将海达公司经营预算中的现金收入与支出情况整理到海达公司 2023 年的现金预算表中。假设海达公司各季度期初现金余额已单独预计，海达公司存在上一年度取得的银行短期贷款，详细数据见表 1 - 7 - 10。

表 1 - 7 - 10　海达公司 2023 年的现金预算表　　单位：元

项目	一季度	二季度	三季度	四季度	合计
期初现金余额	50 000	10 125	44 100	44 850	—
加：预计现金收入	300 000	412 000	344 000	528 000	1584 000
可动用现金合计	350 000	422 125	388 100	572 850	—
减：现金支出	236 840	231 790	223 250	271 765	963 645
其中：直接材料支出（表 1 - 7 - 5）	87 420	95 250	97 120	117 430	397 220
直接人工支出（表 1 - 7 - 6）	18 240	25 680	20 760	33 720	98 400
制造费用支出（表 1 - 7 - 7）	25 680	31 260	27 570	37 290	121 800
销售与管理费用支出（表 1 - 7 - 8）	23 500	23 600	21 800	25 700	94 600
购买固定资产	26 000				26 000
所得税	56 000	56 000	56 000	57 625	225 625
现金溢余或短缺	113 160	190 335	164 850	301 085	—
加：资金的筹集与运用	－103 035	－146 235	－120 000	－243 657	－692 927
其中：取得银行贷款				170 000	170 000
偿还贷款本金	－100 000			－400 000	500 000
支付利息	－3 035			－13 657	－16 692
购买有价证券		－146 235	－120 000		－266 235
期末现金余额	10 125	44 100	44 850	57 428	—

通过海达公司的现金预算表，我们可以清晰地看到各期现金的流入和流出情况，根据资金的溢余或短缺，适时安排企业的资金调度。当溢余资金较多时，企业可以考虑将其用

于长期投资方案，此时需要编制资本支出预算，相关数据会再反馈到现金预算表中。

三、编制预计财务报表

预计财务报表包括预计利润表和预计资产负债表。若企业已经编制了能够直观地反映各期现金流入、流出情况的现金预算表，则没有必要再编制预计现金流量表。

预计财务报表的作用与实际的财务报表不同。所有企业都要在会计核算期间编制实际的财务报表，这是有关法律、法规的强制性规定，其主要目的是向外部报表使用者提供财务信息。当然，这并不意味着常规财务报表对企业管理人员没有价值。预计财务报表主要是为企业的财务管理服务的，它是控制企业资金、成本和利润总量的重要手段。因其可以从总体上反映企业一定期间的经营情况，通常被称为企业的“总预算”。预计财务报表的编制由负责公司日常财务核算或资金预算管理的部门负责编制，一般由公司财务部牵头进行。

（一）编制预计利润表

预计利润表是预算编制人员在企业各项经营预算的基础上，根据权责发生制编制的利润表。预计利润表综合反映了企业计划期内的预计销售收入、销售成本和预计可实现的利润或可能发生的亏损，它可以揭示企业预期的盈利情况，有助于管理人员及时调整经营策略。

预计利润表与实际利润表的内容和格式基本相同，只不过数据是面向预算期的，它是在汇总销售、成本、销售及管理费用、营业外收支、资本支出等预算的基础上编制的。根据企业要求的编制范围和精确程度，部分表样的内容有所差异，一般是实际利润表项目多于预计利润表。通过编制预计利润表，企业可以了解预期的盈利水平。如果预计利润与最初编制方针中的目标利润存在较大的不一致，就需要调整部门预算，使部门预算设法达到目标利润，或者经企业领导同意后修改目标利润。

为了说明现金预算的编制方法，我们将海达公司经营预算中的现金收入、支出、费用等情况整理到海达公司2023年的预计利润表中，预计利润表中的项目与实际利润表相比部分内容未体现。具体数据见表1-7-11。表中涉及的项目关系如下：

营业毛利＝销售收入－销售成本

营业利润＝营业毛利－销售及管理费用

净利润＝营业利润－利息费用－所得税

表1-7-11　海达公司2023年的预计利润表　　　　**单元：元**

项目	年度
销售收入	1 640 000
减：产品销售成本	602 208
营业毛利	1 037 792
减：销售及管理费用	118 600
营业利润	919 192
减：利息费用	16 692
税前利润	902 500
减：所得税	225 625
净利润	676 875

【思维开拓】

在海达公司预计利润表的编制中，适用税率为25%。不同企业适用的企业所得税税率不一，在编制预计利润表时，要充分了解编制公司的税率适用情况。

（二）编制预计资产负债表

预计资产负债表与实际的资产负债表的内容和格式相同，只不过预计资产负债表的数据是反映预算期末的财务状况的。根据企业要求的编制范围和精确程度，部分表样的内容有所差异，一般是实际资产负债表项目多于预计资产负债表。预计资产负债表是利用本期期初的资产负债表，根据销售、生产、资本等预算的有关数据加以调整编制的，是反映企业预算期末财务状况的总括性预算。

预计资产负债表可以为企业管理当局提供会计期末企业预期财务状况的信息，有助于企业管理当局预测企业未来的经营状况，并采取适当的改进措施，以改善财务状况。

【思维开拓】

若要编制海达公司2023年的预计资产负债表，哪些数据可以从已编制的经营预算表、现金预算表和预计利润表中直接得到呢？

【项目习题】

参考答案

一、单项选择题

1. 相对于增量预算法，下列关于零基预算法的说法不正确的是（　　）。

A. 预算编制成本相对较高　　B. 预算编制工作量相对较少

C. 以零为起点编制预算　　D. 不受历史期不合理因素的影响

2. 随着预算执行不断补充预算，但始终保持一个固定预算期长度的预算编制方法是（　　）。

A. 零基预算法　B. 滚动预算法　C. 弹性预算法　D. 定期预算法

3. 下列各项中，属于专门决策预算的是（　　）。

A. 预计利润表　B. 产品成本预算　C. 资本支出预算　D. 预计资产负债表

4. 千诚公司在编制资金预算时，期末现金余额要求不低于10 000元，资金不足则向银行借款，借款金额要求为10 000元的整数倍。若现金短缺金额为55 000元，则应向银行借款的金额为（　　）。

A. 40 000元　B. 50 000元　C. 60 000元　D. 70 000元

5. 下列预算中，不直接涉及现金收支的是（　　）。

A. 销售预算　　B. 产品成本预算

C. 直接材料预算　　D. 销售与管理费用预算

二、多项选择题

1. 全面预算的内容包括（　　）。

A. 经营决策预算　B. 投资决策预算　C. 日常业务预算　D. 财务预算

2. 已知A公司在预算期间，销售当季度收回货款60%，下季度收回货款30%，下下季度收回货款10%，预算年度期初应收账款金额为28万元，其中包括上一年第三季度销售的应收账款4万元，第四季度销售的应收账款24万元。下列说法正确的有（　　）。

A. 上年第四季度的销售额为 60 万

B. 上年第三季度的销售额为 40 万元

C. 上年第三季度销售的应收账款 4 万元在预计年度第一季度可以全部收回

D. 第一季度收回的期初应收账款为 24 万元

3. 下列各项中，在生产预算的基础上编制的是（　　）。

A. 直接材料预算 B. 直接人工预算 C. 产品成本预算 D. 管理费用预算

4. 在全面预算体系中，编制产品成本预算的依据有（　　）。

A. 制造费用预算 B. 生产预算 C. 直接人工预算 D. 直接材料预算

5. 下列各项中，能够成为预计资产负债表中存货项目金额来源的有（　　）。

A. 销售费用预算 B. 直接人工预算 C. 直接材料预算 D. 产品成本预算

三、判断题

（　　）1. 零基预算是指在编制预算时，对于所有的预算支出均以零为基础，不考虑以往情况如何，从根本上研究、分析每项费用是否有支出的必要性和支出数额的大小。

（　　）2. 为了减少预算管理的工作量，可以省去审查平衡这一环节。

（　　）3. 预算的决策机构为董事会和预算管理委员会。

（　　）4. 现金预算也称现金收支预算，是以日常业务预算和专门决策预算为基础编制的反映现金收支情况的预算。现金预算中的现金收入主要反映经营性现金收入，现金支出则同时反映经营性现金支出和资本性现金支出。编制现金预算需要以日常业务预算和财务预算为依据。

（　　）5. 在财务预算的编制过程中，编制预计财务报表的正确程序是：先编制预计资产负债表，然后编制预计利润表。

四、计算分析题

1. 千诚公司预算期间 2023 年度的简略销售情况见表 1-7-12，若销售当季度收回货款 60%，下一季度收回货款 35%，下下季度收回货款 5%，预算年度期初应收账款金额为 22 000元，其中包括上年第三季度销售的应收账款 4 000 元、第四季度销售的应收账款 18 000元。要求：将该公司 2023 年销售预算表（表 1-7-13）中的数据编制完整。

表 1-7-12　千诚公司 2023 年度的销售情况

季度	一季度	二季度	三季度	四季度	合计
预计销售量/件	2 500	3 750	4 500	3 000	13 750
销售单价/元	20	20	20	20	20

表 1-7-13　千诚公司 2023 年度的销售预算表　　金额单位：元

项目	一季度	二季度	三季度	四季度
预计销售量/件	2 500	3 750	4 500	3 000
销售单价	20	20	20	20
预计销售金额				
本年期初应收账款收现额			—	—
一季度销售现金回款		17 500	2500	—
二季度销售现金回款	—	45 000		3 750
三季度销售现金回款	—	—	54 000	31 500
四季度销售现金回款	—	—	—	36 000

2. 盛辉公司 2023 年度的现金预算部分数据见表 1-7-14，该公司规定各季度末应保

有现金额度不低于 5 000 元。要求：将该公司 2023 年度现金预算表中的数据编制完整。

表 1-7-14　盛辉公司 2023 年度的现金预算表　　　　单位：元

项目	一季度	二季度	三季度	四季度	全年
期初现金余额	8 000			5 000	
加：现金收入			96 000		321 000
可动用现金合计	68 000			100 000	—
减：现金支出		85 000			—
其中：直接材料	35 000	45 000	30 000	35 000	113 000
制造费用		30 000	10 000		36 000
销售及管理费用	2 000	2 000	2 000	2 000	
购置设备	8 000	8 000		26 000	
现金溢余或不足	−2 000		11 000		—
现金筹集与运用		15 000	−6 000	−17 000	—
其中：取得银行借款		15 000	—	—	—
归还本息	—	—	—		—
期末现金余额	5 000		5 000	5 000	5 000

点睛记忆

知识点	内容		记忆程度
全面预算管理	含义	全面预算是企业在预测、决策的基础上，用数量和金额以表格的形式反映企业未来一定时期内经营、投资、筹资等活动的具体计划，是为实现企业目标而对各种资源和企业活动所做的详细安排。预算既是计划工作的结果，又是控制生产经营活动的依据	
	作用	明确工作目标、协调部门关系、控制日常活动、考核业绩标准	
	内容	经营预算、专门决策预算、财务预算	
	全面预算管理组织体系	预算管理决策机构、预算管理工作机构、预算管理执行机构	
全面预算的编制程序与方法	编制程序	下达目标、编制上报、审查平衡、审议批准、下达执行	
	编制期间	长期预算、短期预算，编制期间不固定	
	编制方法	预算编制方法按其业务量基础的数量特征不同，可分为固定预算和弹性预算；按其出发点的特征不同，可分为增量预算和零基预算；按其预算期的时间特征不同，可分为定期预算和滚动预算	

续　表

知识点	内容		记忆程度
编制经营预算	销售预算	预计销售额＝预计销售量×预计销售单价；为了给编制现金预算提供资料，销售预算通常还包括现金收入的预算，以反映每个预算期内因销售而收回现金的预计数	
	生产预算	预计生产量＝预计销售量＋预计期末存货数量－预计期初存货数量	
	直接材料预算	预计采购量＝预计生产耗用量＋预计原材料期末存货量－预计原材料期初存货量；直接材料预算预计采购成本是预计采购量与预计采购单价的乘积。编制直接材料预算的同时，需要编制现金支出预算，每一期预计现金支出包括偿还上期的采购欠款和本期预计以现金支付的采购款	
	直接人工预算	直接人工总成本＝预计生产量×单位产品工时×每小时人工成本；直接人工预算可直接为现金预算提供现金支出资料	
	制造费用预算	预计制造费用＝预计变动制造费用＋预计固定制造费用；预计现金支出＝预计制造费用－不需要以现金支付的制造费用	
	销售与管理费用预算	预算期内的变动销售费用应是预计销售量与单位变动销售费用的乘积。固定销售费用根据预算期的变动进行调整来编制预算。管理费用属于固定费用，可采用增量预算或零基预算的方法编制预算	
	产品成本预算	单位产品的直接材料费用＝单位产品材料消耗量×材料预计单价；单位产品的直接人工费用＝单位产品工时×预计每小时人工成本；单位产品的制造费用＝每小时制造费用×单位产品工时＝$\frac{\text{制造费用总额}}{\text{产品工时总额}}$×单位产品工时；产品总成本＝预计生产量×产品单位成本	
编制财务预算	编制现金预算	期初现金余额＋现金收入＝当前可动用现金合计；当前可动用现金合计－现金支出＝现金溢余或短缺；现金溢余或短缺＋资金的筹集与运用＝期末现金余额；现金预算以各项业务预算为基础，企业通过确定现金收入和计划现金支出，编制现金预算表。因此，现金预算表的数据大多源于其他各项预算	
	编制预计利润表	预计利润表与实际利润表的内容和格式基本相同，只不过数据是面向预算期的，它是在汇总销售、成本、销售及管理费用、营业外收支、资本支出等预算的基础上编制的	
	编制预计资产负债表	预计资产负债表是利用本期期初的资产负债表，根据销售、生产、资本等预算的有关数据加以调整编制的，是反映企业预算期末财务状况的总括性预算	

项目八　运用标准成本实施成本控制

知识目标

1. 了解成本控制的含义、分类。
2. 了解成本控制的原则与程序。
3. 掌握标准成本控制的制定方法。

成本控制概述

技能目标

1. 掌握标准成本制度。
2. 根据企业实际，能够进行成本差异的计算分析。

【案例导入】

现在全球都在研究沃尔玛是如何成为世界500强第一位的，有人认为沃尔玛的竞争力是天天低价，有人认为是物流配送，有人认为是增值服务。沃尔玛成功的原因是什么？就此问题，一些国外专家研究得出的结果是，沃尔玛的竞争优势就在于价格的优势。沃尔玛有五项竞争能力，最为核心的是成本控制能力，其他的业态创新能力、快速扩张能力、财务运作能力和营销管理能力，都是围绕着成本控制能力来运行的，这五个能力最终都在不同的方面节省了运营成本，都是为运营成本服务的，为竞争优势服务的。

思考：什么是成本控制？成本控制是怎样为竞争提供优势服务的？

任务一　成本控制概述

成本管理，是指企业在营运过程中实施的成本预测、成本决策、成本计划、成本控制、成本核算、成本分析和成本考核等一系列管理活动的总称。其中，成本控制是非常重要的组成部分。成本控制是成本管理者根据预定的目标，对成本发生和形成的过程以及影响成本的各种因素条件施加主动的影响或干预，把实际成本控制在预期目标内的成本管理活动。企业应将设定的可实现目标成本、功能级目标成本、零部件级目标成本和供应商目标售价进一步量化为可控制的财务和非财务指标，落实到各责任中心，形成各责任中心的责任成本和成本控制标准，并辅之以相应的权限，将达成的可实现目标成本落到实处。

一、成本控制的含义

成本控制是以目标成本为依据，以降低成本为目的，在成本的形成过程中，进行科学的监督、调节、控制，找到实际成本与成本控制标准之间的差异，及时采取措施来纠正偏差，最终实现成本目标的过程。

企业如果想克服来自内部和外部的双重压力，就需要降低成本，提高产品质量，提高效率，提高核心竞争力。只有企业制定成本目标，实施成本控制，降低成本，才能增加利润，提高经济效益。企业不能片面地强调生产过程的成本控制，而是要全程把握，全方位把握，从产品的设计到生产，从销售到交货等各环节都要考虑，才能挖掘降低成本的因素，真正实现成本控制。企业的生产经营活动和管理水平对产品成本水平有直接影响，如果企业建立成本控制也就意味着企业建立了相应的控制标准，这样就能够加强各项管理工作，保证成本控制的有效运行。

二、成本控制的分类

广义的成本控制主要包括前馈控制、过程控制、后馈控制。狭义的成本控制是指过程控制。

前馈控制是指在产品投产前的设计实验阶段，找到影响成本的相关因素，制定成本控制制度用于约束成本开支；或者是采用各种方法，对成本进行预测，制定成本标准，确定成本方案。成本标准也是成本控制的依据。

过程控制是指在前期建立成本制度以后，根据成本制度制定成本目标。当在企业活动的实施过程中发生的实际成本与制定的目标成本之间出现差异时，企业应找出形成差异的原因并采取有效措施，使成本能够控制在一定范围内。

反馈控制是指成本形成以后就与目标成本的差异进行复盘，找到成本差异的原因，并总结归纳降低成本的有效途径。此阶段不仅能够总结成本差异原因并得到行之有效的方法，同时能够及时验证成本预算的科学性与有效性，增加产品价值，实现企业成本预算管理目标。

三、成本控制的原则

（一）成本效益原则

成本效益原则是指成本的效益分析应与量本利分析相结合，使成本与业务量、效益紧密结合，达到利润最大化。

（二）相互协调原则

相互协调原则是指企业的各个部门之间也是相互联系、相互制约的。各部门不能独立完成工作，应协调合作，以提高企业的总体经济效益为出发点，总结与分享成本控制经验。

（三）适应原则

适应原则是指企业要随着时间的推移和内外部条件的变化，综合考虑各因素，不能顾此失彼。

（四）全面性原则

成本控制的全面性原则是指全方位的成本控制、全过程的成本控制以及全员的成本控制。全方位的成本控制体现在企业的所有经济活动方面。全过程控制指的是成本控制应贯串于整个过程中，包括产品的设计、开发、生产、销售等各环节。成本控制已经从传统的事后成本分析与检查发展为现代的事中的日常成本控制。全员控制指的是与成本相关的各个部门中的全体职工。企业要调动每个部门、每位员工的积极性和主动性，鼓励其共同完成成本控制，达成成本目标。

（五）责权利相结合的原则

成本控制的权责利相结合原则，是指把企业的各部门划分成不同的责任中心，建立全面管理体系的预算报告系统，将责任中心的成本控制、预算执行情况，以及评价与业绩考核紧密联系起来，达到责权利相结合的效果。

（六）例外管理原则

在企业的生产过程中会出现一些不可抗的因素，导致一些企业无法控制的后果。对于特殊情况，企业需要分析原因，及时采取措施，尽量让损失最小化。这些不曾预料的情况，有可能与成本控制相关。针对这些特殊情况，企业需要分别对待，采取不同的措施，保证成本控制的有力实施。

四、成本控制的程序

第一，制定成本标准。

第二，监督成本的形成。

第三，计算成本差异，分析成本差异产生的原因。

第四，针对影响成本的因素，采取积极的改进措施，并据此对有关责任人进行奖惩。

任务二　标准成本控制

标准成本控制

一、标准成本与标准成本法

（一）标准成本

标准成本是指在正常的生产技术水平和有效的经营管理条件下，企业经过努力应达到的产品成本水平。

在现有条件下所能达到的最优成本水平，即在生产过程无浪费、机器无故障、人员无闲置、产品无废品的假设条件下制定的成本标准，属于理论中的标准成本。这里的标准成本是指在正常情况下，企业经过努力可以达到的成本标准，这一标准考虑了生产过程中不可避免的损失、故障和偏差等，具有客观性、现实性和激励性，在实践中得到广泛运用。正常标准成本大于理想标准成本。

（二）标准成本法

标准成本法是指企业以预先制定的标准成本为基础，通过比较标准成本与实际成本，计算和分析成本差异，揭示成本差异动因，进而实施成本控制、评价经营业绩的一种成本管理方法。

企业应用标准成本法的主要目标是通过标准成本与实际成本的比较，揭示与分析标准成本与实际成本之间的差异，并按照例外管理的原则，对不利差异予以纠正，以提高工作效率，不断改善产品成本。

标准成本法一般适用于产品及其生产条件相对稳定，或生产流程与工艺标准化程度较高的企业。标准成本法的主要优点，一是能及时反馈各成本项目不同性质的差异，有利于考核相关部门及人员的业绩；二是标准成本的制定及其差异和动因的信息可以使企业预算的编制更为科学和可行，有助于企业的经营决策。

标准成本法的主要缺点，一是要求企业产品的成本标准比较准确、稳定，在使用条件上存在一定的局限性；二是对标准管理水平的要求较高，系统维护成本较高；三是标准成本需要根据市场价格波动频繁更新，导致成本差异可能缺乏可靠性，降低了成本控制的效果。

二、标准成本的制定

单位产品标准成本的计算公式如下：

单位产品的标准成本＝直接材料标准成本＋直接人工标准成本＋制造费用标准成本

单位产品的标准成本通常由直接材料标准成本、直接人工标准成本和制造费用标准成本构成。每一成本项目的标准成本应分为用量标准（包括单位产品消耗量、单位产品人工小时等）和价格标准（包括原材料单价、小时工资率、小时制造费用分配率等）。制定标准成本时，一般先制定直接材料和直接人工的标准成本，然后确定制造费用的标准成本，最后确定单位产品的标准成本。制定标准成本通常与预算的制定过程相联系，要从企业的实际情况出发，会同相关责任部门与员工，进行分析与研究后加以确定。制定直接材料成本、直接人工成本、制造费用成本的标准如下。

（一）制定直接材料成本标准

直接材料成本标准是指直接用于产品生产的材料成本标准，包括标准用量和标准单价两方面。

标准单价一般由采购部门负责，会同财务、生产、信息等部门，在考虑市场环境及其变化趋势、订货价格及最佳采购批量等因素的基础上综合确定。

标准用量，由生产技术部门在产品设计时确定。

直接材料标准成本的计算公式如下：

直接材料标准成本＝单位产品的标准用量×材料的标准单价

注：材料按计划成本核算的企业，材料的标准单价可以采用材料计划单价。

（二）制定直接人工成本标准

直接人工成本标准指直接用于产品生产的人工成本标准，包括标准工时和标准工资率。

标准工时，一般由生产部门负责，会同技术、财务、信息等部门，在对产品生产所需作业、工序、流程工时进行技术测定的基础上，考虑正常的工作间隙，并适当考虑生产条件的变化，生产工序、操作技术的改善，以及相关工作人员主观能动性的充分发挥等因素，合理确定单位产品的工时标准。

标准工资率，一般由人力资源部门负责，根据企业薪酬制度等制定。

直接人工标准成本的计算公式如下：

直接人工标准成本＝单位产品的标准工时×小时标准工资率

（三）制定制造费用成本标准

制造费用标准成本是计入产品成本的、与生产产品相关的各项耗费支出。制造费用首先需要各部门分别编制完成后加以汇总。如果企业采用变动成本法，固定制造费用计入期间费用，那么就不必计入成本；如果企业采用完全成本法，那么固定制造费用也需要计入成本当中。固定制造费用标准成本的制定与变动制造费用标准成本的制定基本相同。

1. 制定变动制造费用标准

变动制造费用通常指随产量变化而成正比例变化的制造费用。变动制造费用项目的标准成本根据标准用量和标准价格确定。

标准用量可以是单位产量的燃料、动力、辅助材料等的标准用量，也可以是产品的直接人工标准工时，或者是单位产品的标准机器工时。标准用量的选择需考虑用量与成本的相关性，制定方法与直接材料的标准用量以及直接人工的标准工时类似。

标准价格可以是燃料、动力、辅助材料等的标准价格，也可以是小时标准工资率等。制定方法与直接材料的价格标准以及直接人工的标准工资率类似。

变动制造费用的相关计算公式如下：

$$\text{标准制造费用分配率}=\frac{\text{标准制造费用总额}}{\text{标准总工时}}$$

变动制造费用项目的标准成本＝变动制造费用项目的标准用量×标准制造费用分配率

2. 制定固定制造费用标准

固定制造费用指在一定产量范围内，费用总额不会随产量变化而变化，始终保持固定不变的制造费用。固定制造费用按照费用的构成项目一般实行总量控制；也可以根据需要，通过计算标准分配率，将固定制造费用分配至单位产品，形成固定制造费用的标准成本。

固定制造费用标准一般由财务部门负责，会同采购、生产、技术、营销、财务、人事、信息等有关部门，按照以下程序进行制定：

（1）依据固定制造费用的不同构成项目的特性，充分考虑产品的现有生产能力、管理部门的决策以及费用预算等，测算确定各固定制造费用构成项目的标准成本；

（2）通过汇总各固定制造费用项目的标准成本，得到固定制造费用的标准总成本；

（3）确定固定制造费用的标准分配率，标准分配率可根据产品的单位工时与预算总工时的比率确定。

其中，预算总工时是指由预算产量和单位工时标准确定的总工时。单位工时标准可以依据相关性原则在直接人工工时或者机器工时之间做出选择。

固定制造费用标准成本由固定制造费用项目预算确定，固定制造费用标准成本的计算公式如下：

固定制造费用总成本＝∑固定制造费用项目标准成本

$$\text{固定制造费用标准分配率}=\frac{\text{单位产品的标准工时}}{\text{预算总工时}}$$

固定制造费用标准成本＝固定制造费用总成本×固定制造费用标准分配率

【例 8-1】假定某企业生产 A 产品耗用甲、乙、丙三种直接材料，A 产品制造费用的标准成本计算如表 1-8-1 所示。

表 1-8-1　A 产品制造费用标准成本

项目	具体项目	标准
工时	月标准总工时（1）	10 000 小时
	单位产品工时标准（2）	1 小时/件
变动制造费用	标准变动制造费用总额（3）	50 000 元
	标准变动制造费用分配率（4）$=\frac{(3)}{(1)}$	5 元/小时
	变动制造费用标准成本（5）＝（2）×（4）	5 元/件
固定制造费用	标准固定制造费用总额（6）	200 000 元
	标准固定制造费用分配率（7）$=\frac{(6)}{(1)}$	20 元/小时
	固定制造费用标准成本（8）＝（2）×（7）	20 元/件
单位产品制造费用标准成本（9）＝（5）＋（8）		25 元

【思维开拓】

由于更换产品产生的设备调整工时是直接人工标准工时的组成内容。直接人工标准工时是指在现有生产技术条件下，生产单位产品所需要的时间，包括直接加工操作必不可少的时间，以及必要的间歇和停工。更换产品产生的设备调整工时属于必要的停工。

三、成本差异的计算与分析

（一）定义

成本差异是指实际成本与相应标准成本之间的差额。当实际成本高于标准成本时，形成超支差异；当实际成本低于标准成本时，形成节约差异。

（二）直接材料成本差异

直接材料成本差异，是指直接材料实际成本与标准成本之间的差额，该项差异可分解为直接材料价格差异和直接材料数量差异。

直接材料价格差异，是指在采购的过程中，直接材料实际价格偏离标准价格所形成的差异；直接材料数量差异，是指在产品的生产过程中，直接材料实际消耗量偏离标准消耗量所形成的差异。有关计算公式如下：

直接材料成本差异＝直接材料价格差异＋直接材料数量差异

直接材料价格差异＝实际耗用量×（实际单价－标准单价）

直接材料数量差异＝（实际耗用量－标准耗用量）×标准单价

（三）直接人工成本差异

直接人工成本差异是指直接人工实际成本与标准成本之间的差额，该差异可分解为工资率差异和人工效率差异。

工资率差异是指实际工资率偏离标准工资率形成的差异，按实际工时计算确定；人工效率差异是指实际工时偏离标准工时形成的差异，按标准工资率计算确定。有关计算公式如下：

直接人工成本差异＝直接人工工资率差异＋直接人工效率差异

直接人工工资率差异＝实际工时×（实际工资率－标准工资率）

直接人工效率差异＝（实际工时－标准工时）×标准工资率

（四）制造费用成本差异

变动制造费用项目成本差异，是指变动制造费用项目的实际发生额与变动制造费用项目的标准成本之间的差额，该差异可分解为变动制造费用项目的价格差异和数量差异。

变动制造费用项目的价格差异，是指燃料、动力、辅助材料等变动制造费用项目的实际价格偏离标准价格的差异；变动制造费用项目的数量差异，是指燃料、动力、辅助材料等变动制造费用项目的实际消耗量偏离标准用量的差异。变动制造费用项目成本差异的计算和分析原理与直接材料和直接人工成本差异的计算和分析原理相同。

固定制造费用项目成本差异，是指固定制造费用项目实际成本与标准成本之间的差额。其计算公式如下：

固定制造费用项目成本差异＝固定制造费用项目实际成本－固定制造费用项目标准成本

企业应根据固定制造费用项目的性质，分析差异的形成原因，并追溯至相关责任中心。固定制造费用项目差异分析如图 1-8-1 所示。

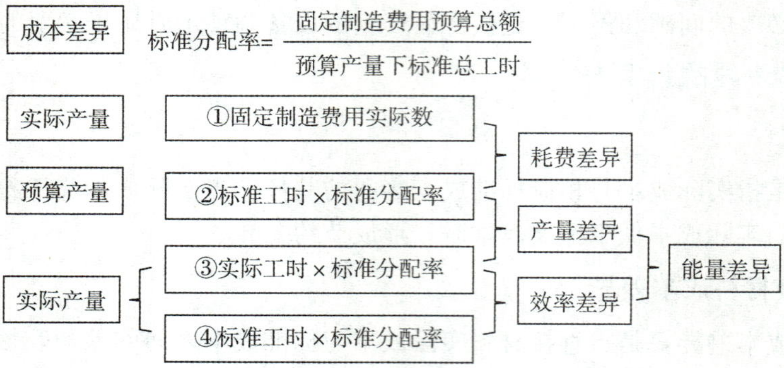

图 1-8-1　固定制造费用项目差异分析

首先，通过计算得到如下指标：

指标 1，实际产量等于固定制造费用实际数。

指标 2，预算产量下的标准工时乘以标准分配率。

指标 3，实际工时乘以标准分配率。

指标 4，实际产量下的标准工时乘以标准分配率。

二因素法分析：

耗费差异＝指标 1－指标 2（责任归属为生产部门）

能量差异＝指标 2－指标 4（责任归属需具体分析原因）

三因素法分析：

耗费差异＝指标 1－指标 2（责任归属为生产部门）

闲置能量差异＝指标 2－指标 3（责任归属需具体分析原因）

效率差异＝指标 3－指标 4（责任归属为生产部门）

【例 8-2】 海达公司生产的 A 产品的固定制造费用标准分配率为 12 元/小时，工时标准为 1.5 小时/件。假设 A 产品的预算产量为 10 400 件，实际产量为 8 000 件，实际工时为 10 000 小时，实际发生固定制造费用为 190 000 元。

（1）固定制造费用的成本差异（二因素法分析）计算如下：

固定制造费用成本差异＝1 900 00－8 000×1.5×12＝46 000（元）（超支）

耗费差异＝190 000－10 400×1.5×12＝2 800（元）（超支）

能量差异＝（10 400×1.5－8 000×1.5）×12＝43 200（元）（超支）

通过以上计算我们可以看出，该企业 A 产品的固定制造费用超支 46 000 元，这主要是由于生产能力不足，实际产量小于预算产量所致。

（2）固定制造费用的成本差异（三因素法分析）计算如下：

固定制造费用成本差异＝190 000－8 000×1.5×12＝46 000（元）（超支）

耗费差异＝190 000－10 400×1.5×12＝2 800（元）（超支）

产量差异＝（10 400×1.5－10 000）×12＝67 200（元）（超支）

效率差异＝（100 00－8 000×1.5）×12＝－24 000（元）（节约）

【项目习题】

一、单项选择题

1. 下列选项中，属于标准成本控制系统前提和关键的是（　　）。

A. 标准成本的制定　　B. 成本差异的分析

C. 成本差异的计算　　D. 成本差异的账务处理

参考答案

2. 无论是哪个成本项目，在制定标准成本时都需要分别确定两个标准，两者相乘即为每一个成本项目的标准成本，这两个标准是（　　）。

A. 价格标准和数量标准　　B. 价格标准和质量标准

C. 历史标准和数量标准　　D. 历史标准和质量标准

3. 在计算成本差异时，如果已知直接人工成本差异总额为－2 300 元，直接人工工资率差异为 300 元，则直接人工效率差异为（　　）元。

A. －2 600　　B. －2 300　　C. －2 000　　D. 2 000

4. 在标准成本控制下的成本差异是指（　　）。

A. 实际成本与标准成本的差异　　B. 实际成本与计划成本的差异

C. 预算成本与标准成本的差异　　D. 实际成本与预算成本的差异

5. 在标准成本制度下，计算、分析各成本项目价格差异的用量基础是（　　）。

A. 标准产量下的标准用量　　B. 标准产量下的实际用量

C. 实际产量下的标准用量　　D. 实际产量下的实际用量

二、多项选择题

1. 标准成本制度的优点是（　　）。

A. 有利于成本控制　　B. 有利于成本核算

C. 有利于简化会计工作　　D. 有利于正确评价业绩

2. 在标准成本制度下，如采用三因素法对固定制造费用总额进行分析，可将其分为固定制造费用（　　）。

A. 耗费差异　　B. 能量差异

C. 产量差异　　D. 效率差异

3. 广义成本控制主要包括哪些？（　　）。

A. 前馈控制　　B. 过程控制　　C. 后馈控制　　D. 最终控制

4. 下列各项差异中，属于数量差异的有（　　）。

A. 直接人工效率差异

B. 直接人工工资率差异

C. 变动制造费用耗费差异

D. 变动制造费用效率差异

5. 造成变动制造费用差异的原因有（　　）。

A. 直接材料质量差，废料多

B. 直接人工工资调整

C. 动力设备的使用浪费

D. 间接材料的涨价

三、判断题

（　　）1. 直接人工工资率差异就是直接人工的价格差异。

（　　）2. 标准成本制度不仅是一种成本计算方法，更是目标成本管理的一种手段。

（　　）3. 在实际中应用最广泛的标准成本是理想标准成本。

（　　）4. 单位产品的标准成本主要包括直接材料标准成本、直接人工标准成本、制造费用标准成本。

（　　）5. 固定制造费用的实际金额与预算金额之间的差异称为“能量差异”。

四、计算分析题

甲公司是一家生产经营比较稳定的制造企业，假定只生产一种产品，并采用标准成本法进行成本计算与分析。单位产品用料标准为 6 千克/件，材料标准单价为 1.5 元/千克。2019 年 1 月份的实际产量为 500 件，实际用料为 2 500 千克，直接材料实际成本为 5 000 元。另外，直接人工成本为 9 000 元，实际耗用工时为 2 100 小时。经计算，直接人工效率差异为 500 元，直接人工工资率差异为－1 500 元。

要求：(1) 计算单位产品直接材料标准成本。

(2) 计算直接材料成本差异、直接材料数量差异和直接材料价格差异。

(3) 计算该产品的直接人工单位标准成本。

点睛记忆

知识点	内容		记忆程度
成本控制概述	成本控制的定义	成本控制是以目标成本为依据，以降低成本为目的，在成本的形成过程中，进行科学的监督、调节、控制，找到实际成本与成本控制标准之间的差异，及时采取措施来纠正偏差，最终实现成本目标的过程	
	成本控制的分类	前馈控制、过程控制、后馈控制。狭义的成本控制是指过程控制	
成本控制概述	成本控制的原则	（1）成本效益原则； （2）相互协调原则； （3）适应原则； （4）全面性原则； （5）责权利相结合的原则； （6）例外管理原则	
	成本控制的程序	（1）制定成本标准； （2）监督成本的形成； （3）计算成本差异，分析成本差异产生的原因； （4）针对影响成本的因素，采取积极的改进措施，并据此对有关责任人进行奖惩	
标准成本控制	标准成本与标准成本法	标准成本的定义与分类； 标准成本法的主要目标、适用范围、优缺点	
	标准成本的制定	（1）制定直接材料成本标准； （2）制定直接人工成本标准； （3）固定制造费用成本标准： ①制定变动制造费用标准； ②制定固定制造费用标准	
	成本差异的计算与分析	（1）定义； （2）直接材料成本差异； （3）直接人工成本差异； （4）制造费用成本差异	

项目九　利用责任会计进行业绩评价

知识目标

1. 掌握责任会计制度的内容。
2. 掌握责任中心的分类。
3. 掌握各责任中心的特点及考核指标。
4. 理解什么是内部转移价格。

技能目标

1. 能运用各种考核指标评价责任中心并形成责任报告。
2. 能制定内部转移价格。

【案例导入】

山东中烟创建“模拟利润中心”将成本费用量化①

为了把资源和权力集中在集团公司，由集团公司统一调配，发挥集中优势和协同效应，山东中烟工业有限责任公司（下称“山东中烟”）于2006年进行了改革，其下属济南、青岛、青州和滕州4家卷烟厂由原本独立生产经营的子公司变为非独立经营的分公司。

在组织架构改革后，集中管控的效果日益凸显，但各卷烟厂的经营成果统一归集在总部，卷烟厂内部只核算发生的成本费用，即由利润中心变成了成本费用中心。这样一来，企业管理运作的成果没法综合体现在每一家卷烟厂中。目前，山东中烟的最大问题在于内部管理运作的成果无法一目了然地体现。要想改变现状，山东中烟就必须将当前各成本费用中心的管理责任予以量化。山东中烟提出了“模拟利润中心”的想法，即把成本费用中心模拟成利润中心进行核算和管理，甚至再模拟得逼真些，为各个卷烟厂编制资产负债表、利润表和现金流量表。新管理报表体系的作用是提供加强内部基础管理和衡量内部企业对公司利润贡献的数据信息，让总部和各卷烟厂知道自己贡献了多少收入、发生了多少费用、占用了多少资源，再和别的单位进行横向或纵向比较。这样，内部绩效考核就有了依据，公平和激励才能实现。

山东中烟建立了生产和营销环节的利润模拟报告体系，该体系分两部分：

① 高洪波，黄长胤．山东中烟创建“模拟利润中心”将成本费用量化［EB/OL］．（2019-05-17）［2022-06-26］．http：//www．360doc．com/content/19/0529/12/11809853_838945727．shtml．

一是生产环节运行指标体系，主要包括主表、相关附表和报表分析三部分。其中，主表作为公司决策层、卷烟厂的决策支持依据，为卷烟厂进行绩效评价提供了必要的财务数据，包括内部利润表、资源配置表和现金流量表。

二是营销环节运行指标体系，主要包括内部利润表、相关附表和报表分析三部分。内部利润表反映各销售主体在报告期内与自身可控责任相关的经营成果，为公司合理配置资源提供了依据，并为实施销售主体绩效评价提供了必要的财务数据。

在模拟利润中心运行不断成熟以后，山东中烟按照责任可控的原则，在公司年度总目标的指导下，以各责任主体为对象，按照其职责范围编制责任预算，并作为各责任主体经营目标和绩效考核的依据，同时不断加强对各责任主体的预算执行过程的调控和管理，分析目标计划与实际的差异、费用执行情况的差异，及时采取有效措施加以改进，先后于2010年和2014年下发生产环节和营销环节模拟利润中心考核办法，建立各责任主体绩效考核与分析评价体系，综合反映其盈利能力、费用控制能力和投入产出情况，并将考核结果纳入公司绩效考核管理体系。

模拟利润中心项目的有效运行，使各责任主体的成本控制意识大大提高，酌量性费用和资源控制成效显著。2012年，公司的酌量性费用为11.79亿元，2014年降低到9.99亿元，降幅达15%。同时，公司卷烟品牌市场竞争力不断攀升，全员投入产出意识大幅提高，企业经济效益水平得到快速增长。

思考：（1）为什么说管理报告体系是模拟利润模式最重要的创新之处？

（2）山东中烟已经建立了模拟利润中心反映各下属公司的业绩成果，还有必要建立绩效考核管理体系吗？

责任会计概述

任务一　认知责任会计

随着世界经济的发展，信息科学技术迅速发展，市场竞争更加激烈，这样的社会背景，为资本增值、经济发展创造了更多的机会，也带来了巨大的风险。这些都促使企业规模不断扩大，也使得企业各个部门的协调工作变得十分艰难。企业不得不分权经营，责任会计便是在这一形势下产生的。责任会计是现代管理会计的重要特征之一。

一、责任会计的含义

责任会计是管理会计的一个子系统，是以企业内部建立的各级责任中心为主体，以责、权、利的协调统一为目标，以责任预算为控制依据，通过编制责任报告进行业绩考核的一种内部会计制度。

全面预算制定后，企业需要对预算目标和任务按照各个责任单位进行分解，形成各个责任单位的责任预算。在按照“上下结合、分级编制、逐级汇总、综合平衡”的程序进行全面预算编制时，各个责任单位的责任预算也基本确定。在责任预算的执行过程中，各责任单位需要进行信息的收集，构建相关的信息反馈系统，并对执行情况进行报告与反馈，这既是责任会计的核心内容，也是全面预算的核心内容之一。

建立责任会计制度是企业贯彻内部经济责任制的基础。经济责任制是指以提高经济效益为目的，以明确经济责任为核心，实行责、权、利紧密结合的一种企业经营管理制度。

在企业内部实行经济责任制，确定企业内部各个单位、部门，乃至员工个人的经济责任和权利，是提高企业经济效益的一种重要手段。因此，企业必须在内部建立和实施责任会计制度，以一定的责任中心为核算主体，运用会计学的原理和方法及其他的科学方法，通过信息的积累、加工和反馈形成严格的企业内部控制体系，对各个责任中心的责任目标的确定、责任预算的编制和落实进行必要的核算和控制，并为责任业绩的考核、评价提供依据。责任会计制度把会计数据同经济责任、会计控制、业绩考核结合起来，做到了奖罚分明，能促使企业的每个员工积极担负起自己应当担负的责任，从而不断提高企业的竞争能力，使有限的资源得到合理的配置，不断提高企业的经济效益。

二、责任会计的内容

责任会计主要包括以下内容：

（一）设立责任中心，明确责权范围

根据企业的经营特色与生产要求，按照内部管理的需要，我们可以将企业所属的各部门、各单位划分为若干个责任中心，并规定其职权范围。所谓责任中心，就是企业内部承担一项或多项经济责任和被授予相应职权的责任单位。建立责任中心的原则是利用企业现有的管理机构，缩小核算单位，或变更一些核算单位，并赋予其相应的职权，使之发挥预期的作用。

（二）编制责任预算，确定考核标准

通过编制责任预算，企业把全面预算所确定的目标和任务进行分解，落实到每一责任中心，并作为执行过程中控制和考核其业绩的依据。在企业总体目标的指引下，各责任中心可以制定适合本责任中心的责任预算，并确定考核标准，从而为企业实现总体目标服务，也能发挥责任中心的灵活性和自主性。这一内容是实施责任会计制度的中心环节。

（三）建立反馈系统，及时反馈纠偏

企业在每个责任中心建立反馈责任预算执行情况的反馈系统，并按照规定编制责任报告，将实际数与预算数进行对比，及时进行信息反馈，发现执行过程中的问题，及时调节经营活动。

（四）进行业绩考核，实施奖惩制度

通过信息反馈系统与责任报告，企业可以分析责任预算执行过程中取得的成果与存在的问题，评价各责任中心的经营业绩，对责任人实施相应的奖惩措施，促使各责任中心为了实现业绩指标而采取切实可行的措施，实现各责任中心的既定目标，进而保证企业总体目标的实现。

三、责任会计的原则

（一）权、责、利相结合的原则

在责任会计制度下，企业对每个责任中心都要规定与其相应的经济责任，同时赋予其与企业管理总目标相协调、与各个责任中心管理职能相适应的权力，并建立与责任相配套的利益机制，做到权、责、利的有效统一。这样，各个责任中心既有一定的权力，又要承担一定的责任，可以充分调动每个责任中心的工作积极性和创造性。

（二）总体优化原则

总体优化原则，就是要求各责任中心目标的实现要有助于企业总体目标的实现，使两者的目标保持一致。建立责任会计制度的目的是有效地促进各责任中心为实现企业总体目标而努力。各个责任中心有不同的职责，甚至存在利益上的冲突，所以各责任中心在制定预算和考核标准时应避免局部利益损害企业整体利益的情况。

（三）可控性原则

由于各个责任中心的利益与其工作业绩直接挂钩，企业对每个责任中心的业绩考核、评价必须以可控性为原则。如果责任中心不能控制与其有关的收支活动，那么相应收入或支出的计量就不能真实反映其工作业绩，企业也就无法对其进行合理的考核和评价，也会影响各责任中心的工作积极性。

（四）及时性原则

及时性原则要求信息反馈和根据信息反馈进行的调控应当是及时有效的。责任会计制度要求各责任中心对经营的实际情况进行完整的记录，并通过规范的传输程序和传输方式及时进行报告。通过信息的反馈，企业可以要求有关管理人员在及时地分析预算目标和实际情况出现偏差的原因的基础上，采取有效措施对差错加以纠正。否则，责任会计制度的作用就会被削弱。

（五）公平性原则

公平性原则，就是企业对各责任中心之间经济关系的处理应公平、合理，应有利于调动各责任中心的积极性。根据这一原则，各责任中心在编制责任预算时，应注意预算水平的协调性，避免出现如内部结算价格制定不当而导致不能“等价交换”的情况。贯彻公平性原则，可以使各个责任中心在公平、合理的条件下进行各自的生产经营活动，既要业绩竞跑，也要协作共赢，从而更好地实现企业的总体目标。

（六）重要性原则

重要性原则也称例外管理原则，就是要求各责任中心对其生产经营过程中发生的重点差异进行分析、控制。重点差异有两层含义：一是指对实现企业总体预算、责任中心责任预算或社会效益有实质性影响的差异。这类差异无论数额大小，企业都应将其作为重点进行分析、控制，如国家下达的指令性计划或供销合同完成情况等。二是指数额较大的差异。通过对这类差异的分析、控制，企业能够花费较少的精力解决较大的问题，达到事半功倍的效果。重点差异包括不利差异和有利差异。无论是不利差异还是有利差异，只要属于重点差异，均应深入分析其产生的原因。

【思维开拓】

责任会计原则与财务会计原则在约束力上有何不同之处。

任务二　考核责任中心

责任中心是承担一定的经济责任，并拥有一定权力的企业内部（责任）单位。

一个公司可能会分为设计部门、生产部门和营销部门，而生产部门又被进一步划分为零配件生产部门和安装部门等。这些组织结构中的基本部分构成了公司的不同工作团队，我们可以根据这一划分对公司的每个部分所从事的工作加以确认和区分。将相关的决策权分配到企业中的各个分部门，是解决个人处理能力有限这一问题的关键。企业中的这些稳定的部门就是责任中心，每个责任中心都拥有一定的决策权。

按照企业内部责任中心的权责范围以及业务活动的不同特点，责任中心一般可以划分为成本中心、利润中心和投资中心。

一、成本中心

成本中心是指有权发生并控制成本的单位。成本中心一般不会产生收入，通常只计量和考核发生的成本。成本中心在实际工作中应用最广，是实行责任会计应设置的最基本的责任单位。例如，企业的一个生产车间、工人的一个班组都是成本中心，这些成本中心只负责生产产品，对它们的考核也只能通过成本或费用来实现。成本（责任）中心是成本责任的承担者和控制的对象。成本中心的确定首先要兼顾两个方面：一是组织结构，企业的每个组织单位都可以粗略地看成成本中心；二是生产过程，对制造企业的生产过程来说，每一个生产步骤（作业环节）都可以设立一个成本中心，成本中心的设置和生产部门的设置是完全一致的。

（一）成本中心的特点

1. 不考核收入，只考核成本

在一般情况下，成本中心没有经营权和销售权，其经济活动的结果不会取得收入或只能取得少量的可用货币计量的收入。因而，企业对成本中心只能计量并考核其成本费用，而不考核其收入。

2. 只对可控成本负责，不负责不可控成本

成本中心的考核依据不是传统产品成本，而是可控成本。可控成本必须同时具备以下条件：

（1）该成本的发生是成本中心可以预见的。

（2）该成本是成本中心可以计量的。

（3）该成本是成本中心可以调节和控制的。

凡是不能同时具备上述条件的成本都属于不可控成本。可控成本和不可控成本是相对而言的，这与责任中心所处管理层次的高低、管理权限及控制范围的大小和经营期间的长短有直接关系。

首先，某些成本对较高层次的责任中心而言是可控的，对于其下属的较低层次的责任中心而言就可能是不可控的；反之，较低层次的责任中心的不可控成本，可能是其所属较高层次责任中心的可控成本。对企业来讲，几乎所有的成本都是可控的，而对于企业内部的各部门及个人来讲，则各自既有可控成本，又有不可控成本。

其次，成本可控与否与责任中心的管辖范围大小有关。某项成本，在某一责任中看来是不可控的，而对另一个责任中心而言可能是可控的，这主要取决于该责任中心的业务内容。例如，生产部门负责控制材料消耗，应对材料成本负责，但由原材料单位成本过高而引起的成本差异，则应由材料供应部门负责。

最后，成本可控与否也与期间的长短相关。从短期来看不可控的成本，从较长的期间看又可能成了可控成本。

3. 责任成本是成本中心考核和控制的主要内容

责任成本是各成本中心发生的各项可控成本之和，分为预算责任成本和实际责任成本。预算责任成本是指由责任预算分解确定的各责任中心应承担的责任成本，实际责任成本是各责任中心从事业务活动实际发生的责任成本。对成本中心的工作业绩进行考评时，企业应将其预算责任成本和实际责任成本进行比较，根据差异的不同情况，采取相应的奖惩措施。只有以责任成本作为对成本中心考核和评价的依据，才能保证成本中心承担的责任和拥有的权力是相适应和对称的，才不会出现权责分离的情况。

（二）成本中心的考核指标

成本中心主要通过成本（费用）变动额和变动率这两个指标来对工作业绩进行考评。计算公式如下：

成本（费用）变动额＝实际责任成本（费用）－预算责任成本（费用）

$$成本（费用）变动率=\frac{成本费用变动额}{预算责任成本（费用）}\times100\%$$

【例 9-1】 海达公司的生产部门有 4 个生产车间，该公司 2023 年 1 月实际发生的成本和费用见表 1－9－1。请根据 2023 年 1 月各责任中心签订的业绩目标编制责任中心报告表（见表 1－9－2）。

表 1－9－1　责任成本计算表　　　　**单位：元**

项目	责任中心（部门）				合计
	A 车间	B 车间	C 车间	D 车间	
直接材料	5 400	2 200	2 400	—	10 000
直接人工	3 000	3 500	1 000	500	8 000
制造费用	1 800	1 500	1 000	1 700	6 000
管理人员工资	1 000	800	600	1 600	4 000
车间水电费	600	500	300	100	1 500
设备折旧费	200	200	100	—	500
合计	10 200	7 200	4 400	2 200	24 000

表 1－9－2　A 成本责任中心报告表　　　　**单位：元**

项目	预算责任成本	实际责任成本	差异	变动率
可控成本	8 700	9 000	300	3.45%
直接材料	5 500	5 400	－100	－1.8%
直接人工	2 700	3 000	300	11.11%
车间水电费	500	600	100	20%
不可控成本	1 000	1 200	200	20%
管理人员工资	800	1 000	200	—
设备折旧费	200	200	—	—
合计	9 700	10 200	500	5. 15%

在本例中，直接材料、直接人工以及制造费用中的车间水电费都是责任中心的可控成本，而管理人员工资和设备折旧费是责任中心的不可控成本。通过计算实际责任成本与预算责任成本之差，通过对成本差异进行分析，我们发现，实际成本大于预算成本，超支预算 500 元，成本变动比率为 5.15%。若企业规定，当责任中心的业绩与目标业绩差异大于 5%时，将进行奖惩，本例中责任中心的成本超支，责任中心若想避免受到处罚应当对可控成本差异进行分析，并采取相应措施。

【思维开拓】

企业的变动成本多数为可控成本，固定成本多数为不可控成本。

二、利润中心

利润中心

利润中心是指既能控制成本，又能控制收入和利润的责任单位。它不但有成本发生，而且有收入发生。利润中心与成本中心相比，权力和责任都相对较大，它不仅要降低绝对成本，还要求收入的增长超过成本，即强调相对成本的降低。

利润中心通常是一个管理者有权制定资源供应决策并选择市场的组织单位，如公司内的事业部。一般来说，利润中心应将大部分产品销售给外部客户，而且对于大部分原材料、商品和服务都有权选择供应来源。在利润中心，由于管理者没有责任和权力决定该中心资产的投资水平，利润就是其唯一的业绩计量标准，但这些利润数字还需要补充大量短期业绩的非财务指标。采用适当方法计量的利润是判定利润中心管理者运用他们所取得的资源和其他投入要素创造价值的能力的一个短期指标。在利润中心，管理者具有几乎全部的经营决策权，并可根据利润指标对其做出评价。

（一）利润中心的类型

利润中心有两类：自然利润中心和人为利润中心。

自然利润中心是指可以直接向外界市场销售产品或提供劳务，取得收入，并能给企业带来利润的中心。这类利润中心直接面向市场，具有产品销售权、价格制定权、材料采购权和生产经营决策权。自然利润中心最典型的形式就是公司的事业部，每个事业部均有销售、生产、采购的机能，有很大的独立性，能独立控制成本，取得收入。

人为利润中心是只能够按内部结算价格向各个责任中心转移产品而不能直接对外销售产品的责任中心。实际上，多数成本中心只要能为它们的产品或劳务制定适当的内部转移价格，都可以转化为人为利润中心。

（二）利润中心的考核指标

利润中心同时具有生产和销售职能，实质上是以利润来衡量其一定时期的业绩的责任单位。其中，责任成本既包括利润中心本身发生的可控成本，也包括利润中心的下属成本中心转来的责任成本。利润中心评价和考核的重点是贡献毛益和利润，但对不同范围的利润中心来说，其指标的表现形式也不相同。计算公式如下：

部门销售贡献毛益＝部门销售收入－部门变动成本总额

部门可控边际贡献＝部门销售贡献毛益－部门可控固定成本

部门贡献毛益＝部门可控边际贡献－部门不可控固定成本

部门税前利润＝部门贡献毛益－公司分配的共同成本等

利润中心业绩的评价与考核，主要是通过一定期间实际实现的利润同责任预算所确定的预计利润数进行对比，并对差异形成的原因和责任进行具体剖析来完成的。正差额意味着实际利润高于预计利润，为有利差异；负差额意味着实际利润低于预计利润，为不利差异。

利润中心的责任报告涉及的主要内容有销售收入、变动成本、贡献毛益、部门可控固定成本、部门不可控固定成本、公司分配的共同成本及税前利润等项目，并将有关项目中的实际数、预算数及两者之间的差异分栏列示。部门不可控固定成本及公司分配的共同成本一般不纳入考核范围。

【例 9-2】海达公司某事业部利润中心的相关数据已列入责任报告中，请完成责任报告的编制。该利润中心的责任报告如表 1 - 9 - 3 所示。

表 1 - 9 - 3　利润中心的责任报告　　单位：元

项目	预算	实际	差异
部门销售收入	230 000	240 000	10 000
部门变动成本	125 000	128 000	3 000
变动生产成本	90 000	94 000	4 000
变动销售成本	35 000	34 000	−1 000
部门销售贡献毛益	105 000		
部门可控固定成本	7 000	7 400	400
部门可控边际贡献	98 000		
部门不可控固定成本	9 500	9 300	−200
部门贡献毛益	88 500		
公司分配的共同成本	14 500	14 700	200
部门税前利润	74 000		

实际发生的利润中心评价指标计算如下：

部门销售贡献毛益＝部门销售收入－部门变动成本总额＝240 000－128 000＝112 000（元）

部门可控边际贡献＝部门销售贡献毛益－部门可控固定成本＝112 000－7 400＝104 600（元）

部门贡献毛益＝部门可控边际贡献－部门不可控固定成本＝104 600－9 300＝95 300（元）

部门税前利润＝部门贡献毛益－公司分配的共同成本＝95 300－14 700＝80 600（元）

部门销售贡献毛益、部门可控边际贡献、部门贡献毛益、部门税前利润实际与预算差额分别为 7 000 元、6 600 元、6 800 元、6 600 元，均为正向（有利）差异。

该事业部税前利润增加的 6 600 元，主要是由于销售收入上升的 10 000 元抵消了成本上升的 3 400 元，使业绩超过了预期的税前利润。海达公司规定，当责任中心的业绩与目标业绩差异大于 5%时，将进行奖惩，该事业部利润率增长 8.92%$\left(\frac{6\ 600}{74\ 000}\times 100\%\right)$，应予以奖励。

【思维开拓】

部门可控边际贡献指标难以区分可控和不可控的与生产能力相关的成本，忽略了应追溯但又不可控的生产能力成本，不能全面反映该利润中心对整个公司所做的经济贡献；部门贡献毛益反映了部门为企业利润和弥补与生产能力有关的成本所做的贡献，它更多用于评价部门业绩而不是利润中心管理者的业绩。

三、投资中心

投资中心

投资中心是指下级管理者具有利润中心所描述的全部职责，同时对于营运资本和实物资产也具有责任与权力，并以其所使用的有形资产和财务资产的水平作为业绩计量标准的中心。利润中心和投资中心的区别在于，利润中心没有投资决策权，而且在考核利润时也不考虑所占用的资产。

（一）投资中心的特点

投资中心是指既能控制成本、收入和利润，又能对投入的资金进行控制的责任中心，其负责人所拥有的自主权不仅包括制定价格、确定产品和生产方法等短期经营决策权，而且包括投资规模和投资类型等投资决策权。投资中心是最高层次的责任中心，它拥有最大的决策权，也承担最大的责任。

投资中心属于规模和经营权力较大的部门。例如，大型集团所属的子公司、分公司、事业部等往往都是投资中心。在组织形式上，投资中心一般是独立法人。投资中心拥有充分的经营决策权和投资决策权，不仅在产品生产销售上享有较大的自主权，而且能相对独立地运用所掌握的资产，并有权购建或处理固定资产、扩大或缩减现有的生产能力。投资中心独立性较高，它一般由公司的总经理或董事长直接负责。

（二）投资中心的考核指标

1. 投资利润率

投资利润率又称投资报酬率或投资收益率，是投资中心利润与投资额（或资产总额）之间的比率。投资利润率的计算公式如下：

$$投资利润率=\frac{利润}{投资总额}\times 100\%$$

进一步分解可得：

$$\begin{aligned}投资利润率&=\left(\frac{销售收入}{投资额}\times 100\%\right)\times\left(\frac{成本费用}{销售收入}\times 100\%\right)\times\left(\frac{利润}{成本费用}\times 100\%\right)\\&=资本周转率\times 销售成本率\times 成本费用利润率\end{aligned}$$

以上公式中的投资额指投资中心的总资产扣除总负债后的余额，即投资中心的净资产。

从评价和考核由投资中心掌握、使用的全部资产的运用状况和盈利能力的角度出发：

$$\begin{aligned}投资利润率&=\frac{息税前利润}{资产总额}\times 100\%\\&=\frac{部门边际贡献}{资产总额}\times 100\%\end{aligned}$$

选择投资利润率作为评价投资中心工作业绩的指标的优缺点如下。

优点：

(1) 数据资料可以根据现有的财务会计资料计算得出，比较客观；

(2) 作为一种相对指标，其具有横向可比性，可以用于部门之间及不同行业之间的比较；

(3) 作为选择投资机会的依据指标和投资中心的业绩考核指标，其可以促使投资中心盘活闲置资产、调整资产存量、减少不合理资产占用，优化资源配置。

缺点：过于关注该指标会导致短期行为的出现，各投资中心追求自身局部利润最大化而损害整体利益最大化目标，会导致经理人员为眼前利益而牺牲长远利益。

【例 9-3】 某投资中心的资产总额为 200 万元，负债为 140 万元，所有者权益为 60 万元，部门边际贡献为 50 万元，净利润为 15 万元。求投资利润率。

解：投资利润率 $=\dfrac{15}{200-140}\times 100\%=25\%$

或投资利润率 $=\dfrac{50}{200}\times 100\%=25\%$

2. 剩余收益

剩余收益是指投资中心获得的利润减去其最低投资收益后的数额，是一个绝对数指标。

剩余收益的计算公式如下：

剩余收益＝利润－投资额×预期最低投资利润率

＝息税前利润－资产总额×预期最低投资利润率

＝部门边际贡献－资产总额×预期最低投资利润率

选择剩余收益作为评价投资中心工作业绩的指标的优缺点如下。

优点：

(1) 剩余收益体现了当期投入与产出的关系，比较全面地考评了投资中心的业绩；

(2) 弥补了投资利润率指标会使局部利益与整体利益相冲突的不足。

缺点：剩余收益是一个绝对数指标，难以在不同规模的投资中心之间进行业绩比较。

根据能够获得的财务数据，投资中心可以选择合适的公式代入进行计算。投资利润率和剩余收益的计算结果由于数据选择角度的不同，计算值并不完全相等，但不影响其对投资中心的评价效力。在以剩余收益指标作为评价标准时，预期最低投资利润率的取值对其结果的影响很大，应恰当选择。我们通常可以采用企业整体的平均利润率或资金成本率作为参照，可结合企业具体情况进行调整。

【例 9-4】 某投资中心的投资额为 200 万元，利润为 60 万元，最低投资利润率为 10%，求该投资中心的剩余收益。

解：剩余收益＝60－200×10%＝40（万元）

【例 9-5】 某企业有若干个投资中心，假设整个企业的投资利润率为 12%。其中，甲投资中心的投资利润率为 16%，该中心的资产总额为 200 000 元，税前利润为 32 000 元。在预算期间，甲投资中心有一个追加投资的机会，投资额为 100 000 元，预计利润为 15 000 元，投资利润率为 15%，甲投资中心预期最低投资利润率为 14%。要求：计算甲投资中心接受投资后的投资利润率、剩余收益，并对该投资方案进行分析。

解：甲投资中心接受投资后的投资利润率、剩余收益如下：

投资利润率 $=\dfrac{32\,000+15\,000}{200\,000+100\,000}=15.67\%$

剩余收益＝（32 000＋15 000）－300 000×14％＝5 000（元）

从投资利润率看，甲投资中心接受投资后的投资利润率为15.67％，低于该中心原有的投资利润率16％，追加投资使甲投资中心的投资利润率降低了。从剩余收益看，甲投资中心原来的剩余收益为32 000－200 000×14％＝4 000元，接受投资后剩余收益为5 000元，可增加剩余收益1 000元，表明接受追加投资项目是有利的。从整个企业来看，该追加投资项目的投资利润率为15％，高于企业的投资利润率12％及甲投资中心预期最低投资利润率14％。所以，甲投资中心应当接受该项投资。

【例9-6】海达公司（总部）投资中心责任报告如表1－9－4所示。

表1－9－4　海达公司（总部）投资中心责任报告　　　　金额单位：元

项目	预算	实际	差异
销售收入	470 000	500 000	30 000
营业成本与费用	450 000	470 000	20 000
营业利润	20 000	30 000	10 000
投资额	125 000	150 000	25 000
投资利润率	16％	20％	4％
按最低投资利润率14％计算的利润	17 500	21 000	3 500
剩余收益	2 500	9 000	6 500

从该投资中心的责任报告我们可以看出，实际销售收入增加了30 000元，扣除增加的营业成本与费用后，利润增加了10 000元。追加投资25 000元，投资利润率上升了4％。这说明该投资中心的资金使用是有效率的。

【思维开拓】

在编制投资中心的责任报告时，除了销售收入、销售成本、税前利润等预算数、实际数以及两者之间的差异数之外，企业还要考虑投资利润率和剩余收益两个指标。将两个指标结合起来，全面评价各个投资中心的业绩是比较常见的，但剩余收益中涉及的内容与投资利润率指标的选择依据须保持一致。此外，企业还要考虑资产周转率、销售利润率等。

任务三　制定内部转移价格

内部转移价格

随着企业规模经济的扩大及企业集团的出现，交易的双方不再是完全不相关联的企业，签订合作框架协议的各公司之间进行着交易，同属于一个集团的子公司之间有业务需要时也可以进行交易。此时，它们都采用与市场价格不同的定价，也就是封闭市场价格，即买卖双方在一定的约束条件下形成的价格。内部转移价格是封闭市场价格的一种形式，在企业内部有关责任中心进行交易时采用。

一、内部转移价格的含义

内部转移价格是企业内部有关责任中心之间提供产品（或服务）、资金等内部交易时所采用的计价标准。在实行分权管理和责任会计的条件下，企业内部各责任单位在生产经营方面既有一定的独立性和自主权，又相互协作，各责任中心之间经常相互提供产品或服务。为了明确各责任中心的经济责任，考核评价各责任中心的经营业绩，充分调动各责任中心的积极性，企业集团必须根据各责任中心业务的实际情况，制定合理的内部转移价格。

在各个责任中心内部采用内部转移价格进行结算，能起到与外部市场价格相类似的作用，即促使各个责任中心不断地改善经营和管理，努力增加收入和降低成本费用，以实现更多的利润。制定内部转移价格能够有效地防止成本转移引起的责任中心之间的责任转嫁，使每个责任中心都能够作为单独的组织单位进行业绩评价。内部转移价格作为一种价格信号能够引导下级进行正确决策，保证局部利益和整体利益的一致性。

二、内部转移价格的类型

（一）市场型内部转移价格

市场型内部转移价格以市场价格为基础，是由成本和毛利构成的。采用市场价格时，我们一般假定各责任中心处于相对自主的状态，可以自主决定从外部或内部进行购销，同时产品或劳务有客观的市场价可供参考。

当以市场价格为依据制定内部转移价格时，我们一般假设责任中心的中间产品存在完全竞争市场，或中间产品提供部门不存在闲置的生产能力。以市场价格作为内部转移价格并不意味着一定要完全按照市场价格来进行内部结算，当供应方愿意对内销售，而且售价不高于市场价格时，购买方有购买的义务，不应拒绝使用内部转移价格；当供应方的售价高于市场价格时，购买方有转向市场购买的自由；当供应方宁愿对外部市场销售时，其也有不对内销售的权利。

（二）成本型内部转移价格

成本型内部转移价格是以标准成本等相对稳定的成本数据为基础制定的。企业一般采用标准成本加成和变动成本加成两种方法来确定内部转移价格。

1. 标准成本加成

标准成本加成，即按产品（半成品）或劳务的标准成本加计一定的利润来确定价格。采用这种方式确定内部转移价格能够分清相关责任中心的责任，但在确定加成的利润时，容易受到主观随意性的影响。

2. 变动成本加成

变动成本加成，即按产品（半成品）或劳务的变动成本加计一定的利润来确定价格。它能够明确揭示成本与产量的关系，便于考核各责任中心的业绩，也有利于进行生产经营决策。但是，这种方式未考虑到产品（半成品）或劳务涉及的固定成本，不能反映劳动生产率变化对成本的影响，不利于调动各责任中心提高产量的积极性。

（三）协商型内部转移价格

协商型内部转移价格是指通过内部供求双方协商制定的内部转移价格。采用协商价格的前提是在各责任中心之间转移的产品应有在非竞争市场买卖的可能。在这种市场条件下，买卖双方有权自行决定是否买卖这种中间产品。如果买卖双方不能自行决定，或双方协商发生矛盾又不能自行解决，或双方协商的价格影响企业整体利益的实现时，企业有关决策部门要对协商定价进行干预，但这种干预应以有限、适度为原则，不能因此剥夺买卖双方的协商定价权。

协商价格的上限是市价，下限是单位变动成本，具体价格应由各相关责任中心在这个范围内协商议定。当产品或劳务没有适当的市价时，也只能采用议价的方式来确定。各相关责任中心通过讨价还价，形成企业内部的模拟“公允市价”，并以此作为计价的基础。

协商存在一定的缺陷：一是协商定价的过程要花费人力、物力和时间；二是协商双方僵持不下时，需企业高层领导裁定，这样就弱化了分权管理的作用。

【例 9-7】某公司下设部门之间存在转移产品交易行为：A 部门在生产该产品时共发生了变动成本 100 元/件，其确定的利润率为 10%；B 部门在接受产品后，向外转移时又发生了变动销售成本 20 元/件，其确定的利润率仍为 10%。计算两次转移过程中的内部转移价格。

解：A 部门的内部转移价格＝100×（1＋10%）＝110（元/件）

B 部门的内部转移价格＝（110＋20）×（1＋10%）＝143（元/件）

【项目习题】

一、单项选择题

参考答案

1. 对于成本中心而言，某项成本成为可控成本的条件不包括（　　）。

A. 该成本是成本中心可以计量的

B. 该成本的发生是成本中心可以预见的

C. 该成本是成本中心可以调节和控制的

D. 该成本是总部向成本中心分摊的

2. 某利润中心本期销售收入为 7 000 万元，变动成本总额为 3 800 万元，中心负责人可控的固定成本为 1 300 万元，其不可控但由该中心负担的固定成本为 600 万元，则该中心的可控边际贡献为（　　）万元。

A. 1 900　　B. 3 200　　C. 5 100　　D. 1 300

3. 下列各项关于投资中心业绩评价指标的说法，不正确的是（　　）。

A. 使用投资利润率和剩余收益指标分别进行决策可能导致结果冲突

B. 计算剩余收益指标所使用的最低投资收益率一般小于资本成本

C. 在不同规模的投资中心之间进行比较时不适合采用剩余收益指标

D. 采用投资利润率指标可能因追求局部利益最大化而损害整体利益

4. 下列各项最适用于评价投资中心业绩的指标是（　　）。

A. 边际贡献　　B. 部门毛利　　C. 剩余收益　　D. 部门净利润

5. 在公司采用协商价格作为内部转移价格时，协商价格的下限一般是（　　）。

A. 标准成本加成　　B. 市场价格　　C. 单位完全成本　　D. 单位变动成本

二、多项选择题

1. 在责任成本管理体制下，下列关于成本中心的说法错误的有（　　）。

A. 成本中心对不可控成本负责　　B. 成本中心对可控成本负责

C. 成本中心对利润负责　　D. 成本中心对边际贡献负责

2. 责任中心可以划分为（　　）三类。

A. 投资中心　　B. 利润中心　　C. 成本中心　　D. 生产中心

3. 下列各项指标中属于考核投资中心投资效果的指标是（　　）。

A. 剩余收益　　B. 营业收入　　C. 边际贡献　　D. 投资利润率

4. 下列各项属于责任会计内容的有（　　）。

A. 协调责任中心　　B. 编制责任预算

C. 提交责任报告　　D. 评价经营业绩

5. 责任会计是一个相对独立的体系，其主要内容有（　　）。

A. 划分责任中心，明确责任范围

B. 编制责任预算

C. 合理制定内部转移价格

D. 建立和健全严密、规范的记录、报告系统

三、判断题

（　　）1. 由于各个责任中心的利益与其工作业绩直接挂钩，因此对每个中心的业绩考核、评价必须以可控性为原则。

（　　）2. 投资中心在责任中心中的最高层次，具有最大的决策权，追求投资利润率的最大化。

（　　）3. 对于一个独立企业而言，几乎所有的成本都是可控的。

（　　）4. 一般来讲，成本中心之间相互提供产品或劳务，最好以“实际成本”作为内部转移价格。

（　　）5. 以市场价格作为内部转移价格比较公平合理，对交易双方比较公正。

四、计算分析题

1. 甲公司为某企业集团的一个投资中心，A 是甲公司下设的一个利润中心。相关资料如下：

资料一：2021 年，A 利润中心的营业收入为 120 万元，变动成本为 72 万元，该利润中心负责人可控固定成本为 10 万元，不可控但应由该利润中心负担的固定成本为 8 万元。

资料二：甲公司 2022 年初已投资 700 万元，预计可实现利润 98 万元，现有一个投资额为 300 万元的投资机会，预计可获利润 36 万元，该企业集团要求的最低投资利润率为 10%。

要求：

(1) 根据资料一，计算 A 利润中心 2021 年度的部门边际贡献。

(2) 根据资料二，计算甲公司接受新投资机会前的投资利润率和剩余收益。

(3) 根据资料二，计算甲公司接受新投资机会后的投资收益率和剩余收益。

(4) 从企业集团的整体利益角度出发，分析甲公司是否应接受新投资机会。

2. 某公司 A 投资中心的原投资利润率为 18%，营业资产为 50 万元，营业利润为 10 万元。现有一项业务，需要借入资金 2 万元，可获利 6.8 万元。

要求：

(1) 若以投资利润率作为评价和考核 A 投资中心的依据，A 投资中心是否愿意投资这项新业务？

(2) 若以剩余收益作为评价和考核 A 投资中心的依据，新项目要求的最低投资利润率为 15%，A 投资中心是否愿意投资这个新项目？

点睛记忆

知识点		内容	记忆程度
责任会计	含义	责任会计是管理会计的一个子系统，是以企业内部建立的各级责任中心为主体，以责、权、利的协调统一为目标，以责任预算为控制依据，通过编制责任报告进行业绩考核的一种内部会计制度	
	内容	设立责任中心，明确责权范围；编制责任预算，确定考核标准；建立反馈系统，及时反馈纠偏；进行业绩考核，实施奖惩制度	
	原则	权、责、利相结合的原则，总体优化原则，可控性原则，及时性原则，公平性原则，重要性原则	
责任中心	成本中心	成本中心是指有权发生并控制成本的单位	
		成本变动额＝实际责任成本－预算责任成本； 成本变动率$=\frac{\text{成本费用变动额}}{\text{预算责任成本}}\times 100\%$	
	利润中心	利润中心是指既能控制成本，又能控制收入和利润的责任单位。利润中心有两类：自然利润中心和人为利润中心	
		部门销售贡献毛益＝部门销售收入－部门变动成本总额；部门可控边际贡献＝部门销售贡献毛益－部门可控固定成本；部门贡献毛益＝部门可控边际贡献－部门不可控固定成本；部门税前利润＝部门贡献毛益－公司分配的共同成本等	
		投资中心是指当下级管理者具有利润中心所描述的全部职责，同时对于营运资本和实物资产也具有责任与权力，并以其所使用的有形资产和财务资产的水平作为业绩计量标准的中心	
	投资中心	投资利润率$=\frac{\text{利润}}{\text{投资总额}}\times 100\%=\frac{\text{息税前利润}}{\text{资产总额}}\times 100\%=\frac{\text{部门边际贡献}}{\text{资产总额}}\times 100\%$；剩余收益＝利润－投资额×预期最低投资利润率＝息税前利润－资产总额×预期最低投资利润率＝部门边际贡献－资产总额×预期最低投资利润率	
内部转移价格	市场型	市场型内部转移价格是以市场价格为基础，其是由成本和毛利构成的。采用市场价格时，我们一般假定各责任中心处于相对自主的状态，可以自主决定从外部或内部进行购销，同时产品或劳务有客观的市场价可供参考	
	成本型	成本型内部转移价格是以标准成本等相对稳定的成本数据为基础制定的。企业一般采用标准成本加成和变动成本加成两种方法来确定内部转移价格	
	协商型	协商型内部转移价格是指通过内部供求双方协商制定的内部转移价格。协商价格的上限是市价，下限是单位变动成本	

第二部分

技能实训模块

编制业务预算

实训一　编制业务预算

《管理会计应用指引第 200 号——预算管理》第三条指出，预算管理的内容主要包括经营预算、专门决策预算和财务预算。

经营预算也称业务预算，是指与企业日常业务直接相关的一系列预算。经营预算主要包括销售预算、生产预算、采购预算、费用预算、人力资源预算等。

专门决策预算是指企业重大的或不经常发生的、需要根据特定决策编制的预算，包括投融资决策预算等。专门决策预算主要包括根据长期投资决策结论编制的与购置、更新、改造扩建固定资产决策有关的资本支出预算，与资源开发、产品改造和新产品试制有关的生产经营决策预算等。

财务预算是指与企业资金收支、财务状况或经营成果等有关的预算，包括资金预算、预计资产负债表、预计利润表等。财务预算作为预算管理体系的最后环节，能够从价值方面总括反映专门决策预算与经营预算的结果。

企业预算管理的构成内容比较复杂，进行预算管理需要采用适当的管理会计工具方法，一般包括定期预算和滚动预算、零基预算和增量预算、固定预算和弹性预算。不同的预算内容可以采用不同的编制方法，企业可根据其战略目标、业务特点和管理需要，结合不同工具方法的特征及适用范围，选择恰当的工具方法综合运用，以提高预算的编制质量。

业务一　不同方法下的经营预算

司康公司生产一款智能手表，销售单价为 2 000 元，单位变动成本为 800 元，固定成本总额为 466 000 元。请根据图 2 - 1 - 1 中的 2023 年分季度销售预测情况资料，完成下列要求。

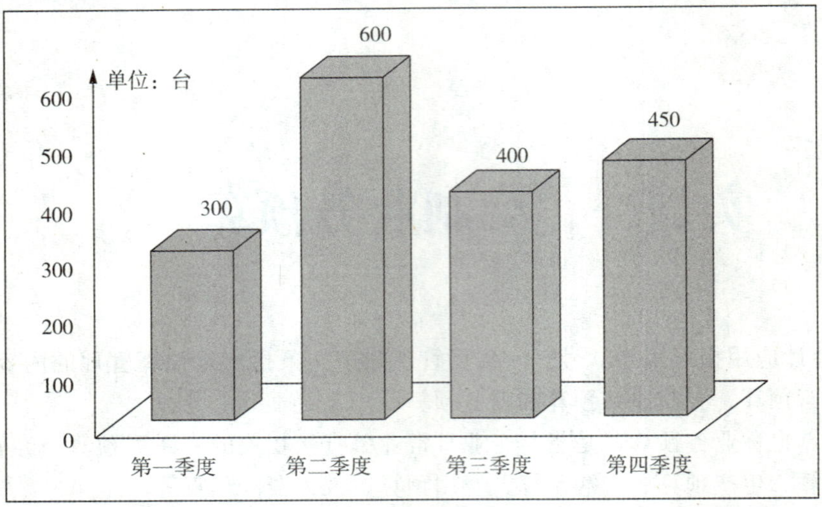

图 2-1-1 2023 年分季度销售预测情况

(1) 编制 2023 年司康公司智能手表的销售额固定预算表，如表 2-1-1 所示。

表 2-1-1 2023 年司康公司的销售额固定预算表

项目	第一季度	第二季度	第三季度	第四季度	全年合计
预计销售量/台					
销售单价/（元/台）					
预计销售额/元					

(2) 请编制 2023 年司康公司智能手表的营业利润弹性预算表，如表 2-1-2 所示，并合理确定弹性销售量。

表 2-1-2 2023 年司康公司的营业利润弹性预算表

项目	（ ）台	（ ）台	1 750 台	（ ）台	（ ）台
销售收入					
减：变动成本					
贡献毛益					
减：固定成本					
营业净利润					

(3) 请根据表 2-1-3 中的资料，编制完成 2023 年司康公司的管理费用增量预算表。

表 2-1-3 2023 年司康公司的管理费用增量预算表

费用项目	2022 年发生额/元	2023 年预计变动情况	2023 年预计发生额/元
租金	50 000	保持不变	
水电费	8 000	调减 5%	
办公费	70 000	调减 10%	
保险费	30 000	保持不变	
差旅费	20 000	调整 10%	
培训费	50 000	保持不变	
广告费	30 000	调整 30%	
合计	258 000	保持不变	

（4）2023 年，司康公司行政部上报的管理费用总预算为 31 800 元，实际批复 26 200 元，请根据项目性质和落实比例计算各项目的预算落实金额，编制 2023 年行政部管理费用零基预算调整表，如表 2－1－4 所示。

表 2－1－4 2023 年行政部管理费用零基础预算调整表

费用项目	计划金额/元	费用性质	预算落实比例	预算落实金额/元
租金	5 000	不可避免项目	100%	
水电费	800	不可避免项目	100%	
办公费	7 000	可避免项目	90%	
保险费	2 000	可避免项目	90%	
差旅费	2 800	可避免项目	90%	
广告费	6 000	可避免项目	40%	
培训费	6 000	可避免项目	25%	
其他费用	2 200	可避免项目	90%	
合计	31 800	——	——	26 200

（5）2023 年，司康公司的年度管理费用预算为 600 000 元，各季度均有发生，销售费用占当季销售收入的 10%，请编制 2023 年司康公司的销售利润定期预算表，如表 2－1－5 所示。

表 2－1－5 2023 年司康公司的销售利润定期预算表

项目	第一季度	第二季度	第三季度	第四季度	全年合计
预计销售量/台					
销售单价/（元/台）					
预计销售收入/元					
减：产品成本/元					
销售费用/元					
管理费用/元					
销售利润/元					

（6）2023 年第一季度结束后，司康公司分析了第一季度的预算和实际之间的差异发现，产品销售单价上涨了 50 元，管理费用每季度需增加 5 000 元，预计销售量变化如图 2－1－2所示，请结合差异变动，编制司康公司的销售利润滚动预算表，如表 2－1－6 所示。

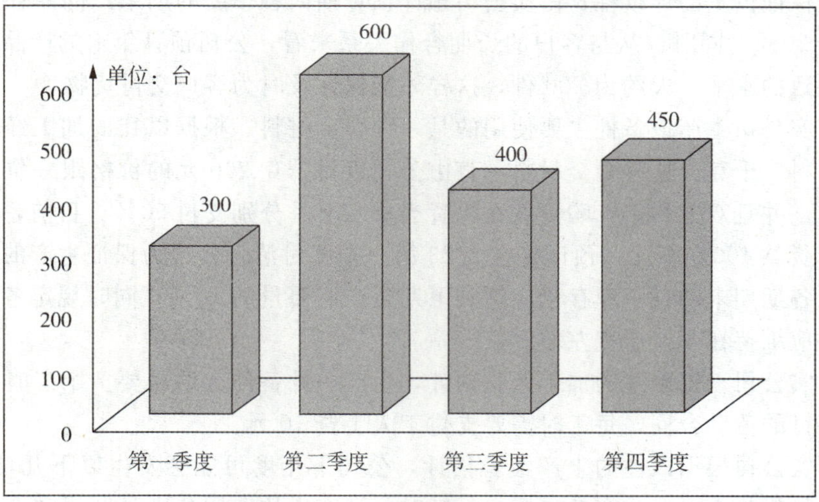

图 2－1－2 2023 年销售量预计变化情况

表 2-1-6 司康公司的销售利润滚动预算表

项目	2023 年第二季度	2023 年第三季度	2023 年第四季度	2024 年第一季度	合计
预计销售量/台					
销售单价/（元/台）	2050	2050	2050	2050	—
预计销售收入/元					
减：产品成本/元					
销售费用/元					
管理费用/元	155 000	155 000	155 000	155 000	620 000
销售利润/元					

业务二 编制全面预算

博实公司是一家以加工定制零件为主业的小型机械加工企业。凭着质优价廉的产品和良好的信誉，博实公司深得几家大型机械制造商的青睐。博实公司有关经济业务的资料如下：

（1）2022 年年底，博实公司接到了一单大生意，2023 年全年为公司的一位老客户（某大型机械制造商）生产 4 600 件某种专用备件。博实公司的经理估计，如果接下这份订单，公司将再无剩余生产能力生产其他产品。

根据合同规定，该专用备件的价格是每件 1 200 元，博实公司需按季度向客户交货，四个季度的供货量分别为 800 件、1 100 件、1 500 件和 1 200 件。合同规定的付款方式为：各季度的货款应在当季支付 60%，其余 40%在下季付讫。目前，该客户尚欠博实公司 500 000 元货款，预计将在 2023 年第一季度付清。

（2）为保证供货的连续性，博实公司预计预算期内各季度的期末产品库存量应达到下期销售量的 20%。同时，从与客户的长期合作关系来看，公司预算年末的产品库存量应保持和年初一致的水平，大约为 200 件，这样才能保证及时为客户交付货物。

（3）博实公司生产该备件主要使用的是一种合金材料。根据以往的加工经验，平均每件产品需用料 5 千克。这种合金材料一直由公司以每千克 200 元的价格跟一位长期合作的供应商订购，并且双方约定，购货款在购货当季和下季分别支付 50%。目前，博实公司尚欠该供应商货款 400 000 元，预计将在 2023 第一季度付清。公司为保证生产的连续性，规定预算期内各期期末的材料库存量应达到下期生产需要量的 10%，同时规定各年年末的预计材料库存应维持在 600 千克左右。

（4）博实公司根据以往的加工经验预计，生产一件备件大约需要 7 个工时。而依据公司与工人签订的劳动合同，每工时需要支付工人工资 10 元。

（5）博实公司根据以往的生产经验估计，公司下年度可能会发生以下几项制造费用，其中：辅助材料与水电费为变动费用，每工时预计产生的费用分别是 3 元和 2 元；车间管理人员工资和设备折旧费为固定费用，估计每季度的费用总额分别为 10 000 元和 15 250

元；设备维护费为混合成本，每季度要进行一次基本维护，费用大约为15 000元，日常维护费用则与开工时数有关，估计每工时的维护费约为2元。

（6）博实公司预计2023年度的销售费用只有运输费一项，按照同运输公司的合同约定，每季度支付13 000元运费；管理费用包括管理人员工资、办公费和房租三项，均属于固定成本，每季产生的费用金额分别为6 000元、4 000元和10 000元。

（7）博实公司的产品生产成本包括直接材料、直接人工、制造费用。

（8）博实公司财务部门根据公司的经营特点和现金流转状况，确定公司的最佳现金保有量是10 000元。当预计现金余额不足10 000元时，公司通过变现有价证券及申请短期银行借款来补足；当预计现金余额超过10 000元时，超出部分用于归还借款本息和购入有价证券。博实公司估计，2023年年初，公司会有23 000元左右的有价证券储备。此外，公司已和银行商定了为期1年的信贷额度，公司随时可按6%的年利率向银行借款，借款为1 000元的整数倍。

除了日常经营活动所引起的各项现金收支以外，博实公司估计2023年还会发生下列现金支付业务：

（1）公司的一台专用机床必须在一季度更新，预计需要支出购置及安装等费用共计130 000元；

（2）公司将在2023年初向股东派发2022年度的现金股利20 000元；

（3）估计公司每个季度需要缴纳所得税税款5 600元。

博实公司财务人员预计，如果前面各项日常业务预算和现金预算都能在预算期内准确落实，那么公司在2023年度的盈利前景还是相当乐观的，估计公司2023度的股利分配额能在2022年的基础上增长50%，达到30 000元。

要求：请根据上述资料编制博实公司2023的全面预算，将相关数据填入表2-1-7中。必要时写出数据的计算过程。

表2-1-7　博实公司2023年全面预算　　　　金额单位：元

项目	第一季度	第二季度	第三季度	第四季度	全年
销售预算					
预计销售量/件	800	1 100	1 500	1 200	4 600
预计单价					
销售收入					
预计现金收入					
期初应收账款					
第一季度					
第二季度					
第三季度					
第四季度					
现金收入合计					

续 表

项目	第一季度	第二季度	第三季度	第四季度	全年
预计年末应收账款					
期初应收账款					
加：预计全年销售收入					
减：预计全年收到货款					
期末应收账款					
生产预算					
预计销售量/件					
加：预计期末产品存货/件					
减：预计期初产品存货/件					
预计生产量/件					
直接材料预算					
预计生产量/件					
单位产品材料用量/千克					
生产需用量/千克					
加：以及期末材料存货/件					
减：预计期初材料存货/件					
预计材料采购量/千克					
材料单价/（元/千克）					
预计采购金额/元					
预计现金支出					
期初应付账款					
第一季度					
第二季度					
第三季度					
第四季度					
现金支出合计					
预计年末应付账款					
期初应付账款					
加：预计全年采购金额					
减：预计全年支付货款					
期末应付账款					
直接人工预算					
预计生产量/件					
单位产品工时/小时					

续　表

项目	第一季度	第二季度	第三季度	第四季度	全年
人工总工时/小时					
每小时人工成本/元					
人工总成本/元					
制造费用预算					
变动制造费用					
人工总工时/小时					
辅助材料（3元/工时）					
水电费（2元/工时）					
设备维护费（2元/工时）					
合计					
固定制造费用					
管理人员工资					
设备折旧费					
设备维护费					
合计					
预计现金支出					
变动制造费用合计					
固定制造费用合计					
减：设备折旧费					
现金支出额					
销售及管理费用预算					
销售费用—运输费					
管理费用—人员工资					
管理费用—办公费					
管理费用—房租					
合计					

产品成本预算

成本项目	单位产品成本			生产成本	期末存货	销售成本
	分配率	投入量	成本			
直接材料	200	5	1 000			
直接人工	10	7	70			
变动制造费用	7	7	49			
固定制造费用	5	7	35			
合计	—	—	1 154			

续 表

项目	第一季度	第二季度	第三季度	第四季度	全年
现金预算					
期初现金余额	10 000				
加：销售现金收入					
各项现金支出					
材料采购					
直接人工					
制造费用					
销售及管理费用					
所得税					
购置设备					
分配利润					
减：现金支出合计					
现金收支溢余或不足					
现金筹集和运用					
出售有价证券	23 000				
购买有价证券					
取得银行借款					
归还银行借款					
支付银行利息					

预计利润表

项目	金额	数据来源
销售收入		销售预算
销售成本		产品成本预算
销售毛利		—
销售及管理费用		销售及管理费用预算
利息费用		现金预算
利润总额		—
所得税		现金预算
净利润		—
加：年初未分配利润	580 800	公司预计值
可供分配的利润		—
减：利润分配	30 000	公司预计值

续　表

项目	第一季度	第二季度	第三季度	第四季度	全年
年末未分配利润			—		

预计资产负债表

项目	数据来源	年初数	年末数
现金	现金预算	10 000	
短期投资	现金预算	23 000	
应收账款	销售预算	500 000	
材料存货	直接材料预算	120 000	
产品存货	产品成本预算	230 800	
固定资产	预计购置 130 000 元	1 100 000	
累计折旧	费用预算	183 000	
资产总额		1 800 800	
应付账款	直接材料预算	400 000	
应付利润	预计利润表	20 000	
实收资本		800 000	800 000
未分配利润	预计利润表	580 800	
负债及所有者权益合计		1 800 800	

参考答案

标准成本的制定和应用

实训二　标准成本的制定与应用

直接材料成本差异是指直接材料实际成本与标准成本之间的差额。该项差异可分解为直接材料价格差异和直接材料数量差异。

直接人工成本差异是指直接人工实际成本与标准成本之间的差额。该差异可分解为工资率差异和人工效率差异。

制造费用成本差异包括变动制造费用项目的差异和固定制造费用项目成本差异。变动制造费用项目的差异是指变动制造费用项目的实际发生额与变动制造费用项目的标准成本之间的差额。该差异可分解为变动制造费用项目的价格差异和数量差异。固定制造费用项目成本差异，是指固定制造费用项目实际成本与标准成本之间的差额。

成本差异可以运用二因素法和三因素法进行分析。

通过计算得到如下指标：

指标 1，实际产量等于固定制造费用实际数。

指标 2，预算产量下的标准工时乘以标准分配率。

指标 3，实际工时乘以标准分配率。

指标 4，实际产量下的标准工时乘以标准分配率。

二因素法分析：耗费差异＝指标 1－指标 2（责任归属为生产部门）

能量差异＝指标 2－指标 4（责任归属需具体分析原因）

三因素法分析：耗费差异＝指标 1－指标 2（责任归属为生产部门）

闲置能量差异＝指标 2－指标 3（责任归属需具体分析原因）

效率差异＝指标 3－指标 4（责任归属为生产部门）

1. A 产品甲材料的标准价格为 40 元/千克，用量标准为 3 千克/件。假定企业本月投产 A 产品 10 000 件，领用甲材料 40 000 千克，其实际价格为 35 元/千克。计算其成本差异。

2. A 产品的标准工资率为 30 元/小时，标准工时为 1.5 小时/件，工资标准为 45 元/件。假定企业本月实际生产 A 产品 8 000 件，用工 10 000 小时，实际应付直接人工工资 350 000 元。计算其成本差异。

3. A 产品标准变动制造费用分配率为 3.5 元/小时，工时标准为 1.5 小时/件。假定企业本月实际生产 A 产品 8 000 件，用工 10 000 小时，实际发生变动制造费用 40 000 元，计算其变动制造费用成本差异。

4. 甲公司是一家生产经营比较稳定的制造企业，假定只生产一种产品，并采用标准成本法进行成本计算与分析。单位产品用料标准为 6 千克/件，材料标准单价为 1.5 元/千克。2019 年 1 月份的实际产量为 500 件，实际用料为 2 500 千克，直接材料实际成本为 5 000元，直接人工成本为 9 000 元，实际耗用工时为 2 100 小时。经计算，直接人工效率差异为 500 元，直接人工工资率差异为－1 500 元。

要求：(1) 计算单位产品直接材料标准成本。

(2) 计算直接材料成本差异、直接材料数量差异和直接材料价格差异。

(3) 计算该产品的直接人工单位标准成本。

5. A 产品的固定制造费用标准分配率为 8 元/小时，工时标准为 2 小时/件。假定企业 A 产品的预算产量为 10 000 件，实际生产 A 产品 12 000 件，用工 21 600 小时，实际发生固定制造费用 250 000 元。计算其成本差异。

参考答案

边际分析与敏感性分析的运用

实训三　边际分析与敏感性分析的运用

业务一　边际分析

边际分析是为了做出最佳选择而对有关备选方案的边际成本、边际收入和边际利润进行的观察、计量与分析。边际收入同边际成本之间的差额为边际贡献（边际利润）。当边际收入大于边际成本，边际贡献为正数时，企业的盈利总额将随产销量的增加而增加；当边际收入小于边际成本，边际贡献为负数时，企业的盈利总额将随产销量的增加而减少，甚至发生亏损。这就是说，当边际收入等于（或无限接近）边际成本，边际贡献等于（或无限接近）零时，企业的盈利总额将达到最大值。可见，边际分析的结果及其所揭示的边际收入同边际成本之间的数量关系，是确定有关产品最佳产销规模的重要依据。这种决策分析方法可应用于产品生产和产品定价等决策中。

边际贡献主要用于衡量企业的盈利能力，边际贡献越大，盈利能力越强。安全边际主要用于衡量企业承受营运风险的能力，数值越大说明发生亏损的可能性越小。相关计算公式如下：

边际贡献 $=p-b$

边际贡献率 $=\dfrac{p-b}{p}$

变动成本率 $=\dfrac{b}{p}$

边际贡献率＋变动成本率＝1

保本作业率 $=\dfrac{x_0}{x}$

安全边际量 $=x-x_0$

安全边际率 $=\dfrac{x-x_0}{x}$

保本作业率＋安全边际率＝1

利润＝安全边际贡献额×边际贡献率

1. 假设 A 企业生产和销售单一产品，该产品单位售价为 80 元，单位变动成本为 50 元，固定成本总额为 6 000 元，预计正常销售量为 4 000 件。

要求：(1) 计算保本点和保本作业率。

(2) 计算安全边际和安全边际率。

2. 某企业保本点的月销售额为 50 000 元，在其他指标不变而固定成本增加 5 000 元时，为了保本需要增加销售额 8 000 元。

要求：(1) 计算原固定成本总额。

(2) 计算贡献边际率。

(3) 计算变动成本率。

业务二　利润的敏感性分析

所谓利润敏感性分析是研究当制约利润的有关因素发生某种变化时，利润变化程度的一种分析方法。影响企业利润的因素主要有四个：产品的价格、产品的单位变动成本、产品的销售量和产品的固定成本。其中任何一个因素的变动都会引起企业利润的变动，甚至会使一个企业由盈变亏，也会使一个企业扭亏为盈。

相关因素对利润的影响变动方向如表 2-3-1 所示。

表 2-3-1　相关因素对润的影响

影响因素	保本点	利润
单价	反向	同向
单位变动成本	同向	反向
固定成本	同向	反向
业务量	不影响	同向

在进行单因素敏感性分析的过程中，当计算某特定因素的变动对利润的影响时，我们可以假定其他因素均不变。实际上，许多因素的变动具有相关性，一个因素的变动往往也伴随着其他因素的变动。所以，单因素敏感性分析有其局限性。改进的方法是进行多因素敏感性分析，即考察多个因素同时变动对利润的影响。多因素敏感性分析要考虑可能发生的各种因素不同变动幅度的多种组合，计算起来要比单因素敏感性分析复杂得多。

反映敏感程度的指标是敏感性系数，其计算公式为：

$$敏感性系数=\frac{利润变动的百分比}{因素值变动的百分比}$$

1. 博实公司年预计销售量为 1 000 件，相关财务资料见表 2-3-2。

表 2-3-2　博实公司的相关财务资料

项目	金额
单价	10
单位变动成本	6
固定成本	2 000
销售和管理费用	1 000

要求：(1) 根据公司的生产能力（最大的生产能力为 3 000 件）和市场预测，在现有基础上利润增加 50%，达到 1 500 元。为保证目标利润的实现，请分析各个因素应如何

变动。

（2）博实公司各因素的敏感系数如表 2 - 3 - 3 所示，请进行单因素敏感性分析。

表 2 - 3 - 3　博实公司各因素的敏感系数

项目	敏感系数
单价	10
单位变动成本	4
固定成本	−6
销售和管理费用	−3

（3）假设博实公司有剩余生产能力，可以进一步增加产量，但由于售价偏高，销路受到限制。为了打开销路，企业经理拟降价 10%，采取薄利多销的方针，争取实现 1 500 元的目标利润。

①计算降价后实现目标利润所需的销售量。

②计算既定销售量下实现目标利润所需的单位变动成本。

③计算既定产销量和单位变动成本下实现目标利润所需的固定成本。

2. 某市新建一家化工企业，计划投资 3 000 万元，建设周期为 3 年，考虑设备有形损耗和无形损耗，生产期定为 15 年，项目报废时，残值与清理费用正好相等。投资者的要求是项目的投资收益率不低于 10%，基准收益率为 8%，通过对已知数据的整理，得到该化工厂四个主要因素的敏感性分析汇总情况，如表 2 - 3 - 4 所示。要求：通过敏感性分析决定该项目是否可行。

表 2 - 3 - 4　化工厂四个主要因素的敏感性分析汇总情况

敏感因素	净现值/万元	与基本情况的差异/万元	内含收益率/%	与基本情况差异率/%
基本情况	472.46	0	13.41	0
第一年投资成本增加 15%	63.36	−409.10	10.40	−3.01
建设周期延长一年	85.94	−386.52	10.59	−2.82
项目投产后第 6～15 年生产成本增加 5%	−557.67	−1 030.13	5.55	−7.86
项目投产后第 6～15 年产品销售价格下降 5%	−672.13	−1 144.59	5.81	−7.6

参考答案

实训四 运用绩效指标工具进行绩效评价

绩效考核是按事先确定的目标及衡量标准，考查实际完成的绩效情况的过程。在实施过程中所收集到的反映绩效表现的数据和事实，是判断各责任中心是否达到绩效指标要求的依据。企业经营体分割成的拥有独自产品或市场的绩效责任单位就是责任中心。在绩效管理领域，常用的工具方法有关键绩效指标法、经济增加值法、平衡计分卡等。企业在运用这些工具方法时要结合自身情况选择一种或多种方法综合使用。管理会计要求企业建立以价值管理为核心的战略财务目标，为企业价值增值提供持续服务。所以，以经济利润作为业绩评价指标来考评企业的经营业绩是符合企业的目标要求的。同样，关键绩效指标法和平衡计分卡的业绩评价也常用到财务性的绩效衡量指标。

相关计算公式如下：

经济增加值＝税后净营业利润－资本成本

＝税后净营业利润－调整后资本×平均资本成本率

综合绩效评价内容及评价指标如表 2-4-1 所示。

运用绩效指标工具进行绩效评价

表 2-4-1 综合绩效评价内容及评价指标

综合绩效评价计分	评价内容			评价指标
财务绩效定量评价分数×70%＋管理绩效定性评价分数×30%	财务绩效定量评价	盈利能力	反映企业一定经营期间的投入产出水平和盈利质量	净资产收益率
		资产质量状况	反映企业所占用经济资源的利用效率、资产管理水平与资产的安全性	总资产周转率；应收账款周转率
		债务风险状况	反映企业的债务附带水平、偿债能力及其面临的债务风险	资产负债率；已获利息倍数
		经营增长状况	反映企业的经营增长水平、资本增值状况及发展后劲	销售增长率；资本保值增值率
	管理绩效定性评价	包括战略管理、经营决策、发展创新、风险控制、基础管理、人力资源、行业影响、社会贡献八个方面的指标，主要反映企业在一定经营期间采取的各项管理措施及其管理成效		

1. 小李投资了一家食品厂，第5年的时候，所有者权益为200万元，有息负债为50万元，年末息税前利润为36万元。假设当年国债的收益率为45%。计算该项投资的经济增加值。

2. 博实公司2023年的主营业务收入净额为77万元，主营业务净利率为10%，按照主营业务收入计算的存货周转率为7次，期初存货余额为8万元，期初应收账款余额为12万元，期末应收账款余额为10万元，速动比率为150%，流动比率为200%，固定资产总额为50万元，该企业期初资产总额为80万元。该公司流动资产由速动资产和存货组成，资产总额由固定资产和流动资产组成。要求：计算应收账款周转率、总资产周转率、总资产净利率。

参考答案

实训五　投资可行性分析与融资需求

业务一　投资可行性分析

投资可行性分析

长期投资方案的评价方法主要有净现值法、现值指数法、净现值率法、内含收益率法、回收期法。单一的独立投资项目的财务可行性评价指标为净现值 NPV、净现值率 NPVR、现值指数 PI、内含收益率 IRR，辅助指标为包括建设期的静态投资回收期。多个互斥方案的比较与优选，要视情况而定。

原始投资相同且项目计算期相等的多方案比较决策，选用净现值法和净现值率法。

原始投资不相同，特别是项目计算期不同的多方案比较决策，选用年等额净回收额法。具体步骤为：第一，计算两个项目的净现值；第二，计算净现值的等额年金。相关公式如下：

$$等额年金=\frac{净现值}{年金现值系数}$$

原始投资不相同的多方案比较决策，选用差额投资内含收益率法。

海达公司准备购买一套设备，现有甲、乙两个方案可供选择。甲方案需投资 50 000 元，使用寿命 5 年，采用直线法折旧，5 年后设备无残值，每年的折旧额为 10 000 元。5 年中每年的销售收入为 30 000 元，每年的付现成本为 10 000 元。乙方案需投资 58 000 元，于建设起点一次投入，1 年建设期。使用寿命也是 5 年，5 年后有残值 2 900 元，采用直线法折旧，每年的折旧额为 10 000 元。5 年中每年的销售收入为 34 000 元，付现成本第一年为 8 000 元（与税法规定一致），以后随着设备陈旧，逐年增加修理费 1 000 元，另需垫支流动资金 7 000 元。

要求：（1）计算甲、乙两个方案的现金流量（所得税税率为 25%）。

（2）分别运用净现值法、现值指数法、净现值率法、回收期法对甲、乙方案进行投资决策。

（3）计算甲方案的内含收益率。

业务二　融资需求分析

融资需求分析

销售百分比法是以资金与销售额的比率为基础，预测未来资金需要量的一种方法。其原理是假设某些资产与销售额存在稳定的百分比关系，并根据销售与资产的比例关系预计资产额，根据资产额预计相应的负债和所有者权益，进而确定筹资需求量。

根据资产负债表中资金占用与销售收入变动关系的不同，资产负债项目可以分为两类：一是，与销售额的变动成同比例变动的项目；二是，不随销售额的变动而变动的项目。

销售百分比法的具体步骤如下：

（1）确定随销售额变动而变动的资产和负债项目

将资产负债表中的资产负债项目划分为变动项目和不变项目。所谓变动项目是指随销售额的变动而同步变动的项目，主要包括货币资金、应收账款、存货等流动资产项目和应付账款、应付票据、应交税费等流动负债项目，但短期借款一般不列入本项目。与变动项目相对应的是不变项目，如固定资产、长期投资、短期借款、长期负债和实收资本等，它们在短期内都不会随销售规模的扩大而发生改变。

（2）确定有关项目与销售额的稳定比例关系

计算基年各变动项目销售百分比，计算公式为：

$$\text{某变动项目的销售百分比}=\frac{\text{该项目金额}}{\text{销售额}}\times 100\%$$

$$\begin{aligned}\text{资产销售百分比}&=\text{各资产类变动项目销售百分比之和}\\&=\frac{\text{资产类变动项目总金额}}{\text{销售额}}\times 100\%\end{aligned}$$

$$\begin{aligned}\text{负债销售百分比}&=\text{各负债类变动项目销售百分比之和}\\&=\frac{\text{负债类变动项目总金额}}{\text{销售额}}\times 100\%\end{aligned}$$

（3）确定需要增加的资金量

$$\begin{aligned}\text{需要增加的资金量}&=\text{外部融资需求量}-\text{增加的留存收益}\\&=\text{增加的资产}-\text{增加的敏感负债}\\&=\frac{\text{基期敏感性资产}}{\text{基期销售额}}\times\text{销售增加额}-\frac{\text{基期敏感性负债}}{\text{基期销售额}}\times\text{销售增加额}\end{aligned}$$

（4）计算外部融资需求量

外部融资需求量＝需要增加的资金量－增加的留存收益

其中，增加的留存收益＝预期销售额×销售净利率×利润留存率

1. 海达公司 2020 年的销售收入为 5 000 万元，2021 年增加到 8 000 万元。敏感性资产为 5 600 万元，占销售收入的 112%。敏感性负债为 1 800 万元，占销售收入的 36%。使用销售百分比法计算资金总需求量。

2. 海达公司 2021 年实现销售收入 100 000 万元，净利润 5 000 万元，利润留存率为

20%，公司 2021 年 12 月 31 日的资产负债表（简表）如下表所示。

表 2-5-1　海达公司的简化资产负债表　　　单位：万元

资产	期末余额	负债和所有者权益	期末余额
货币资金	1 500	应付账款	3 000
应收账款	3 500	长期借款	4 000
存货	5 000	实收资本	8 000
固定资产	11 000	留存收益	6 000
资产合计	21 000	负债和所有者权益合计	21 000

公司预计 2022 年的销售收入比上年增长 20%，假定经营性资产和经营性负债与销售收入保持稳定的百分比关系，其他项目不随销售收入的变化而变化，同时假设销售净利率与利润留存率保持不变，公司使用销售百分比法预测资金需要量。

要求：(1) 计算 2022 年的预计经营性资产增加额。

(2) 计算 2022 年的预计经营性负债增加额。

(3) 计算 2022 年的预计留存收益增加额。

(4) 计算 2022 年的预计外部融资需求量。

3. 海达公司 2021 年 12 月 31 日的资产负债表如下表所示。已知该公司 2021 年的销售收入为 400 万元，现在还有生产能力，即增加收入不需要进行固定资产投资。经预测，该公司 2022 年的销售收入将增加到 500 万元。假定销售收入净利润率为 10%，留存收益为净利润的 20%。请测定该企业对外筹集的资金数额。

表 2-5-2　海达公司的简要资产负债表　　　单位：万元

资产	金额	负债及所有者权益	金额
		应付费用	20
现金	20	应付账款	40
应收账款	60	短期借款	30
存货	120	应付债券	30
固定资产（净值）	80	实收资本	150
		留存收益	10
合计	280	合计	280

参考答案

编制管理会计信息报告

实训六　编制管理会计信息报告

《管理会计应用指引第801号——管理会计报告》指出，管理会计报告是指企业运用管理会计方法，根据财务和业务的基础信息加工整理形成的，满足企业价值管理和决策支持需要的内部报告。

企业管理会计报告体系按照企业责任中心责权范围履行目标，业务层管理会计报告体系可以分为成本中心管理会计报告、利润中心管理会计报告和投资中心管理会计报告，其可以反映各责任中心的预算执行情况并对管理者进行评价。由于成本中心负有控制成本的责任，成本中心管理会计报告应该反映分解可控成本责任预算的执行情况，其可以根据责任成本的实际数和预算数进行编制，并对二者之差进行必要的说明。由于利润中心既对成本负责，又对收入和利润负责，因此利润中心内部报告应该通过成本、收入的预算数和实际数进行比较分析，考核成本、利润、收入等诸多指标的完成情况，及时发现问题，并采取必要的措施纠正偏差。利润中心管理会计报告全面反映收入、成本、利润在责任预算与实际执行情况之间的差异额和差异率。而投资中心不仅要对成本、收入和利润负责，还要对投资效果负责。因此，投资中心管理会计报告除了列示成本、收入及利润的预算数、实际数、差异额和差异率之外，还应该列示销售利润率、资产周转率、投资报酬率，以及剩余收益率的预算数、实际数、差异额和差异率，并对其进行评价。

1. 博实公司下设四个中心部门，其中部门一为成本中心，部门二为利润中心，部门三和部门四均为投资中心，根据相关业务资料完成各责任中心责任报告并简单分析。各部门的责任报告如表2-6-1至表2-6-4所示。

表2-6-1　部门一的成本业绩报告　　　　**金额单位：元**

成本费用项目	预算	实际	差异
直接材料	550 000	520 000	
直接人工	60 000	65 000	
制造费用	40 000	46 000	
管理人员工资	9 000	17 000	
折旧费	6 000	6 000	
其他费用	7 000	9 000	
责任成本合计	672 000	663 000	

表 2-6-2　部门二的利润业绩报告　　　　**金额单位：元**

利润项目	预算	实际	差异
销售收入	600 000	575 000	
变动生产成本	300 000	295 000	
变动性销售及管理费用	50 000	55 000	
贡献毛益			
固定性制造费用	100 000	100 000	
固定性销售及管理费用	20 000	17 000	
营业利润			
所得税（适用税率 25%）			
净利润			

表 2-6-3　部门三的投资业绩报告　　　　**金额单位：元**

项目	数值
销售收入	1 152 000
营业利润	
营业资产	288 000
销售利润率	12%
投资报酬率	
剩余收益（公司要求的最低投资报酬率为 15%）	

表 2-6-4　部门四的投资业绩报告　　　　**金额单位：元**

项目	数值
销售收入	600 000
营业利润	
营业资产	200 000
销售利润率	10%
投资报酬率	
剩余收益（公司要求的最低投资报酬率为 15%）	

参考答案

附　表

附表一　　**复利终值系数表**　　$F/P=(1+i)^n$

期数 n	1%	2%	3%	4%	5%	6%	7%	8%	9%	10%
1	1.010 0	1.020 0	1.030 0	1.040 0	1.050 0	1.060 0	1.070 0	1.080 0	1.090 0	1.100 0
2	1.020 1	1.040 4	1.060 9	1.081 6	1.102 5	1.123 6	1.144 9	1.166 4	1.188 1	1.210 0
3	1.030 3	1.061 2	1.092 7	1.124 9	1.157 6	1.191 0	1.225 0	1.259 7	1.295 0	1.331 0
4	1.040 6	1.082 4	1.125 5	1.169 9	1.215 5	1.262 5	1.310 8	1.360 5	1.411 6	1.464 1
5	1.051 0	1.104 1	1.159 3	1.216 7	1.276 3	1.338 2	1.402 6	1.469 3	1.538 6	1.610 5
6	1.061 5	1.126 2	1.194 1	1.265 3	1.340 1	1.418 5	1.500 7	1.586 9	1.677 1	1.771 6
7	1.072 1	1.148 7	1.229 9	1.315 9	1.407 1	1.503 6	1.605 8	1.713 8	1.828 0	1.948 7
8	1.082 9	1.171 7	1.266 8	1.368 6	1.477 5	1.593 8	1.718 2	1.850 9	1.992 6	2.143 6
9	1.093 7	1.195 1	1.304 8	1.423 3	1.551 3	1.689 5	1.838 5	1.999 0	2.171 9	2.357 9
10	1.104 6	1.219 0	1.343 9	1.480 2	1.628 9	1.790 8	1.967 2	2.158 9	2.367 4	2.593 7
11	1.115 7	1.243 4	1.384 2	1.539 5	1.710 3	1.898 3	2.104 9	2.331 6	2.580 4	2.853 1
12	1.126 8	1.268 2	1.425 8	1.601 0	1.795 9	2.012 2	2.252 2	2.518 2	2.812 7	3.138 4
13	1.138 1	1.293 6	1.468 5	1.665 1	1.885 6	2.132 9	2.409 8	2.719 6	3.065 8	3.4523
14	1.149 5	1.319 5	1.512 6	1.731 7	1.979 9	2.260 9	2.578 5	2.937 2	3.341 7	3.797 5
15	1.161 0	1.345 9	1.558 0	1.800 9	2.078 9	2.396 6	2.759 0	3.172 2	3.642 5	4.177 2
16	1.172 6	1.372 8	1.604 7	1.873 0	2.182 9	2.540 4	2.952 2	3.425 9	3.970 3	4.595 0
17	1.184 3	1.400 2	1.652 8	1.947 9	2.292 0	2.692 8	3.158 8	3.700 0	4.327 6	5.054 5
18	1.196 1	1.428 2	1.702 4	2.025 8	2.406 6	2.854 3	3.379 9	3.996 0	4.717 1	5.559 9
19	1.208 1	1.456 8	1.753 5	2.106 8	2.527 0	3.025 6	3.616 5	4.315 7	5.141 7	6.115 9
20	1.220 2	1.485 9	1.806 1	2.191 1	2.653 3	3.207 1	3.869 7	4.661 0	5.604 4	6.727 5
21	1.232 4	1.515 7	1.860 3	2.278 8	2.786 0	3.399 6	4.140 6	5.033 8	6.108 8	7.400 2
22	1.244 7	1.546 0	1.916 1	2.369 9	2.925 3	3.603 5	4.430 4	5.436 5	6.658 6	8.140 3
23	1.257 2	1.576 9	1.973 6	2.464 7	3.071 5	3.819 7	4.740 5	5.871 5	7.257 9	8.954 3
24	1.269 7	1.608 4	2.032 8	2.563 3	3.225 1	4.048 9	5.072 4	6.341 2	7.911 1	9.849 7
25	1.282 4	1.640 6	2.093 8	2.665 8	3.386 4	4.291 9	5.427 4	6.848 5	8.623 1	10.834 7
26	1.295 3	1.673 4	2.156 6	2.772 5	3.555 7	4.549 4	5.807 4	7.396 4	9.399 2	11.918 2
27	1.308 2	1.706 9	2.221 3	2.883 4	3.733 5	4.822 3	6.213 9	7.988 1	10.245 1	13.110 0
28	1.321 3	1.741 0	2.287 9	2.998 7	3.920 1	5.111 7	6.648 8	8.627 1	11.167 1	14.421 0
29	1.334 5	1.775 8	2.356 6	3.118 7	4.116 1	5.418 4	7.114 3	9.317 3	12.172 2	15.863 1
30	1.347 8	1.811 4	2.427 3	3.243 4	4.321 9	5.743 5	7.612 3	10.062 7	13.267 7	17.449 4

续 表

期数 n	11%	12%	13%	14%	15%	16%	18%	20%	25%	30%
1	1.110 0	1.120 0	1.130 0	1.140 0	1.150 0	1.160 0	1.180 0	1.200 0	1.250 0	1.300 0
2	1.232 1	1.254 4	1.276 9	1.299 6	1.322 5	1.345 6	1.392 4	1.440 0	1.562 5	1.690 0
3	1.367 6	1.404 9	1.442 9	1.481 5	1.520 9	1.560 9	1.643 0	1.728 0	1.953 1	2.197 0
4	1.518 1	1.573 5	1.630 5	1.689 0	1.749 0	1.810 6	1.938 8	2.073 6	2.441 4	2.856 1
5	1.685 1	1.762 3	1.842 4	1.925 4	2.011 4	2.100 3	2.287 8	2.488 3	3.051 8	3.712 9
6	1.870 4	1.973 8	2.082 0	2.195 0	2.313 1	2.436 4	2.699 6	2.986 0	3.814 7	4.826 8
7	2.076 2	2.210 7	2.352 6	2.502 3	2.660 0	2.826 2	3.185 5	3.583 2	4.768 4	6.274 9
8	2.304 5	2.476 0	2.658 4	2.852 6	3.059 0	3.278 4	3.758 9	4.299 8	5.960 5	8.157 3
9	2.558 0	2.773 1	3.004 0	3.251 9	3.517 9	3.803 0	4.435 5	5.159 8	7.450 6	10.604 5
10	2.839 4	3.105 8	3.394 6	3.707 2	4.045 6	4.411 4	5.233 8	6.191 7	9.313 2	13.785 8
11	3.151 8	3.478 5	3.835 9	4.226 2	4.652 4	5.117 3	6.175 9	7.430 1	11.641 5	17.921 6
12	3.498 5	3.896 0	4.334 5	4.817 9	5.350 3	5.936 0	7.287 6	8.916 1	14.551 9	23.298 1
13	3.883 3	4.363 5	4.898 0	5.492 4	6.152 8	6.885 8	8.599 4	10.699 3	18.189 9	30.287 5
14	4.310 4	4.887 1	5.534 8	6.261 3	7.075 7	7.987 5	10.147 2	12.839 2	22.737 4	39.373 8
15	4.784 6	5.473 6	6.254 3	7.137 9	8.137 1	9.265 5	11.973 7	15.407 0	28.421 7	51.185 9
16	5.310 9	6.130 4	7.067 3	8.137 2	9.357 6	10.748 0	14.129 0	18.488 4	35.527 1	66.541 7
17	5.895 1	6.866 0	7.986 1	9.276 5	10.761 3	12.467 7	16.672 2	22.186 1	44.408 9	86.504 2
18	6.543 6	7.690 0	9.024 3	10.575 2	12.375 5	14.462 5	19.673 3	26.623 3	55.511 2	112.455 4
19	7.263 3	8.612 8	10.197 4	12.055 7	14.231 8	16.776 5	23.214 4	31.948 0	69.388 9	146.192 0
20	8.062 3	9.646 3	11.523 1	13.743 5	16.366 5	19.460 8	27.393 0	38.337 6	86.736 2	190.049 6
21	8.949 2	10.803 8	13.021 1	15.667 6	18.821 5	22.574 5	32.323 8	46.005 1	108.420 2	247.064 5
22	9.933 6	12.100 3	14.713 8	17.861 0	21.644 7	26.186 4	38.142 1	55.206 1	135.525 3	321.183 9
23	11.026 3	13.552 3	16.626 6	20.361 6	24.891 5	30.376 2	45.007 6	66.247 4	169.406 6	417.539 1
24	12.239 2	15.178 6	18.788 1	23.212 2	28.625 2	35.236 4	53.109 0	79.496 8	211.758 2	542.800 8
25	13.585 5	17.000 1	21.230 5	26.461 9	32.919 0	40.874 2	62.668 6	95.396 2	264.697 8	705.641 0
26	15.079 9	19.040 1	23.990 5	30.166 6	37.856 8	47.414 1	73.949 0	114.475 5	330.872 2	917.333 3
27	16.738 6	21.324 9	27.109 3	34.389 9	43.535 3	55.000 4	87.259 8	137.370 6	413.590 3	1 192.533 3
28	18.579 9	23.883 9	30.633 5	39.204 5	50.065 6	63.800 4	102.966 6	164.844 7	516.987 9	1 550.293 3
29	20.623 7	26.749 9	34.615 8	44.693 1	57.575 5	74.008 5	121.500 5	197.813 6	646.234 9	2 015.381 3
30	22.892 3	29.959 9	39.115 9	50.950 2	66.211 8	85.849 9	143.370 6	237.376 3	807.793 6	2 619.995 6

附表二　　复利现值系数表　　$P/F=(1+i)^{-n}$

期数 n	1%	2%	3%	4%	5%	6%	7%	8%	9%	10%
1	0.990 1	0.980 4	0.970 9	0.961 5	0.952 4	0.943 4	0.934 6	0.925 9	0.917 4	0.909 1
2	0.980 3	0.961 2	0.942 6	0.924 6	0.907 0	0.890 0	0.873 4	0.857 3	0.841 7	0.826 4
3	0.970 6	0.942 3	0.915 1	0.889 0	0.863 8	0.839 6	0.816 3	0.793 8	0.772 2	0.751 3
4	0.961 0	0.923 8	0.888 5	0.854 8	0.822 7	0.792 1	0.762 9	0.735 0	0.708 4	0.683 0
5	0.951 5	0.905 7	0.862 6	0.821 9	0.783 5	0.747 3	0.713 0	0.680 6	0.649 9	0.620 9
6	0.942 0	0.888 0	0.837 5	0.790 3	0.746 2	0.705 0	0.666 3	0.630 2	0.596 3	0.564 5
7	0.932 7	0.870 6	0.813 1	0.759 9	0.710 7	0.665 1	0.622 7	0.583 5	0.547 0	0.513 2
8	0.923 5	0.853 5	0.789 4	0.730 7	0.676 8	0.627 4	0.582 0	0.540 3	0.501 9	0.466 5
9	0.914 3	0.836 8	0.766 4	0.702 6	0.644 6	0.591 9	0.543 9	0.500 2	0.460 4	0.424 1
10	0.905 3	0.820 3	0.744 1	0.675 6	0.613 9	0.558 4	0.508 3	0.463 2	0.422 4	0.385 5
11	0.896 3	0.804 3	0.722 4	0.649 6	0.584 7	0.526 8	0.475 1	0.428 9	0.387 5	0.350 5
12	0.887 4	0.788 5	0.701 4	0.624 6	0.556 8	0.497 0	0.444 0	0.397 1	0.355 5	0.318 6
13	0.878 7	0.773 0	0.681 0	0.600 6	0.530 3	0.468 8	0.415 0	0.367 7	0.326 2	0.289 7
14	0.870 0	0.757 9	0.661 1	0.577 5	0.505 1	0.442 3	0.387 8	0.340 5	0.299 2	0.263 3
15	0.861 3	0.743 0	0.641 9	0.555 3	0.481 0	0.417 3	0.362 4	0.315 2	0.274 5	0.239 4
16	0.852 8	0.728 4	0.623 2	0.533 9	0.458 1	0.393 6	0.338 7	0.291 9	0.251 9	0.217 6
17	0.844 4	0.714 2	0.605 0	0.513 4	0.436 3	0.371 4	0.316 6	0.270 3	0.231 1	0.197 8
18	0.836 0	0.700 2	0.587 4	0.493 6	0.415 5	0.350 3	0.295 9	0.250 2	0.212 0	0.179 9
19	0.827 7	0.686 4	0.570 3	0.474 6	0.395 7	0.330 5	0.276 5	0.231 7	0.194 5	0.163 5
20	0.819 5	0.673 0	0.553 7	0.456 4	0.376 9	0.311 8	0.258 4	0.214 5	0.178 4	0.148 6
21	0.811 4	0.659 8	0.537 5	0.438 8	0.358 9	0.294 2	0.241 5	0.198 7	0.163 7	0.135 1
22	0.803 4	0.646 8	0.521 9	0.422 0	0.341 8	0.277 5	0.225 7	0.183 9	0.150 2	0.122 8
23	0.795 4	0.634 2	0.506 7	0.405 7	0.325 6	0.261 8	0.210 9	0.170 3	0.137 8	0.111 7
24	0.787 6	0.621 7	0.491 9	0.390 1	0.310 1	0.247 0	0.197 1	0.157 7	0.126 4	0.101 5
25	0.779 8	0.609 5	0.477 6	0.375 1	0.295 3	0.233 0	0.184 2	0.146 0	0.116 0	0.092 3
26	0.772 0	0.597 6	0.463 7	0.360 7	0.281 2	0.219 8	0.172 2	0.135 2	0.106 4	0.083 9
27	0.764 4	0.585 9	0.450 2	0.346 8	0.267 8	0.207 4	0.160 9	0.125 2	0.097 6	0.076 3
28	0.756 8	0.574 4	0.437 1	0.333 5	0.255 1	0.195 6	0.150 4	0.115 9	0.089 5	0.069 3
29	0.749 3	0.563 1	0.424 3	0.320 7	0.242 9	0.184 6	0.140 6	0.107 3	0.082 2	0.063 0
30	0.741 9	0.552 1	0.412 0	0.308 3	0.231 4	0.174 1	0.131 4	0.099 4	0.075 4	0.057 3

续 表

期数 n	11%	12%	13%	14%	15%	16%	18%	20%	25%	30%
1	0.900 9	0.892 9	0.885 0	0.877 2	0.869 6	0.862 1	0.847 5	0.833 3	0.800 0	0.769 2
2	0.811 6	0.797 2	0.783 1	0.769 5	0.756 1	0.743 2	0.718 2	0.694 4	0.640 0	0.591 7
3	0.731 2	0.711 8	0.693 1	0.675 0	0.657 5	0.640 7	0.608 6	0.578 7	0.512 0	0.455 2
4	0.658 7	0.635 5	0.613 3	0.592 1	0.571 8	0.552 3	0.515 8	0.482 3	0.409 6	0.350 1
5	0.593 5	0.567 4	0.542 8	0.519 4	0.497 2	0.476 1	0.437 1	0.401 9	0.327 7	0.269 3
6	0.534 6	0.506 6	0.480 3	0.455 6	0.432 3	0.410 4	0.370 4	0.334 9	0.262 1	0.207 2
7	0.481 7	0.452 3	0.425 1	0.399 6	0.375 9	0.353 8	0.313 9	0.279 1	0.209 7	0.159 4
8	0.433 9	0.403 9	0.376 2	0.350 6	0.326 9	0.305 0	0.266 0	0.232 6	0.167 8	0.122 6
9	0.390 9	0.360 6	0.332 9	0.307 5	0.284 3	0.263 0	0.225 5	0.193 8	0.134 2	0.094 3
10	0.352 2	0.322 0	0.294 6	0.269 7	0.247 2	0.226 7	0.191 1	0.161 5	0.107 4	0.072 5
11	0.317 3	0.287 5	0.260 7	0.236 6	0.214 9	0.195 4	0.161 9	0.134 6	0.085 9	0.055 8
12	0.285 8	0.256 7	0.230 7	0.207 6	0.186 9	0.168 5	0.137 2	0.112 2	0.068 7	0.042 9
13	0.257 5	0.229 2	0.204 2	0.182 1	0.162 5	0.145 2	0.116 3	0.093 5	0.055 0	0.033 0
14	0.232 0	0.204 6	0.180 7	0.159 7	0.141 3	0.125 2	0.098 5	0.077 9	0.044 0	0.025 4
15	0.209 0	0.182 7	0.159 9	0.140 1	0.122 9	0.107 9	0.083 5	0.064 9	0.035 2	0.019 5
16	0.188 3	0.163 1	0.141 5	0.122 9	0.106 9	0.093 0	0.070 8	0.054 1	0.028 1	0.015 0
17	0.169 6	0.145 6	0.125 2	0.107 8	0.092 9	0.080 2	0.060 0	0.045 1	0.022 5	0.011 6
18	0.152 8	0.130 0	0.110 8	0.094 6	0.080 8	0.069 1	0.050 8	0.037 6	0.018 0	0.008 9
19	0.137 7	0.116 1	0.098 1	0.082 9	0.070 3	0.059 6	0.043 1	0.031 3	0.014 4	0.006 8
20	0.124 0	0.103 7	0.086 8	0.072 8	0.061 1	0.051 4	0.036 5	0.026 1	0.011 5	0.005 3
21	0.111 7	0.092 6	0.076 8	0.063 8	0.053 1	0.044 3	0.030 9	0.021 7	0.009 2	0.004 0
22	0.100 7	0.082 6	0.068 0	0.056 0	0.046 2	0.038 2	0.026 2	0.018 1	0.007 4	0.003 1
23	0.090 7	0.073 8	0.060 1	0.049 1	0.040 2	0.032 9	0.022 2	0.015 1	0.005 9	0.002 4
24	0.081 7	0.065 9	0.053 2	0.043 1	0.034 9	0.028 4	0.018 8	0.012 6	0.004 7	0.001 8
25	0.073 6	0.058 8	0.047 1	0.037 8	0.030 4	0.024 5	0.016 0	0.010 5	0.003 8	0.001 4
26	0.066 3	0.052 5	0.041 7	0.033 1	0.026 4	0.021 1	0.013 5	0.008 7	0.003 0	0.001 1
27	0.059 7	0.046 9	0.036 9	0.029 1	0.023 0	0.018 2	0.011 5	0.007 3	0.002 4	0.000 8
28	0.053 8	0.041 9	0.032 6	0.025 5	0.020 0	0.015 7	0.009 7	0.006 1	0.001 9	0.000 6
29	0.048 5	0.037 4	0.028 9	0.022 4	0.017 4	0.013 5	0.008 2	0.005 1	0.001 5	0.000 5
30	0.043 7	0.033 4	0.025 6	0.019 6	0.015 1	0.011 6	0.007 0	0.004 2	0.001 2	0.000 4

附表三 **年金终值系数表** $F/A=[(1+i)^n-1]/i$

期数 n	1%	2%	3%	4%	5%	6%	7%	8%	9%	10%
1	1.000 0	1.000 0	1.000 0	1.000 0	1.000 0	1.000 0	1.000 0	1.000 0	1.000 0	1.000 0
2	2.010 0	2.020 0	2.030 0	2.040 0	2.050 0	2.060 0	2.070 0	2.080 0	2.090 0	2.100 0
3	3.030 1	3.060 4	3.090 9	3.121 6	3.152 5	3.183 6	3.214 9	3.246 4	3.278 1	3.310 0
4	4.060 4	4.121 6	4.183 6	4.246 5	4.310 1	4.374 6	4.439 9	4.506 1	4.573 1	4.641 0
5	5.101 0	5.204 0	5.309 1	5.416 3	5.525 6	5.637 1	5.750 7	5.866 6	5.984 7	6.105 1
6	6.152 0	6.308 1	6.468 4	6.633 0	6.801 9	6.975 3	7.153 3	7.335 9	7.523 3	7.715 6
7	7.213 5	7.434 3	7.662 5	7.898 3	8.142 0	8.393 8	8.654 0	8.922 8	9.200 4	9.487 2
8	8.285 7	8.583 0	8.892 3	9.214 2	9.549 1	9.897 5	10.259 8	10.636 6	11.028 5	11.435 9
9	9.368 5	9.754 6	10.159 1	10.582 8	11.026 6	11.491 3	11.978 0	12.487 6	13.021 0	13.579 5
10	10.462 2	10.949 7	11.463 9	12.006 1	12.577 9	13.180 8	13.816 4	14.486 6	15.192 9	15.937 4
11	11.566 8	12.168 7	12.807 8	13.486 4	14.206 8	14.971 6	15.783 6	16.645 5	17.560 3	18.531 2
12	12.682 5	13.412 1	14.192 0	15.025 8	15.917 1	16.869 9	17.888 5	18.977 1	20.140 7	21.384 3
13	13.809 3	14.680 3	15.617 8	16.626 8	17.713 0	18.882 1	20.140 6	21.495 3	22.953 4	24.522 7
14	14.947 4	15.973 9	17.086 3	18.291 9	19.598 6	21.015 1	22.550 5	24.214 9	26.019 2	27.975 0
15	16.096 9	17.293 4	18.598 9	20.023 6	21.578 6	23.276 0	25.129 0	27.152 1	29.360 9	31.772 5
16	17.257 9	18.639 3	20.156 9	21.824 5	23.657 5	25.672 5	27.888 1	30.324 3	33.003 4	35.949 7
17	18.430 4	20.012 1	21.761 6	23.697 5	25.840 4	28.212 9	30.840 2	33.750 2	36.973 7	40.544 7
18	19.614 7	21.412 3	23.414 4	25.645 4	28.132 4	30.905 7	33.999 0	37.450 2	41.301 3	45.599 2
19	20.810 9	22.840 6	25.116 9	27.671 2	30.539 0	33.760 0	37.379 0	41.446 3	46.018 5	51.159 1
20	22.019 0	24.297 4	26.870 4	29.778 1	33.066 0	36.785 6	40.995 5	45.762 0	51.160 1	57.275 0
21	23.239 2	25.783 3	28.676 5	31.969 2	35.719 3	39.992 7	44.865 2	50.422 9	56.764 5	64.002 5
22	24.471 6	27.299 0	30.536 8	34.248 0	38.505 2	43.392 3	49.005 7	55.456 8	62.873 3	71.402 7
23	25.716 3	28.845 0	32.452 9	36.617 9	41.430 5	46.995 8	53.436 1	60.893 3	69.531 9	79.543 0
24	26.973 5	30.421 9	34.426 5	39.082 6	44.502 0	50.815 6	58.176 7	66.764 8	76.789 8	88.497 3
25	28.243 2	32.030 3	36.459 3	41.645 9	47.727 1	54.864 5	63.249 0	73.105 9	84.700 9	98.347 1
26	29.525 6	33.670 9	38.553 0	44.311 7	51.113 5	59.156 4	68.676 5	79.954 4	93.324 0	109.181 8
27	30.820 9	35.344 3	40.709 6	47.084 2	54.669 1	63.705 8	74.483 8	87.350 8	102.723 1	121.099 9
28	32.129 1	37.051 2	42.930 9	49.967 6	58.402 6	68.528 1	80.697 7	95.338 8	112.968 2	134.209 9
29	33.450 4	38.792 2	45.218 9	52.966 3	62.322 7	73.639 8	87.346 5	103.965 9	124.135 4	148.630 9
30	34.784 9	40.568 1	47.575 4	56.084 9	66.438 8	79.058 2	94.460 8	113.283 2	136.307 5	164.494 0

续 表

期数 n	11%	12%	13%	14%	15%	18%	20%	25%	30%
1	1.000 0	1.000 0	1.000 0	1.000 0	1.000 0	1.000 0	1.000 0	1.000 0	1.000 0
2	2.110 0	2.120 0	2.130 0	2.140 0	2.150 0	2.180 0	2.200 0	2.250 0	2.300 0
3	3.342 1	3.374 4	3.406 9	3.439 6	3.472 5	3.572 4	3.640 0	3.812 5	3.990 0
4	4.709 7	4.779 3	4.849 8	4.921 1	4.993 4	5.215 4	5.368 0	5.765 6	6.187 0
5	6.227 8	6.352 8	6.480 3	6.610 1	6.742 4	7.154 2	7.441 6	8.207 0	9.043 1
6	7.912 9	8.115 2	8.322 7	8.535 5	8.753 7	9.442 0	9.929 9	11.258 8	12.756 0
7	9.783 3	10.089 0	10.404 7	10.730 5	11.066 8	12.141 5	12.915 9	15.073 5	17.582 8
8	11.859 4	12.299 7	12.757 3	13.232 8	13.726 8	15.327 0	16.499 1	19.841 9	23.857 7
9	14.164 0	14.775 7	15.415 7	16.085 3	16.785 8	19.085 9	20.798 9	25.802 3	32.015 0
10	16.722 0	17.548 7	18.419 7	19.337 3	20.303 7	23.521 3	25.958 7	33.252 9	42.619 5
11	19.561 4	20.654 6	21.814 3	23.044 5	24.349 3	28.755 1	32.150 4	42.566 1	56.405 3
12	22.713 2	24.133 1	25.650 2	27.270 7	29.001 7	34.931 1	39.580 5	54.207 7	74.327 0
13	26.211 6	28.029 1	29.984 7	32.088 7	34.351 9	42.218 7	48.496 6	68.759 6	97.625 0
14	30.094 9	32.392 6	34.882 7	37.581 1	40.504 7	50.818 0	59.195 9	86.949 5	127.912 5
15	34.405 4	37.279 7	40.417 5	43.842 4	47.580 4	60.965 3	72.035 1	109.686 8	167.286 3
16	39.189 9	42.753 3	46.671 7	50.980 4	55.717 5	72.939 0	87.442 1	138.108 5	218.472 2
17	44.500 8	48.883 7	53.739 1	59.117 6	65.075 1	87.068 0	105.930 6	173.635 7	285.013 9
18	50.395 9	55.749 7	61.725 1	68.394 1	75.836 4	103.740 3	128.116 7	218.044 6	371.518 0
19	56.939 5	63.439 7	70.749 4	78.969 2	88.211 8	123.413 5	154.740 0	273.555 8	483.973 4
20	64.202 8	72.052 4	80.946 8	91.024 9	102.443 6	146.628 0	186.688 0	342.944 7	630.165 5
21	72.265 1	81.698 7	92.469 9	104.768 4	118.810 1	174.021 0	225.025 6	429.680 9	820.215 1
22	81.214 3	92.502 6	105.491 0	120.436 0	137.631 6	206.344 8	271.030 7	538.101 1	1 067.279 6
23	91.147 9	104.602 9	120.204 8	138.297 0	159.276 4	244.486 8	326.236 9	673.626 4	1 388.463 5
24	102.174 2	118.155 2	136.831 5	158.658 6	184.167 8	289.494 5	392.484 2	843.032 9	1 806.002 6
25	114.413 3	133.333 9	155.619 6	181.870 8	212.793 0	342.603 5	471.981 1	1 054.791 2	2 348.803 3
26	127.998 8	150.333 9	176.850 1	208.332 7	245.712 0	405.272 1	567.377 3	1 319.489 0	3 054.444 3
27	143.078 6	169.374 0	200.840 6	238.499 3	283.568 8	479.221 1	681.852 8	1 650.361 2	3 971.777 6
28	159.817 3	190.698 9	227.949 9	272.889 2	327.104 1	566.480 9	819.223 3	2 063.951 5	5 164.310 9
29	178.397 2	214.582 8	258.583 4	312.093 7	377.169 7	669.447 5	984.068 0	2 580.939 4	6 714.604 2
30	199.020 9	241.332 7	293.199 2	356.786 8	434.745 1	790.948 0	1 181.881 6	3 227.174 3	8 729.985 5

附表四 年金现值系数表 $P/A=[1-(1+i)^{-n}]/i$

期数 n	1%	2%	3%	4%	5%	6%	7%	8%	9%	10%
1	0.990 1	0.980 4	0.970 9	0.961 5	0.952 4	0.943 4	0.934 6	0.925 9	0.917 4	0.909 1
2	1.970 4	1.941 6	1.913 5	1.886 1	1.859 4	1.833 4	1.808 0	1.783 3	1.759 1	1.735 5
3	2.941 0	2.883 9	2.828 6	2.775 1	2.723 2	2.673 0	2.624 3	2.577 1	2.531 3	2.486 9
4	3.902 0	3.807 7	3.717 1	3.629 9	3.546 0	3.465 1	3.387 2	3.312 1	3.239 7	3.169 9
5	4.853 4	4.713 5	4.579 7	4.451 8	4.329 5	4.212 4	4.100 2	3.992 7	3.889 7	3.790 8
6	5.795 5	5.601 4	5.417 2	5.242 1	5.075 7	4.917 3	4.766 5	4.622 9	4.485 9	4.355 3
7	6.728 2	6.472 0	6.230 3	6.002 1	5.786 4	5.582 4	5.389 3	5.206 4	5.033 0	4.868 4
8	7.651 7	7.325 5	7.019 7	6.732 7	6.463 2	6.209 8	5.971 3	5.746 6	5.534 8	5.334 9
9	8.566 0	8.162 2	7.786 1	7.435 3	7.107 8	6.801 7	6.515 2	6.246 9	5.995 2	5.759 0
10	9.471 3	8.982 6	8.530 2	8.110 9	7.721 7	7.360 1	7.023 6	6.710 1	6.417 7	6.144 6
11	10.367 6	9.786 8	9.252 6	8.760 5	8.306 4	7.886 9	7.498 7	7.139 0	6.805 2	6.495 1
12	11.255 1	10.575 3	9.954 0	9.385 1	8.863 3	8.383 8	7.942 7	7.536 1	7.160 7	6.813 7
13	12.133 7	11.348 4	10.635 0	9.985 6	9.393 6	8.852 7	8.357 7	7.903 8	7.486 9	7.103 4
14	13.003 7	12.106 2	11.296 1	10.563 1	9.898 6	9.295 0	8.745 5	8.244 2	7.786 2	7.366 7
15	13.865 1	12.849 3	11.937 9	11.118 4	10.379 7	9.712 2	9.107 9	8.559 5	8.060 7	7.606 1
16	14.717 9	13.577 7	12.561 1	11.652 3	10.837 8	10.105 9	9.446 6	8.851 4	8.312 6	7.823 7
17	15.562 3	14.291 9	13.166 1	12.165 7	11.274 1	10.477 3	9.763 2	9.121 6	8.543 6	8.021 6
18	16.398 3	14.992 0	13.753 5	12.659 3	11.689 6	10.827 6	10.059 1	9.371 9	8.755 6	8.201 4
19	17.226 0	15.678 5	14.323 8	13.133 9	12.085 3	11.158 1	10.335 6	9.603 6	8.950 1	8.364 9
20	18.045 6	16.351 4	14.877 5	13.590 3	12.462 2	11.469 9	10.594 0	9.818 1	9.128 5	8.513 6
21	18.857 0	17.011 2	15.415 0	14.029 2	12.821 2	11.764 1	10.835 5	10.016 8	9.292 2	8.648 7
22	19.660 4	17.658 0	15.936 9	14.451 1	13.163 0	12.041 6	11.061 2	10.200 7	9.442 4	8.771 5
23	20.455 8	18.292 2	16.443 6	14.856 8	13.488 6	12.303 4	11.272 2	10.371 1	9.580 2	8.883 2
24	21.243 4	18.913 9	16.935 5	15.247 0	13.798 6	12.550 4	11.469 3	10.528 8	9.706 6	8.984 7
25	22.023 2	19.523 5	17.413 1	15.622 1	14.093 9	12.783 4	11.653 6	10.674 8	9.822 6	9.077 0
26	22.795 2	20.121 0	17.876 8	15.982 8	14.375 2	13.003 2	11.825 8	10.810 0	9.929 0	9.160 9
27	23.559 6	20.706 9	18.327 0	16.329 6	14.643 0	13.210 5	11.986 7	10.935 2	10.026 6	9.237 2
28	24.316 4	21.281 3	18.764 1	16.663 1	14.898 1	13.406 2	12.137 1	11.051 1	10.116 1	9.306 6
29	25.065 8	21.844 4	19.188 5	16.983 7	15.141 1	13.590 7	12.277 7	11.158 4	10.198 3	9.369 6
30	25.807 7	22.396 5	19.600 4	17.292 0	15.372 5	13.764 8	12.409 0	11.257 8	10.273 7	9.426 9

续 表

期数 n	11%	12%	13%	14%	15%	16%	18%	20%	25%	30%
1	0.900 9	0.892 9	0.885 0	0.877 2	0.869 6	0.862 1	0.847 5	0.833 3	0.800 0	0.769 2
2	1.712 5	1.690 1	1.668 1	1.646 7	1.625 7	1.605 2	1.565 6	1.527 8	1.440 0	1.360 9
3	2.443 7	2.401 8	2.361 2	2.321 6	2.283 2	2.245 9	2.174 3	2.106 5	1.952 0	1.816 1
4	3.102 4	3.037 3	2.974 5	2.913 7	2.855 0	2.798 2	2.690 1	2.588 7	2.361 6	2.166 2
5	3.695 9	3.604 8	3.517 2	3.433 1	3.352 2	3.274 3	3.127 2	2.990 6	2.689 3	2.435 6
6	4.230 5	4.111 4	3.997 5	3.888 7	3.784 5	3.684 7	3.497 6	3.325 5	2.951 4	2.642 7
7	4.712 2	4.563 8	4.422 6	4.288 3	4.160 4	4.038 6	3.811 5	3.604 6	3.161 1	2.802 1
8	5.146 1	4.967 6	4.798 8	4.638 9	4.487 3	4.343 6	4.077 6	3.837 2	3.328 9	2.924 7
9	5.537 0	5.328 2	5.131 7	4.946 4	4.771 6	4.606 5	4.303 0	4.031 0	3.463 1	3.019 0
10	5.889 2	5.650 2	5.426 2	5.216 1	5.018 8	4.833 2	4.494 1	4.192 5	3.570 5	3.091 5
11	6.206 5	5.937 7	5.686 9	5.452 7	5.233 7	5.028 6	4.656 0	4.327 1	3.656 4	3.147 3
12	6.492 4	6.194 4	5.917 6	5.660 3	5.420 6	5.197 1	4.793 2	4.439 2	3.725 1	3.190 3
13	6.749 9	6.423 5	6.121 8	5.842 4	5.583 1	5.342 3	4.909 5	4.532 7	3.780 1	3.223 3
14	6.981 9	6.628 2	6.302 5	6.002 1	5.724 5	5.467 5	5.008 1	4.610 6	3.824 1	3.248 7
15	7.190 9	6.810 9	6.462 4	6.142 2	5.847 4	5.575 5	5.091 6	4.675 5	3.859 3	3.268 2
16	7.379 2	6.974 0	6.603 9	6.265 1	5.954 2	5.668 5	5.162 4	4.729 6	3.887 4	3.283 2
17	7.548 8	7.119 6	6.729 1	6.372 9	6.047 2	5.748 7	5.222 3	4.774 6	3.909 9	3.294 8
18	7.701 6	7.249 7	6.839 9	6.467 4	6.128 0	5.817 8	5.273 2	4.812 2	3.927 9	3.303 7
19	7.839 3	7.365 8	6.938 0	6.550 4	6.198 2	5.877 5	5.316 2	4.843 5	3.942 4	3.310 5
20	7.963 3	7.469 4	7.024 8	6.623 1	6.259 3	5.928 8	5.352 7	4.869 6	3.953 9	3.315 8
21	8.075 1	7.562 0	7.101 6	6.687 0	6.312 5	5.973 1	5.383 7	4.891 3	3.963 1	3.319 8
22	8.175 7	7.644 6	7.169 5	6.742 9	6.358 7	6.011 3	5.409 9	4.909 4	3.970 5	3.323 0
23	8.266 4	7.718 4	7.229 7	6.792 1	6.398 8	6.044 2	5.432 1	4.924 5	3.976 4	3.325 4
24	8.348 1	7.784 3	7.282 9	6.835 1	6.433 8	6.072 6	5.450 9	4.937 1	3.981 1	3.327 2
25	8.421 7	7.843 1	7.330 0	6.872 9	6.464 1	6.097 1	5.466 9	4.947 6	3.984 9	3.328 6
26	8.488 1	7.895 7	7.371 7	6.906 1	6.490 6	6.118 2	5.480 4	4.956 3	3.987 9	3.329 7
27	8.547 8	7.942 6	7.408 6	6.935 2	6.513 5	6.136 4	5.491 9	4.963 6	3.990 3	3.330 5
28	8.601 6	7.984 4	7.441 2	6.960 7	6.533 5	6.152 0	5.501 6	4.969 7	3.992 3	3.331 2
29	8.650 1	8.021 8	7.470 1	6.983 0	6.550 9	6.165 6	5.509 8	4.974 7	3.993 8	3.331 7
30	8.693 8	8.055 2	7.495 7	7.002 7	6.566 0	6.177 2	5.516 8	4.978 9	3.995 0	3.332 1

参考文献

[1] 财政部会计资格评价中心. 财务管理[M]. 北京：经济科学出版社，2021.
[2] 周阅，丁增稳. 管理会计实务[M]. 北京：高等教育出版社，2018.
[3] 刘金星. 管理会计实训与案例[M]. 大连：东北财经大学出版社，2020.
[4] 孔德兰. 管理会计实务[M]. 大连：东北财经大学出版社，2020.
[5] 吴大军，牛彦秀. 管理会计[M]. 大连：东北财经大学出版社，2017.
[6] 朱皑绿，邓轶群. 管理会计实务应用案例详解[M]. 北京：人民邮电出版社，2021.
[7] 范世森，周遊. 管理会计[M]. 北京：高等教育出版社，2018.
[8] 陈颖，李霞. 财务管理[M]. 北京. 中国科学技术大学出版社，2019.
[9] 王振海，于蕾. 管理会计[M]. 北京. 北京理工大学出版社，2018.